Coordenação
EDUARDO DE ASSIS DUARTE

LITERATURA AFRO-BRASILEIRA

100 AUTORES DO SÉCULO XVIII AO XXI

2ª EDIÇÃO

Adélcio de Sousa Cruz
Aline Alves Arruda
Cristiane Côrtes
Eduardo de Assis Duarte
Elisângela Aparecida Lopes
Fernanda Rodrigues de Figueiredo
Giovanna Soalheiro Pinheiro
Gustavo Bicalho
Luiz Henrique Silva de Oliveira
Marcos Antônio Alexandre
Marcos Fabrício Lopes da Silva
Maria do Rosário Alves Pereira
Marina Luíza Horta
Rodrigo Pires Paula

ANEXO
Abdias Nascimento
A cultura africana na arte brasileira

Copyright 2014 © Pallas Editora

Editoras
Cristina Fernandes Warth
Mariana Warth

Coordenação Editorial
Livia Cabrini

Coordenação Gráfica
Aron Balmas

Preparação de Originais
Eneida D. Gaspar

Produção Editorial
H+ Criação e Produções

Projeto Gráfico de Miolo e Diagramação
H+ Criação e Produções

Capa
Babilonia Cultura Editorial

Este livro segue as novas regras do Acordo Ortográfico da Língua Portuguesa.
Todos os direitos reservados à Pallas Editora e Distribuidora Ltda. É vetada a reprodução por qualquer meio mecânico, eletrônico, xerográfico etc., sem a permissão por escrito da editora, de parte ou totalidade do material escrito.

Este livro foi impresso em agosto de 2021, na Imos Gráfica, no Rio de Janeiro.
O papel de miolo é o offset 75g/m² e o de capa é o cartão 250g/m².

D812l

Duarte, Eduardo de Assis (coordenação)

Literatura afro-brasileira: 100 autores do século XVIII ao XX | Eduardo de Assis Duarte. (coordenação) Rio de Janeiro: Pallas, 2014.

ISBN 978-85-347-0514-1

1. Literatura Afro-Brasileira. I. Título.

CDD 869.09

Pallas Editora e Distribuidora Ltda.
Rua Frederico de Albuquerque, 56 Higienópolis |
CEP 21050-840 | Rio de Janeiro, RJ
Tel. | Fax 21 2270-0186
www.pallaseditora.com.br
pallas@pallaseditora.com.br

LITERATURA AFRO-BRASILEIRA

100 AUTORES DO SÉCULO XVIII AO XXI

Rio de Janeiro, 2021
2ª edição, 2ª reimpressão

Sumário

Apresentação: A cor da literatura — 9

1. Por um conceito de literatura afro-brasileira — 17
2. Guia de autores e obras — 47

Século XVIII
Domingos Caldas Barbosa — 49

Século XIX
Paula Brito — 51
Maria Firmina dos Reis — 54
Luiz Gama — 58
Machado de Assis — 61
Gonçalves Crespo — 66
José do Patrocínio — 67
Cruz e Sousa — 68

Século XX e Contemporaneidade
Lima Barreto — 72
Nascimento Moraes — 76
Lino Guedes — 77
Aloisio Resende — 80
Antonieta de Barros — 81
Solano Tindade — 83

Abdias Nascimento	86
Carolina Maria de Jesus	91
Romeu Cruzoé	93
Mestre Didi	95
Ruth Guimarães	98
Raymundo de Souza Dantas	100
Eduardo de Oliveira	103
Carlos de Assumpção	106
Mãe Beata de Yemonjá	107
Oswaldo de Camargo	109
Domício Proença Filho	113
Martinho da Vila	115
Antônio Vieira	118
Maria Helena Vargas da Silveira	119
Joel Rufino dos Santos	121
Oliveira Silveira	125
Muniz Sodré	129
Nei Lopes	132
Estevão Maya-Maya	136
Waldemar Euzébio	137
Adão Ventura	140
Conceição Evaristo	142
Jamu Minka	146
Lourdes Teodoro	148
Eustáquio José Rodrigues	149
Inaldete Pinheiro	151
Ricardo Dias	153
Geni Guimarães	155
Rogério Andrade Barbosa	158
Jaime Sodré	160
Aline França	162
Arnaldo Xavier	163
José Endoença Martins	166
Alzira Rufino	168
Ubiratan Castro de Araújo	169
Francisco Maciel	171

Cyana Leahy	174
Paulo Colina	175
Cuti	178
José Carlos Limeira	182
Sônia Fátima da Conceição	184
Éle Semog	186
Henrique Cunha Jr.	188
Miriam Alves	191
Jônatas Conceição	194
Abelardo Rodrigues	195
Lepê Correia	197
Oswaldo Faustino	198
Madu Costa	200
Salgado Maranhão	201
Hermógenes Almeida	204
Elio Ferreira	205
Heloisa Pires Lima	207
Ramatis Jacino	209
Santiago Dias	210
Fernando Conceição	212
Lia Vieira	213
Paulo Lins	216
Esmeralda Ribeiro	219
Fausto Antonio	220
Sonia Rosa	221
Márcio Barbosa	223
Júlio Emílio Braz	224
Marcos Dias	227
Luís Fulano de Tal	228
Abílio Ferreira	230
Ronald Augusto	231
Ivan Cupertino	234
Edimilson de Almeida Pereira	236
Jussara Santos	239
Patrícia Santana	241
Lande Onawale	242

Ana Cruz   245
Sergio Ballouk   246
Cidinha da Silva   248
Anelito de Oliveira   251
Ana Maria Gonçalves   252
Anizio Vianna   255
Cristiane Sobral   256
Carlos Correia Santos   259
Allan da Rosa   261
Lívia Natália   264
Marcos Fabrício Lopes da Silva   265
Ademiro Alves (Sacolinha)   267
Zinho Trindade   268
Akins Kinte   270

A Cultura Africana na Arte Brasileira   273
Abdias Nascimento

APRESENTAÇÃO
A COR
DA LITERATURA

Literatura tem cor? Acreditamos que sim. Porque cor remete a identidade, logo a valores, que, de uma forma ou de outra, se fazem presentes na linguagem que constrói o texto. Neste sentido, a literatura afro-brasileira se afirma como expressão de um lugar discursivo construído pela visão de mundo historicamente identificada à trajetória vivida entre nós por africanos escravizados e seus descendentes. Muitos consideram que esta identificação nasce do *existir* que leva ao *ser* negro. Os traços de *negritude, negrícia* ou *negrura* do texto seriam oriundos do que Conceição Evaristo chama de "escrevivência", ou seja, uma atitude — e uma prática — que coloca a experiência como motivo e motor da produção literária.

Assim, quando acrescentado ao texto do escritor negro brasileiro, o suplemento "afro" ganha densidade crítica a partir da existência deste ponto de vista específico — afroidentificado — a conduzir a abordagem do tema, seja na poesia ou na ficção. Tal perspectiva permite escrever o negro de modo distinto daquele predominante na literatura brasileira canônica. E a configuração dessa diferença passa pelo trabalho com a linguagem, a fim de subverter imagens e sentidos cristalizados. É uma escrita que, de formas distintas, busca *dizer-se negra*, até para afirmar o antes negado. E que, também neste aspecto, revela o projeto de ampliação do público leitor afro-brasileiro.

Na segunda metade do século XX e, mais fortemente, a partir dos anos 1980, a literatura brasileira exibe um quadro de progressivo esgotamento e superação do projeto modernista, em especial dos ímpetos de negação do passado e de celebração da brasilidade fundada na mestiçagem e representada a partir de uma visão distanciada do Outro, seja ele negro ou indígena. Mais do que isto, salta aos olhos o vazio marcado pela ausência de um projeto unificador, que reúna as diferentes formas de expressão em torno, por exemplo, da afirmação de um espírito nacional uno, em contraponto à diversidade cultural que nos caracteriza. Embora persistam em grande medida os valores estéticos consagrados no Ocidente e canonizados no "Alto Modernismo" de que são exemplos Guimarães Rosa e Clarice Lispector; ou o que Flora Sussekind classifica como "escrita do eu" — a marcar a poesia dos remanescentes da "geração mimeógrafo" dos anos 1970, entre eles Francisco Alvim e Paulo Henriques Brito; ou, ainda, escritos que buscam "narrar a nação", como Viva o povo brasileiro (1984), de João Ubaldo Ribeiro, é patente a inexistência do clima de movimento e, mesmo, de geração que marcou a recepção entre nós dos caminhos apontados pelas vanguardas históricas do século XX.

Resulta daí o quadro contemporâneo em que sobressaem a diversidade de projetos e a busca de afirmação de parcelas minoritárias perante o poder cultural. Cabe então verificar, em meio à multiplicidade da expressão contemporânea, iniciativas oriundas de segmentos marginalizados, em que o sentimento de comunidade se sobrepõe ao de nacionalidade. Nesse contexto, ganha corpo a produção literária dos afrodescendentes. A partir da década de 1970, escritores negros se organizam em coletivos, a exemplo dos grupos Gens, na Bahia, Negrícia, no Rio de Janeiro, Palmares, em Porto Alegre, e Quilombhoje, em São Paulo. Buscam a construção de uma literatura empenhada no combate ao racismo e na afirmação dos valores culturais desse segmento historicamente excluído da cidadania. Tomemos como breve exemplo o poema "Quilombhoje", de Lourdes Teodoro:

> Penetra calmamente nas ruas mais distantes.
> Lá estão as emoções que precisam ser escritas
> Convive com teu povo antes de fazê-lo teu.
> *Espera que cada um se desnude, se rebele*
> Com seu poder de vida
> Seu poder de palavra
> [...]
> (In Duarte, 2011, p. 247)

Intencionalmente programáticos, os versos da poetisa confrontam pela paródia o projeto modernista expresso por Carlos Drummond de Andrade no clássico "Procura da poesia", publicado em A rosa do povo (1971).[1] Nele, Drummond desdenha os versos sobre acontecimentos, sentimentos, lembranças, cidade e natureza. Aconselha desprezar os "homens em sociedade" e fulmina a arte engajada, adotada paradoxalmente no mesmo livro, para ensinar: "penetra surdamente no reino das palavras/ lá estão os poemas que esperam ser escritos" (Drummond, 1971, p. 76-7).

Já Lourdes Teodoro expressa seu inconformismo com o dogma da arte pela arte — implícito à ênfase vanguardista na linguagem —, ao propor o encontro do poeta com seu povo. E condena a apropriação meramente folclórica da linguagem e de temas populares empreendida pelos modernistas: "Convive com teu povo antes de fazê-lo teu", afirma, para logo reiterar: "*Engravide tua palavra com a fome do teu povo/ Oxigene tua palavra com a coragem de teu povo*" (Ibidem, p. 247, grifos da autora).[2] Assim, a escrita dos afro-brasileiros busca marcar posição, ao mesmo tempo em que dialoga com as demandas sociais e políticas do Movimento Negro em seus diversos matizes.

Ao longo da década de 2000, o propósito combativo cede espaço à diversidade temática e a formas mais elaboradas de expressão. Permanece, todavia, o projeto comunitarista que atravessa gerações e se fortalece na série *Cadernos Negros*, com publicação anual e contínua desde 1978. Em paralelo, cresce igualmente o interesse da crítica e do público por tais publicações. Estudiosos voltam-se para as primeiras décadas do século XX, e mesmo para os séculos anteriores, a fim de resgatar autores e textos relegados pela história literária e que figuram como precursores da produção contemporânea. A literatura afro-brasileira ganha espaço nos cursos de Letras, sendo objeto de artigos, monografias, teses e dissertações.

Nesse contexto, o Grupo Interinstitucional de Pesquisa "Afrodescendências na Literatura Brasileira", criado em 2001 a partir da Univer-

---

[1] ANDRADE, Carlos Drummond. *Reunião*. Rio de Janeiro: José Olympio, 1971, p. 76-77.
[2] In: DUARTE, Eduardo de Assis (Org.) *Literatura e afrodescendência no Brasil*: antologia crítica. Belo Horizonte: Editora UFMG, 2011, vol. 2: Consolidação, p. 247.

sidade Federal de Minas Gerais, passou a congregar investigadores empenhados em contribuir para o aprimoramento da abordagem desses escritos. O trabalho toma impulso com a promulgação, em 2003, da Lei Nº 10.639, que estabelece no país a obrigatoriedade do estudo da história e das culturas africana e afro-brasileira nas escolas de ensino fundamental e médio. No ano seguinte, entra em atividade o **literafro** — Portal da Literatura Afro-brasileira, hospedado no servidor da Faculdade de Letras da UFMG, com informações biobibliográficas e críticas, além de links e textos autorizados para reprodução, disponível no endereço www.letras.ufmg.br/literafro. Desde então, inúmeros trabalhos vêm sendo realizados a fim de pesquisar e divulgar a produção deste importante segmento de nossas letras, a exemplo da coleção *Literatura e afrodescendência no Brasil*: antologia crítica, publicada em quatro volumes pela Editora UFMG, em 2011.

Literatura afro-brasileira é, pois, fruto de trabalho coletivo, empreendido por professores de todos os níveis de ensino e estudantes de graduação e pós-graduação da UFMG e de outras instituições de ensino superior. A publicação tem como objetivo dotar o professor de um instrumento adequado para a discussão da matéria e introdução dos textos afro-brasileiros no universo de opções e no repertório de leituras do estudante.

O primeiro volume, *Literatura afro-brasileira — 100 autores do século XVIII ao XX* está organizado em três segmentos: inicialmente, um texto introdutório, "Por um conceito de literatura afro-brasileira", em que são discutidos e desenvolvidos alguns parâmetros teóricos e críticos que dão sustentação ao tema; em seguida, o "Guia de autores e obras", em que são apresentados escritores e escritoras afrodescendentes, com dados biográficos e críticos, introdução à obra, com destaque para os aspectos mais relevantes, além de indicações de fontes de consulta necessárias ao aprofundamento da pesquisa; e, ao final, o artigo de Abdias Nascimento, "A cultura africana na arte brasileira", valiosíssimo apêndice em que apresenta um panorama da presença africana e afrodescendente na cultura brasileira, tanto popular quanto erudita. O autor discorre e analisa de forma didática desde as relações entre negros e brancos no período colonial, com destaque para a repressão a muitas manifestações artísticas de origem afro, até a presença do negro no cinema brasileiro do século XX, passando por religião, música, dança, teatro, literatura, artes plásticas, folclore e capoeira, entre outros. Nesse percurso, abrange mais de três séculos de história do negro nas artes aqui produzidas e destaca figuras exemplares, como Aleijadinho e Mestre Valentim na escultura, além de padre José Maurício na música erudita, entre outros. Ao lado destes, enumera nomes menos conhecidos, como Manuel Querino, pintor e pesquisador das formas culturais afro-brasileiras, além de Sebastião Januário, Iara Rosa e muitos mais.

O artigo "A cultura africana na arte brasileira" foi publicado inicialmente nos Estados Unidos, durante o exílio de Abdias na década de 1970. Daí seu caráter introdutório e panorâmico, que estimula o leitor contemporâneo a penetrar nos livros posteriores, em que se faz presente a densa reflexão elaborada pelo mestre. O texto abrange de modo sucinto questões de grande relevância, com informações úteis ao professor para a preparação de suas aulas. O artigo foi traduzido e circulou em âmbito restrito no Rio de Janeiro daquela época, nunca mais sendo reeditado. Volta quatro décadas depois, acessível agora aos educadores brasileiros, que poderão atestar sua valiosa contribuição para o conhecimento e a pesquisa das artes e dos artistas afrodescendentes ao longo da história brasileira[3].

O segundo volume, Literatura afro-brasileira — Abordagens na sala de aula, também se divide em três segmentos: primeiramente, um conjunto de "Sugestões de leitura", com resenhas e indicações de cerca de 150 obras literárias afro-brasileiras voltadas para os públicos infantil e infantojuvenil; em seguida, vêm as "Sequências Didáticas" destinadas a auxiliar o professor do ensino fundamental, propiciando-lhe acesso a inúmeras formas e sugestões de abordagem desses textos, em atividades com a literatura voltadas a estudantes do 3º ao 9º ano; e, por fim, o último segmento, com as "Sequências

---

[3] Cumpre destacar que preferimos manter o artigo na íntegra, tal como publicado na época. Notará o leitor a presença de certas menções que Abdias Nascimento faz a autores e textos brasileiros sem acrescentar as respectivas referências bibliográficas. É um pormenor quase insignificante, frente ao imenso volume de informações contido no artigo, e que em nada prejudica quanto ao entendimento do mesmo.

Didáticas" específicas para o ensino médio, organizadas a partir de temas abrangentes, que percorrem não só épocas distintas de nossa literatura, mas igualmente presentes na música, no teatro e no cinema. Tal estratégia permite a leitura das relações intertextuais, que aproximam escritores distantes no tempo e no espaço, bem como o estabelecimento de elos intersemióticos, a desvelar as interseções do literário com outros códigos de expressão artística. Assim, esperamos dotar o professor de instrumentos eficientes para motivar os jovens a mergulharem na vasta textualidade afro-brasileira, com inúmeras sugestões de atividades dentro e fora da sala de aula. Desta forma, *Literatura afro-brasileira* pretende contribuir para a efetiva apreciação de autores e textos identificados à afrodescendência, em consonância com os novos horizontes que se descortinam para a educação brasileira.

Nesse momento, cabe agradecer enormemente a todas e todos que se dedicaram à realização de mais este projeto. Destacaria, com a devida licença dos demais, os nomes de Elisa Larkin Nascimento, que gentilmente permitiu a inclusão do histórico artigo de Abdias; bem como os de Nathália Izabela Rodrigues Dias e de Pedro Henrique Souza da Silva, bolsistas de Iniciação Científica da FALE-UFMG, cuja colaboração dedicada e eficiente tornou possível a realização deste projeto no tempo estipulado. A todos, nossa eterna gratidão.

Eduardo de Assis Duarte

1
POR UM CONCEITO DE LITERATURA AFRO-BRASILEIRA

EDUARDO DE ASSIS DUARTE

1
POR UM CONCEITO DE LITERATURA AFRO-BRASILEIRA
EDUARDO DE ASSIS DUARTE

No alvorecer do século XXI, a literatura afro-brasileira passa por um momento rico em realizações e descobertas, que propiciam a ampliação de seu *corpus*, na prosa e na poesia, paralelamente ao debate em prol de sua consolidação acadêmica enquanto campo específico de produção literária — distinto, porém em permanente diálogo com a literatura brasileira *tout court*. Enquanto muitos ainda indagam se a literatura afro-brasileira realmente existe, a cada dia a pesquisa nos aponta para o vigor dessa escrita: ela tanto é contemporânea quanto se estende a Domingos Caldas Barbosa, em pleno século XVIII; tanto é realizada nos grandes centros, com dezenas de poetas e ficcionistas, quanto se espraia pelas literaturas regionais. Nesse caso, revela-nos, por exemplo, um escritor do porte do maranhense José do Nascimento Moraes, autor, entre outros, do romance *Vencidos e degenerados* (1915), cuja ação tem início em 13 de maio de 1888 e se estende pelas décadas seguintes a fim de narrar a permanência da mentalidade derivada da escravidão. Enfim, essa literatura não só existe como se faz presente nos tempos e espaços históricos de nossa constituição enquanto povo; não só existe como é múltipla e diversa.

Desde a década de 1980, a produção de escritores que assumem seu pertencimento enquanto sujeitos vinculados a uma etnicidade afrodescendente cresce em volume e começa a ocupar espaço na cena cultural, ao mesmo tempo em que as demandas do movimento negro se ampliam e adquirem visibilidade institucional. Desde então, cresce da mesma forma, mas não na mesma intensidade, a reflexão acadêmica voltada para esses escritos, que, ao longo do século XX, foram objeto quase que exclusivo de pesquisadores estrangeiros como Bastide, Sayers, Rabassa e Brookshaw, entre outros.

Para tanto, contribuiu enormemente o trabalho seminal de poetas e prosadores de organizações como o Quilombhoje, de São Paulo, a que se somaram grupos de escritores de Salvador, Rio de Janeiro, Porto Alegre e outras capitais. E, a partir de intensa busca pela ampliação de seu horizonte recepcional, a literatura afro-brasileira adquire legitimidade crescente, tanto nos cursos de graduação e pós-graduação e nas listas dos vestibulares de universidades públicas e privadas quanto no meio editorial. A série *Cadernos Negros* ultrapassou três décadas de publicação ininterrupta e um romance voltado para o resgate da história não oficial dos escravizados e suas formas de resistência, como *Um defeito de cor*, de Ana Maria Gonçalves (2006), foi publicado por uma editora de grande porte e, em seguida, consagrado vencedor do Prêmio Casa de las Américas.

Não há dúvida de que, por um lado, a ampliação da chamada classe média negra, com um número crescente de profissionais com formação superior buscando lugar no mercado de trabalho e no universo do consumo; e, por outro, a instituição de mecanismos como a Lei nº 10.639/2003 ou as ações afirmativas vêm contribuindo para a construção de um ambiente favorável a uma presença mais significativa das artes marcadas pelo pertencimento étnico afrodescendente. Tais constatações escapam, para muitos, aos propósitos de uma crítica propriamente literária e também, admito, aos objetivos deste trabalho. Menciono-as apenas como pano de fundo e para lembrar que, ampliados o público e a demanda, ampliam-se igualmente as responsabilidades dos agentes que atuam nos espaços voltados para a pesquisa e produção do conhecimento, em especial nas instituições de ensino superior.

O momento é, pois, propício à construção de operadores teóricos com eficácia suficiente para ampliar a reflexão crítica e dotá-la de instrumentos mais precisos de atuação. Nesse sentido, cabe avaliar o "estado da arte" de dois desses instrumentos, a saber, os conceitos de *literatura negra* e de *literatura afro-brasileira*.

A publicação dos *Cadernos* contribui em muito para a configuração discursiva de um conceito de *literatura negra*. A série vem mantendo, desde 1978, uma produção marcada predominantemente pelo protesto contra o racismo, tanto na prosa quanto na poesia, na linha da tradição militante vinculada ao movimento negro, como demonstra Florentina da Silva Souza (2005). E, ao lado dessa perspectiva, sobressai o tema do negro, enquanto individualidade e coletividade, inserção social e memória cultural. E, também, a busca de um público afrodescendente, a partir da formalização de uma linguagem que denuncia o estereótipo como agente discursivo da discriminação. A propósito, Ironides Rodrigues, um dos mais destacados intelectuais da geração anterior ao Quilombhoje, declara em depoimento a Luiza Lobo:

> A literatura negra é aquela desenvolvida por autor negro ou mulato que escreva sobre sua raça dentro do significado do que é ser negro, da cor negra, de forma assumida, discutindo os problemas que a concernem: religião, sociedade, racismo. Ele tem que se assumir como negro. (*Apud* Lobo, 2007, p. 266)

Ao longo de sua existência, os *Cadernos Negros* pouco se distanciaram desta postura incisiva — que se transformou em sua marca registrada —, e que termina por afastá-los de uma linha menos empenhada em termos de militância, como, por exemplo, a dos poetas Edimilson de Almeida Pereira e Ronald Augusto, de prosadores como Muniz Sodré, Nei Lopes, Joel Rufino dos Santos ou, no campo da escrita infantojuvenil, Júlio Emílio Braz, Rogério Andrade Barbosa, o próprio Joel Rufino dos Santos, além de Heloisa Pires de Lima, para citarmos alguns contemporâneos.[1]

Por outro lado, se retrocedermos nossas observações à primeira metade do século XX, não poderemos descartar a tradição do *negrismo* modernista,[2] de que são exemplos Jorge de Lima, Raul Bopp, Menotti Del Pichia, Cassiano Ricardo ou os escritores do grupo mi-

---

[1] Em seu volume teórico, *Literatura negro-brasileira* (2010), o escritor e crítico Cuti (Luiz Silva), um dos fundadores do Quilombhoje, desqualifica os conceitos de "afrodescendente" e "afro-brasileiro", que, em sua visão, comportam também a presença de autores brancos, e propõe o conceito de "Literatura negro-brasileira", bastante próximo da citada definição de Ironides Rodrigues. Cf. Cuti (2010), cit.

[2] Em seu *Vanguardas latino-americanas*, Jorge Schwartz (1995) contrasta criticamente os conceitos de Negrismo e de Negritude e discorre sobre suas manifestações, tanto na literatura brasileira quanto nas literaturas hispano-americanas, ressaltando as distinções que caracterizam os movimentos entre si e nos diversos países. Já para Oswaldo de Camargo, o negrismo, enquanto discurso do branco, se equipara ao indianismo dos românticos, em que o nativo surge reduzido a objeto da fantasia do colonizador.

neiro Leite Criôlo, entre outros. E, nesse caso, não teremos como
compará-los à escrita de Cuti, Miriam Alves ou Conceição Evaristo:
o que existiria de semelhante, sob qualquer ângulo de abordagem,
entre Ponciá Vicêncio e a Nega Fulô? O ponto de vista que conduz
a perspectiva dos *Poemas negros*, de Jorge de Lima, é bem outro,
externo e folclórico, na linha do que Oswald de Andrade cogno-
minou de "macumba para turistas". E, por mais que *Urucungo*, de
Raul Bopp, se aproprie de ritmos e entonações oriundas de uma
oralidade afro-brasileira, não há como negar que a *literatura negra*
desses autores é outra.

Na linha do legado modernista, Benedita Gouveia Damasceno (1988)
também confere ao conceito um sentido distinto e, até mesmo,
oposto ao praticado pelo Quilombhoje: um sentido marcado pelo
reducionismo temático, sem levar em conta o pertencimento étnico
e a perspectiva autoral. Para Damasceno, o "menos importante" é a
"cor do autor" (1988, p. 13), o que a faz incluir Jorge de Lima, Ascenso
Ferreira e Raul Bopp entre os poetas estudados. Em geral, esta tem
sido uma tendência em nossa crítica, e a supremacia do critério temático demonstra mais uma vez a força da herança modernista na
cultura brasileira. Embora reconheça as divergências e dificuldades
para o estabelecimento de uma "estética negra", já que "não existe
uma 'estética branca'" (1988, p. 13), ao final conclui Benedita Damasceno que "há sensíveis diferenças entre a poesia negra escrita
por afro-brasileiros e a escrita por brancos" (1988, p. 125).

Cioso das limitações do critério temático, Domício Proença Filho
busca uma solução conciliatória entre as duas vertentes e propõe
um duplo sentido para o termo:

> À luz dessas observações, será *negra*, em sentido
> restrito, uma literatura feita por negros ou descendentes
> assumidos de negros, e, como tal, reveladora de visões
> de mundo, de ideologias e de modos de realização que,
> por força de condições atávicas, sociais e históricas, se
> caracteriza por uma certa especificidade, ligada a um
> intuito claro de singularização cultural.

> Lato sensu, será a arte literária feita por quem quer que seja, desde que reveladora de dimensões peculiares aos negros ou aos descendentes de negros. (Proença Filho, 1988, p. 78, grifos do autor)

O crítico retoma sua reflexão em escrito posterior, acrescentando que, no primeiro caso, tem-se "o negro como sujeito, numa atitude compromissada" e, no segundo, "a condição negra como objeto, numa visão distanciada". Deste modo, o conceito comportaria tanto a "literatura do negro" quanto a "literatura sobre o negro" (1997, p. 159). Tal dicotomia compromete a operacionalidade do conceito, uma vez que o faz abrigar tanto o texto empenhado em resgatar a dignidade social e cultural dos afrodescendentes quanto o seu oposto — a produção descompromissada, para ficarmos nos termos de Proença, voltada muitas vezes para o exotismo e a reprodução de estereótipos atrelados à semântica do preconceito.

Os trabalhos de Zilá Bernd (1987, 1988) compartilham com o posicionamento conciliador de Proença Filho. Seu livro *Introdução à literatura negra* analisa tanto o discurso "do negro" quanto "sobre o negro" e aborda as poesias de Castro Alves e Jorge de Lima, a fim de ressaltar suas diferenças em relação a Luiz Gama e Lino Guedes. Com isto, emprega o critério temático ao mesmo tempo em que o relativiza. Centrado na poesia, o estudo estabelece as "leis fundamentais" da literatura negra, a saber: a "reversão dos valores", com o estabelecimento de uma "nova ordem simbólica" oposta aos sentidos hegemônicos; a "construção da epopeia negra"; e, sobretudo, a "emergência de um eu enunciador":

> A montagem da poesia negra faz-se a partir da (re)conquista da posição de sujeito da enunciação, fato que viabiliza a reescritura da História do ponto de vista do negro. Edificando-se como espaço privilegiado da manifestação da subjetividade, o poema negro reflete o trânsito da alienação à conscientização.

> Assim, a proposta do *eu lírico* não se limita à reivindicação de um mero reconhecimento, mas amplifica-se, correspondendo a um ato de reapropriação de um espaço existencial que lhe seja próprio. (Bernd, 1988, p. 77, grifos da autora)

Bernd não se atém à cor da pele do escritor, mas à enunciação do pertencimento. Em seguida, detalha com propriedade o alargamento da voz individual rumo à identificação com a comunidade, momento em o "*eu-que-se-quer-negro*" se encontra com o "*nós coletivo*" (Ibid., p. 77). Sem discordar da pertinência do reconhecimento dessa voz, cumpre ressaltar sua circunscrição ao texto poético, o que relativiza em muito sua aplicabilidade quanto ao discurso ficcional, dada a complexidade que envolve a instância do narrador e dadas as múltiplas possibilidades de disfarce do autor empírico. Já para Luiza Lobo, "esta definição parece implicar que qualquer pessoa poderia se identificar existencialmente com a condição de afrodescendente — o que de modo algum é verdadeiro no atual estágio sociocultural em que nos encontramos, pelo menos no Brasil" (2007, p. 328). Lobo defende que o conceito não deve incluir a produção de autores brancos, e, juntamente com Brookshaw (1983), entende ser tal literatura apenas aquela "escrita por negros".

Como se pode constatar, a questão é controversa e, como tal, tem se mantido nas reflexões e debates levados a cabo nas últimas décadas. Mas tem-se, ainda, outro agravante, formulado pelo segmento de sentido que diz respeito ao texto *negro* como sinônimo de narrativa detetivesca de mistério e suspense, na linha do *roman noir* da indústria editorial. No Brasil, tal vertente faz sucesso com Rubem Fonseca e outros, chegando-se mesmo ao estabelecimento de nuances diferenciadoras entre os conceitos de *romance negro* e *romance policial*. Vejamos a propósito a definição dada por Peter Winner, o personagem escritor do *Romance negro*, de Rubem Fonseca:

> "Acabamos de dizer que o romance negro se caracteriza pela existência de um crime, com uma vítima que se sabe logo quem é; e um criminoso, desconhecido; e um detetive, que afinal descobre a identidade desse

criminoso. Assim, não existe o crime perfeito, não é
verdade?" (Fonseca, 1992, p. 151, aspas do autor)

No conto, em que o protagonista é um famoso escritor de histórias policiais, a pontificar num evento reunindo outros autores do gênero, Fonseca entrelaça ação e metalinguagem para esboçar a genealogia do *roman noir* desde o século XVIII, passando por Edgar Allan Poe e outros fundadores: "roman noir, novela negra, kriminal roman, romance policial, romance de mistério ou que nome possua, teve suas regras simples estabelecidas por Poe ao publicar Os crimes, nessa mesma revista que temos à nossa frente" (*Ibid.*, p. 161). Ao que complementa o escritor fictício de Fonseca: "Um crítico afirmava que meus livros, com seu conteúdo de violência, corrupção, conflitos sociais, miséria, crime e loucura, podiam ser considerados verdadeiros textos do romance negro [...]" (*Ibid.*, p. 164).

Assim, já por esse pequeno sumário da questão, pode-se deduzir que, da militância e celebração identitária ao negrismo descomprometido e tendente ao exótico, passando por escritos distantes tanto de uma postura como de outra, *literatura negra* são muitas, o que, no mínimo, enfraquece e limita a eficácia do conceito enquanto operador teórico e crítico. E isso sem entrar na cadeia semântica do adjetivo que, desde as páginas da Bíblia, carrega em praticamente todas as línguas faladas no Ocidente as marcas de negatividade, inferioridade, pecado, morte e todo tipo de sortilégio, como já apontado por Brookshaw (1983), entre outros.

Já o termo *afro-brasileiro*, pela própria configuração semântica, remete ao tenso processo de mescla cultural em curso no Brasil desde a chegada dos primeiros africanos. Processo de hibridação étnica e linguística, religiosa e cultural. De acordo com um pensamento conservador, poder-se-ia dizer que afro-brasileiros são também todos os que provêm ou pertencem a famílias mais antigas, cuja genealogia remonta ao período anterior aos grandes fluxos migratórios ocorridos desde o século XIX. E, como este, outros reparos poderiam ser arrolados, dado o caráter não essencialista do termo. Para Luiz Silva,

(Cuti), ele funciona como elemento atenuador que diluiria o sentido político de afirmação identitária contido na palavra *negro*. É certo que, por abraçarem toda a gama de variações fenotípicas inerentes à mestiçagem, termos como afro-brasileiro ou afrodescendente trazem em si o risco de assumirem sentido homólogo ao do signo "pardo", tão presente nas estatísticas do IBGE quanto execrado pelos fundamentalistas do orgulho racial traduzido no slogan "100% negro".

Deixando de lado polêmicas de fundo sociológico, político ou antropológico, também é certo que não há, sobretudo no Brasil, uma literatura 100% negra, tomada aqui a palavra como sinônimo de africana. Nem a África é uma só, como nos demonstra Apiah (1997), nem o romance, o conto ou o poema são construções provindas unicamente do Atlântico Negro. Num universo cultural como o nosso — onde verdadeiras constelações discursivas, localizadas tanto regionalmente quanto no que Nora denomina "lugares de memória", se dispõem ao constante reprocessamento —, insistir num viés essencialista pode gerar mais polêmicas do que operadores teórico-críticos eficientes para o trabalho pedagógico de formar leitores.

A discussão envolve outras variantes. Luiza Lobo confere um perfil mais incisivo ao conceito:

> Poderíamos definir literatura afro-brasileira como a produção literária de afrodescendentes que se assumem ideologicamente como tal, utilizando um sujeito de enunciação próprio. Portanto, ela se distinguiria, de imediato, da produção literária de autores brancos a respeito do negro, seja enquanto objeto, seja enquanto tema ou personagem estereotipado (folclore, exotismo, regionalismo). (Lobo, 2007, p. 315)

A definição articula o sujeito de enunciação proposto por Bernd com a exigência de pertencimento e compromisso ideológico formulada por Ironides Rodrigues. E prossegue:

> Para arrancar a literatura negra do reduto reducionista da literatura em geral que a trata como tema folclórico, exótico,

> ou como estereótipo, é preciso que ela seja, necessariamente, uma literatura afro-brasileira. (Ibid., p. 331)

É inegável que a afro-brasilidade, aplicada à produção literária enquanto requisito de autoria e marca de origem, configura-se como perturbador suplemento de sentido aposto ao conceito de literatura brasileira, sobretudo àquele que a coloca como "ramo" da portuguesa. Mas tão relevante quanto o "sujeito de enunciação próprio", em que um eu lírico ou um narrador se autoproclama negro ou afrodescendente, é o *ponto de vista* adotado. Um bom exemplo pode estar na produção de autores do século XIX remanescentes de africanos, submetidos à hegemonia do embranquecimento como vacina contra a morte social. E, ainda, submetidos a um pensamento científico que praticamente os proibia de se declararem negros ou mulatos, a exemplo de Maria Firmina dos Reis. Autores impelidos a uma negrícia ou negrura abafadas e tendo na literatura uma forma de expressão do retorno do recalcado, como no caso de Machado de Assis. Em ambos, não há uma voz autoral que se assuma negra, como no texto do "Orfeu de Carapinha" Luiz Gama. Daí a dificuldade de enquadrar "Pai contra mãe" ou *Úrsula* como *literatura negra*, e não apenas devido à sobrecarga de sentidos políticos ou folclóricos agregados ao conceito. Todavia, os escritos de ambos — e são inúmeros os exemplos — não podem ser classificados como dotados de um ponto de vista externo ou descomprometido. O texto machadiano fala por si e, assim como em Firmina, explicita um olhar não branco e não racista. Nem um nem outro deve, portanto, ser enquadrado como negrismo ou literatura sobre o negro. Deste modo, tão relevante ou mais que a explicitação da origem autoral é o *lugar* a partir do qual o autor expressa sua visão de mundo.

Nesse contexto, vejo no conceito de *literatura afro-brasileira* uma formulação mais elástica (e mais produtiva), a abarcar tanto a assunção explícita de um sujeito étnico — que se faz presente numa série que vai de Luiz Gama a Cuti, passando pelo "negro ou mulato, como queiram", de Lima Barreto — quanto o dissimulado lugar de enunciação que abriga Caldas Barbosa, Machado, Firmina, Cruz e Sousa, Patrocínio, Paula Brito, Gonçalves Crespo e tantos mais. Por isso mesmo, inscreve-se como um operador capacitado a abarcar melhor, por sua amplitude necessariamente compósita, as várias tendências existentes na demarcação discursiva do campo identitário afrodescendente em sua expressão literária.

Acredito, pois, na maior pertinência do conceito de *literatura afro-brasileira*, presente em nossos estudos literários desde o livro pioneiro de Roger Bastide (1943), com os equívocos, é certo, que aquele momento não permitia a ele superar, em especial no tocante a Cruz e Sousa. E também presente nas reflexões de Moema Augel e, mais enfaticamente, de Luiza Lobo (1993, 2007). Adotado, enfim, por praticamente todos os que lidam com a questão nos dias de hoje, inclusive pelos próprios autores do Quilombhoje, seja nos subtítulos dos *Cadernos Negros*, seja no próprio volume teórico-crítico lançado pelo grupo, em 1985, com o título de *Reflexões sobre a literatura afro-brasileira*.

A propósito, torna-se relevante atentar para as reflexões do poeta e crítico Edimilson de Almeida Pereira, que aponta o risco de os critérios étnico e temático funcionarem como "censura prévia" aos autores. Sua preocupação se aproxima daquela manifestada por Proença Filho quanto ao "risco terminológico" (1988, p. 77) implícito à expressão, que poderia confinar ainda mais essa escritura ao gueto, afastando-a, consequentemente, das instâncias de canonização. De sua parte, Pereira defende a adoção de um "critério pluralista", a partir de uma "orientação dialética", que "possa demonstrar a literatura afro-brasileira como uma das faces da literatura brasileira — esta mesma sendo percebida como uma unidade constituída de diversidades" (1995, p. 1.035-6). O crítico inverte a conhecida postulação de Afrânio Coutinho e considera a literatura brasileira como constituinte de uma "tradição fraturada" típica de países que passaram pelo processo de colonização. É, portanto, no âmbito dessa expressão historicamente múltipla e desprovida de unidade que se abre espaço para a configuração do discurso literário afrodescendente em seus diversos matizes.

Em resumo, que elementos distinguiriam essa literatura? Para além das discussões conceituais, alguns identificadores podem ser destacados: uma voz autoral afrodescendente, explícita ou não no discurso; temas afro-brasileiros; construções linguísticas marcadas por uma afro-brasilidade de tom, ritmo, sintaxe ou sentido; um projeto de transitividade discursiva, explícito ou não, com vistas ao universo recepcional; mas, sobretudo, um *ponto de vista ou lugar de enunciação* política e culturalmente identificado à afrodescendência, como fim e começo. Alertando para o fato de que se trata de um conceito em construção, passamos a examinar mais detidamente cada um desses elementos.

A Temática

> Riram dos nossos valores
> Apagaram os nossos sonhos
> Pisaram a nossa dignidade
> Sufocaram a nossa voz
> Nos transformaram em uma ilha
> Cercada de mentiras por todos os lados
>
> Carlos de Assumpção

O tema é um dos fatores que ajuda a configurar o pertencimento de um texto à literatura afro-brasileira. Para Octavio Ianni, trata-se de abordar não só o sujeito afrodescendente, no plano do indivíduo, mas como "universo humano, social, cultural e artístico de que se nutre essa literatura" (1988, p. 209). Assim, pode contemplar o resgate da história do povo negro na diáspora brasileira, passando pela denúncia da escravidão e de suas consequências, ou ir à glorificação de heróis como Zumbi dos Palmares. A denúncia da escravidão já está no citado *Úrsula*, de Maria Firmina dos Reis, em *Motta coqueiro*, de José do Patrocínio, na obra de Cruz e Sousa e em alguns romances, contos e crônicas de Machado de Assis, bem como em outros autores dos séculos XIX e XX. Por sua vez, os feitos gloriosos dos quilombolas estão presentes tanto no *Canto dos Palmares*, de Solano Trindade (1961), quanto no *Dionísio esfacelado* (1984), de Domício Proença Filho. E ainda em diversos outros textos empenhados em reconstituir a memória de lutas dos que não se submeteram ao cativeiro, como a obra de Oliveira Silveira e a biografia romanceada do líder palmarino, de Joel Rufino dos Santos. Tais escritos polemizam com o discurso colonial que, conforme salienta Fanon (1983), trabalha pelo apagamento de toda história, cultura e civilização existentes para aquém ou além dos limites da sociedade branca dominante.

A temática afro-brasileira abarca ainda as tradições culturais ou religiosas transplantadas para o novo mundo, destacando a riqueza dos mitos, lendas e de todo um imaginário circunscrito quase sempre à oralidade. Autores como Mestre Didi, com seus *Contos crioulos da Bahia*, ou Mãe Beata de Yemonjá, com as narrativas presentes em *Caroço de dendê* e *Histórias que minha avó contava*, figuram nessa linha de recuperação de uma multifacetada memória ancestral. Além disso, elementos rituais e religiosos são presença constante em inúmeros autores. Exus e pombasgiras povoam *Cidade de Deus*, de Paulo Lins, enquanto os orikis transportados pelo Atlântico Negro fazem-se presentes na poesia de Edimilson de Almeida Pereira, Ricardo Aleixo e tantos mais. Já a peça *Sortilégio*, de Abdias Nascimento, traz para o palco não apenas o terreiro e o peji como cenário, mas o culto afro-brasileiro e a memória ancestral como fundamentos do processo de identificação do personagem negro, um dos pontos fulcrais da trama. E, para além da temática propriamente religiosa, observa-se a recorrência de textos em que se celebram vínculos com a ancestralidade africana, como em "Elo", de Oliveira Silveira: "Aqui meu umbigo túmido/ receptor de seiva/ neste lado do mar,/ nesta longe placenta./ E África lá está/ na outra extremidade do cordão" (Silveira, 1981, p. 3).

Outra vertente dessa diversidade temática situa-se na história contemporânea e busca trazer ao leitor os dramas vividos na modernidade brasileira, com suas ilhas de prosperidade cercadas de miséria e exclusão. De Lima Barreto e Nascimento Moraes a Carolina Maria de Jesus; de Lino Guedes, Adão Ventura e Oswaldo de Camargo a Eduardo de Oliveira, passando pelos poetas e ficcionistas reunidos na série *Cadernos Negros*, muitos são os que se debruçam sobre o estigma do 14 de maio de 1888 — o longo *day after* da abolição, que se prolonga pelas décadas seguintes e chega ao século XXI. Como decorrência desse processo, surgem nos textos o subúrbio, a favela, a crítica ao preconceito e ao branqueamento, a marginalidade, a prisão. E figuras como Di Lixão, Ana Davenga, Natalina, Duzu-Querença, personagens dos contos de Conceição Evaristo, como a empregada Maria, linchada pelos passageiros de um ônibus urbano após escapar de assalto em que estes são vítimas, simplesmente por ser ex-companheira de um dos bandidos.

No entanto, a abordagem das condições passadas e presentes de existência dos afrodescendentes no Brasil não pode ser considerada obrigatória, nem se transformar numa camisa de força para o autor, o que redundaria em visível empobrecimento. Por outro lado, nada impede que a matéria ou o assunto negro estejam presentes na escrita dos brancos. Desde as primeiras manifestações das vanguardas estéticas do século XX, uma forte tendência negrista parte das apropriações cubistas do imaginário africano e se estende a outras artes e outros países, em especial no modernismo brasileiro. Dessa postura decorrem textos hoje considerados clássicos. Deste modo, a adoção da temática afro não deve ser considerada isoladamente mas, sim, em sua interação com outros fatores como autoria e ponto de vista.

A Autoria

> Há o tema do negro e há a vida do negro...
> Mas uma coisa é o negro-tema, outra o negro vida.
> Alberto Guerreiro Ramos

Conforme já visto, a instância da autoria é das mais controversas, pois implica a consideração de fatores biográficos ou fenotípicos, com todas as dificuldades daí decorrentes e, ainda, a defesa feita por alguns estudiosos de uma literatura afro-brasileira de autoria branca. No primeiro caso, há que atentar para a abertura implícita no sentido da expressão *afro-brasileiro*, a fim de abarcar as identidades compósitas oriundas do processo miscigenador. No segundo, corre-se o risco de reduzir essa produção ao negrismo, entendido como utilização, por quem quer que seja, de assuntos atinentes aos negros. Superando-se o reducionismo temático e vendo-se a questão de outra perspectiva, pode-se, por exemplo, reler Castro Alves e concluir que, apesar do epíteto de "poeta dos escravos", sua obra não se enquadra na literatura afro-brasileira.

No extremo oposto ao negrismo, existem autores que, apesar de afrodescendentes, não reivindicam para si tal condição, nem a incluem em seu projeto literário, a exemplo de Marilene Felinto e tantos outros.[3] Isto nos indica a necessidade de evitar também a redução sociológica, que, no limite, levaria a interpretar o texto a partir de fatores externos a ele, como a cor da pele ou a condição social do escritor. No caso presente, é preciso compreender a autoria não como um dado "exterior", mas como uma *constante discursiva* integrada à materialidade da construção literária. Por esta via se descobrem ângulos novos tanto na poesia de Cruz e Sousa quanto na obra de Machado de Assis, em especial, nas crônicas publicadas sob pseudônimo.

No caso do poeta catarinense, um acesso, por ligeiro que seja, a dados de sua biografia indicará a existência de outras possibilidades de interpretação distintas daquela obsessão pela branquitude que muitos enxergam como dominante em seu projeto poético. A confissão angustiada presente no "Emparedado" explicita não ser Cruz e Sousa um "negro de alma branca", apesar da formação europeizante que recebeu e do refinado conhecimento que possuía da poesia e da cultura ocidentais. O emparedamento a que está submetido pelo fato histórico da escravidão, reforçado pelos estigmas com que são rebaixados os de pele escura mesmo após o término formal do regime, repercute em seus escritos construindo novas possibilidades de leitura. Como no caso de Machado e tantos outros, há que se levar também em conta a produção jornalística do poeta, inclusive no que tem de confessional, para conhecer seu profundo desprezo pela elite que fazia do trabalho escravizado fonte de lucro e poder. A partir de então, ter-se-á uma dimensão mais ampla do conjunto da obra.

---

[3] Ver a propósito nosso *Literatura, política, identidades*, cit., p. 120.

A instância da autoria como fundamento para a existência da literatura afro-brasileira decorre da relevância dada à interação entre *escritura* e *experiência*, que inúmeros autores fazem questão de destacar, seja enquanto compromisso identitário e comunitário, seja no tocante à sua própria formação de artistas da palavra. No primeiro caso, saltam aos olhos os impulsos coletivistas que levam diferentes autores a quererem ser a voz e a consciência da comunidade.[4] Nesse contexto, recupera-se a tradição africana dos *griots*. Guardiães do saber ancestral circunscrito à oralidade, bem como dos usos e costumes das nações que deram origem à população afrodescendente no Brasil, os *griots* são referência para intelectuais militantes como Abdias Nascimento, Solano Trindade, Carlos de Assumpção, Cuti e tantos mais.

Por outro lado, a inscrição da experiência marcada por obstáculos de toda ordem tem sido uma constante na produção afrodescendente de diversos países. Traços autobiográficos marcam as páginas de inúmeros autores do passado e do presente, a entrelaçar a ficção e a poesia com o testemunho, numa linha que vem de Cruz e Sousa e Lima Barreto a Carolina Maria de Jesus e Geni Guimarães, entre outros. No momento, quem mais explicita o veio documental de sua obra é Conceição Evaristo, que reivindica para seus textos o estatuto de *escrevivência*: "Na origem da minha escrita, ouço os gritos, os chamados das vizinhas debruçadas sobre as janelas, ou nos vãos das portas, contando em voz alta umas para as outras as suas mazelas, assim como suas alegrias" (Evaristo, 2007, p. 19). A exiguidade de espaço dos barracos da favela e a proximidade entre uns e outros estreita os caminhos dos becos e também das vidas que ali se cruzam, fixando tais experiências na memória da futura escritora:

---

[4] A propósito, recorremos às palavras do poeta martinicano Aimé Cézaire, que poderiam ser assinadas por quaisquer dos escritores e intelectuais brasileiros afrodescendentes: "Sim, nós constituímos uma comunidade, mas uma comunidade de um tipo particular, reconhecível pelo que ela é, pelo que ela foi; que, apesar de tudo, se constituiu em uma comunidade: primeiramente, uma comunidade de opressão sofrida, uma comunidade de exclusão imposta, uma comunidade de discriminação profunda. Bem entendido, e em sua honra, ela é uma comunidade de resistência contínua, de luta tenaz pela liberdade e de indubitável esperança" (Cézaire, 2010, p. 104).

> Creio que a gênese da minha escrita está no acúmulo de tudo o que ouvi desde a infância. [...] Eu fechava os olhos fingindo dormir e acordava todos os meus sentidos. O meu corpo por inteiro recebia palavras, sons, murmúrios, vozes entrecortadas de gozo ou dor dependendo do enredo das histórias. De olhos cerrados, eu construía as faces de minhas personagens reais e falantes. Era um jogo de escrever no escuro. No corpo da noite. (Ibid., p. 19)

E conclui:

> A nossa *escrevivência* não pode ser lida como histórias para "ninar os da casa grande" e sim para incomodá-los em seus sonos injustos. (Ibid., p. 21, grifo da autora)

Deste modo, a autoria há que estar conjugada intimamente ao ponto de vista. Literatura é discursividade, e a cor da pele será importante enquanto tradução textual de uma história própria ou coletiva.

O Ponto de Vista

> À África
> Às vezes te sinto como avó,
> outras vezes te sinto como mãe.
> Quando te sinto como neto
> me sinto como sou.
> Quando te sinto como filho
> não estou me sentindo bem eu,
> estou me sentindo aquele
> que arrancaram de dentro de ti.
>
> Oliveira Silveira

O ponto de vista adotado indica a visão de mundo autoral e o universo axiológico vigente no texto, ou seja, o conjunto de valores que fundamentam as opções até mesmo vocabulares presentes na representação. Diante disso, a ascendência africana ou a utilização do tema são insuficientes. É necessária ainda a assunção de uma perspectiva identificada à história, à cultura, logo, a toda problemática inerente à vida e às condições de existência desse importante segmento da população. Em suas *Trovas burlescas* publicadas em 1859, Luiz Gama, autoproclamado "Orfeu de Carapinha", explicita a afrodescendência de seus textos ao apelar à "musa da Guiné" e à "musa de azeviche" para, em seguida, promover uma impiedosa carnavalização das elites. Já em seu romance *Úrsula*, também de 1859, Maria Firmina dos Reis adota a mesma perspectiva ao colocar o escravo Túlio como referência moral do texto, chegando a afirmar, pela voz do narrador, que Tancredo, um dos brancos mais destacados na trama, possuía "sentimentos tão nobres e generosos como os que animavam a alma do jovem negro" (2004, p. 25). Mais adiante, faz seu texto falar pela voz de Mãe Suzana, velha cativa que detalha a vida livre na África, a captura pelos "bárbaros" traficantes europeus e o "cemitério" cotidiano do porão do navio negreiro. Numa época em que muitos sequer concediam aos negros a condição de seres humanos, o romance e a perspectiva afroidentificada da escritora soam como gestos revolucionários que a distinguem do restante da literatura brasileira da época.

Já o caso de Machado de Assis é emblemático. Menino pobre, nascido no Morro do Livramento, filho de um pintor de paredes e de uma lavadeira, jovem ainda ganha destaque no mundo das letras. Cronista, crítico literário, poeta e ficcionista, em nenhuma página de sua vasta obra se encontra qualquer referência a favor da escravidão ou da pretensa inferioridade de negros ou mestiços. Muito pelo contrário. E, mesmo descartando a retórica panfletária, a ironia, por vezes o sarcasmo, e a verve carnavalizadora com que trata a classe senhorial dão bem a medida de sua visão de mundo. O lugar de onde fala é o dos subalternos e este é um fator decisivo para incluir ao menos parte de sua obra no âmbito da afro-brasilidade. Apesar de fundador da Academia Brasileira de Letras e de ter sido canonizado como escritor branco, Machado escapa ao papel normalmente destinado aos homens livres na ordem escravocrata: o de ventríloquo e defensor das ideias hegemônicas, provenientes das elites senhoriais. E, conforme demonstra Chalhoub (2003), ao contrário da leitura de Schwarz (1977), a crítica machadiana não visa apenas ao "aprimoramento" do paternalismo, mas à sua denúncia.

Como funcionário do governo imperial, Machado ostenta uma postura irrepreensível ao propiciar a libertação de inúmeros cativos. E, como escritor, adota em seus textos um ponto de vista coerente com seu procedimento de cidadão (Chalhoub, 2003). A acusação de omisso, que muitos tentaram lhe impingir, cai por terra diante das centenas de matérias abolicionistas publicadas pela *Gazeta de Notícias*, órgão do qual era um dos sócios. E mais: em suas crônicas, sempre que aborda o cativeiro, acrescenta elementos judicativos, que ora lamentam a condição dos escravos, ora louvam a filantropia dos que os libertam, ora criticam os que apoiam ou se beneficiam do sistema, conforme podemos ler em Raimundo Magalhães Júnior (1957). No terreno da poesia, encontramos obras como "Sabina" ou os versos satíricos publicados nos jornais, onde obtinham repercussão mais ampla. E seguem-se contos como "Virginius", "Mariana", "O espelho", "O caso da vara" ou o contundente "Pai contra mãe", calcados numa postura nitidamente afro-brasileira. Já nos romances, o olhar que organiza as ações e comanda a pintura das figuras nunca é o olhar do branco explorador, menos ainda escravista.

Entrando no século XX, damos como exemplo inicial o poeta Lino Guedes. Em 1938, ele publica *Dictinha*, um volume inteiro dedicado a exaltar a mulher negra e, ao mesmo tempo, estabelecer um confronto praticamente inédito com a estereotipia vigente na sociedade em torno dessa camada feminina vitimada tanto pelo racismo quanto pelo sexismo. Vejamos uma estrofe:

> Penso que talvez ignores,
> Singela e meiga Dictinha,
> Que desta localidade
> És a mais bela pretinha:
> Se não fosse profanar-te,
> Chamar-te-ia... francesinha! (Guedes, 1938)

A elevação da mulher negra faz-se presente ainda em outros poetas da primeira metade do século XX, como Solano Trindade ou Aloisio Resende. Eles publicam em pleno apogeu modernista e fazem um interessante contraponto com a "Negra Fulô", de Jorge de Lima. No caso de Guedes, destaca-se a opção do poeta de inverter o sentido do discurso moralista do branco, utilizando-se para tanto das próprias armas deste, ou seja, do estereótipo sexual com que ingleses e alemães, sobretudo, estigmatizavam as francesas. Diante da "francesinha", tomada pelo viés do sentido pejorativo, a "pretinha" surge valorizada e engrandecida. É o recurso da apropriação paródica, que utiliza a linguagem do preconceito contra o preconceito. Correm-se, no caso, os riscos já sabidos, pois se vai estar sempre na esfera da exclusão própria ao pensamento segregacionista. Mas a paródia do discurso colonial já é, em si, um avanço frente à assimilação pura e simples que marca o trabalho de outros, dotados de alma e estética brancas.

A assunção de um ponto de vista afro-brasileiro atinge seu ponto culminante com a série *Cadernos Negros*. A apresentação do número 1 soa como manifesto e ilustra a afirmativa:

> Estamos no limiar de um novo tempo. Tempo de África, vida nova, mais justa e mais livre e, inspirados por ela, renascemos arrancando as máscaras brancas, pondo fim à imitação. Descobrimos a lavagem cerebral que nos poluía e estamos assumindo nossa negrura bela e forte. Estamos limpando nosso espírito das ideias que nos enfraquecem e que só servem aos que querem nos dominar e explorar. (*Cadernos Negros* 1, 1978)

A metáfora do renascimento remete à adoção de uma visão de mundo própria e distinta da do branco, à superação da cópia de modelos europeus e à assimilação cultural imposta como única via de expressão. Ao superar o discurso do colonizador em seus matizes passados e presentes, a perspectiva afroidentificada configura-se enquanto *discurso da diferença* e atua como elo importante dessa cadeia discursiva.

A Linguagem

> Quando o escravo
> surrupiou a escrita
> disse o senhor:
> — precisão, síntese, regras
> e boas maneiras!
> são seus deveres
>
> Cuti

A literatura costuma ser definida, antes de tudo, como linguagem, construção discursiva marcada pela finalidade estética. Tal posição ancora-se no formalismo inerente ao preceito kantiano da "finalidade sem fim" da obra de arte. Todavia, outras finalidades, para além da fruição estética, são também reconhecidas e expressam valores éticos, culturais, políticos e ideológicos. A linguagem é, em dúvida, um dos fatores instituintes da diferença cultural no texto literário. Assim, a afro-brasilidade tornar-se-á visível também a partir de um vocabulário pertencente às práticas linguísticas oriundas de África e inseridas no processo transculturador em curso no Brasil. Ou de uma discursividade que ressalta ritmos, entonações e, mesmo, toda uma semântica própria, empenhada muitas vezes num trabalho de ressignificação que contraria sentidos hegemônicos na língua. Isto porque, bem o sabemos, não há linguagem inocente, nem signo sem ideologia. Termos como *negro*, *negra*, *crioulo* ou *mulata*, para ficarmos nos exemplos mais evidentes, circulam no Brasil carregados de sentidos pejorativos e tornam-se verdadeiros tabus linguísticos no âmbito da "cordialidade" que caracteriza o racismo à brasileira.

Alguns exemplos: quem não se lembra dos versos de Manuel Bandeira (1990) "Irene preta, Irene boa, Irene sempre de bom humor"? Ou da mulata assanhada, que nunca é mulher diurna, só noturna; nunca é espírito, só carne; nunca é família ou trabalho, só prazer? E bem conhecemos o complemento masculino dessa fantasia: o mulato malandro, chegado à festa e aos vícios, fator de degeneração e de desequilíbrio social. Estes e tantos outros fantasmas emergem de nosso passado escravista para ainda hoje habitarem o imaginário social brasileiro, onde fazem companhia a figurações como a do "bom senhor" ou do "bom patrão"; do "escravo contente" ou do seu oposto, o marginal sanguinário e psicopata, naturalmente voltado para o crime. Essas e tantas outras deturpações inscrevem-se em nossas letras, tanto quanto no filme, na TV ou nos programas popularescos que se espalham pelas ondas do rádio. São estereótipos sociais largamente difundidos e assumidos inclusive entre suas vítimas, signos que funcionam como poderosos elementos de manutenção da desigualdade.

Nesse contexto, o discurso afroidentificado busca a "ruptura com os contratos de fala e escrita ditados pelo mundo branco", objetivando a configuração de "uma nova ordem simbólica", que expresse a "reversão de valores", conforme analisa Zilá Bernd (1988, p. 22, 85, 89). E o tom carinhoso impresso à linguagem de Henrique Cunha Júnior (1978) no momento em que trata de um dos principais ícones do preconceito racial dá bem a medida do esforço de reterritorialização cultural empreendido pela literatura afro-brasileira. Ouçamos o poeta:

> Cabelos enroladinhos enroladinhos
> Cabelos de caracóis pequeninos
> Cabelos que a natureza se deu ao luxo
> de trabalhá-los e não simplesmente deixá-los
> esticados ao acaso
> Cabelo pixaim
> Cabelo de negro. (*Cadernos Negros* 1, 1978)

O signo cabelo enquanto marca de inferioridade — cabelo duro, cabelo ruim, "qual é o pente que te penteia?", repete-nos a música ouvida há tantas décadas — é recuperado pelo viés da positividade expressa na linguagem: o diminutivo "enroladinhos" em conjunção fônica (e semântica) com "pequeninos" remete ao "luxo" dos "caracóis" trabalhados pela natureza, ao contrário do cabelo liso, inscrito como fruto do "acaso"... Nessa linha há inúmeros exemplos, como "Outra Nega Fulô", de Oliveira Silveira (1998, p. 109-110), ou "Minha cor não é de luto", de Márcio Barbosa (2004, p. 106), em que se evidencia a reversão paródica do discurso hegemônico.

E no tocante às particularidades de ritmo e de entonação, são inúmeros os casos em que o texto expressa sonoridades outras, marcadas pelo rico imaginário afro-brasileiro. Entre tantos, podemos lembrar os sons guerreiros do poeta Bélsiva — "Irmão, bate os atabaques/ Bate, bate, bate forte/ Bate que a arte é nossa" (*Cadernos Negros* 1, 1978) —, em que o desdobramento anagramático do instrumento musical africano faz com que a poesia assuma o sentido de ritual coletivo e libertador. Outros exemplos poderiam ser arrolados, a partir mesmo da forte presença de vocábulos de idiomas africanos incorporados ao português do Brasil, como em "Tristes Maracatus", de Solano Trindade: "Baticuns maracatucando/ na minh'alma de moleque/ Buneca negra de minha meninice/ de 'negro preto' de São José/ Nas águas de calunga/ a Kambinda me inspirando amor/ o primeiro cafuné no mato verde/ Da campina do Bodé" (Trindade, 1981, p. 74).

Assim, a assunção de uma linguagem descomprometida com os "contratos de fala" dominantes ganha sentido político, conforme conclui Conceição Evaristo:

> Em se tratando de um ato empreendido por mulheres negras, que historicamente transitam por espaços culturais diferenciados dos lugares ocupados pela cultura das elites, escrever adquire um sentido de insubordinação. Insubordinação que se pode evidenciar, muitas vezes, desde uma escrita que fere as "normas cultas" da língua, caso exemplar o de Carolina Maria de Jesus, como também pela escolha da matéria narrada. (Evaristo, 2007, p. 21)

O Público

> Escrevo porque há que se despertar
> a consciência adormecida e preguiçosa do nosso povo,
> porque há que se cutucar com punhais/palavras
> os marginalizados que são meus personagens
> e que provavelmente
> — não por falta de empenho de minha parte —
> nem venham a ler meus textos.
>
> Paulo Colina

A formação de um horizonte recepcional afrodescendente como fator de intencionalidade próprio a essa literatura distingue-a do projeto que norteia a literatura brasileira em geral. A constituição desse público específico, marcado pela diferença cultural e pelo anseio de afirmação identitária, compõe a faceta algo utópica do projeto literário afro-brasileiro, sobretudo a partir de Solano Trindade, Oliveira Silveira e dos autores contemporâneos. Este impulso à ação e ao gesto político leva à criação de outros espaços mediadores entre texto e receptor: os saraus literários na periferia, os lançamentos festivos, a encenação teatral, as rodas de poesia e *rap*, as manifestações políticas alusivas ao 13 de maio ou ao 20 de novembro, entre outros. No caso, o sujeito que escreve o faz não apenas com vistas a atingir determinado segmento da população, mas o faz também a partir de uma compreensão do papel do escritor como porta-voz da comunidade. Isso explica a reversão de valores e o combate aos estereótipos, procedimentos que enfatizam o papel social da literatura na construção da autoestima. Acrescente-se o fato de que títulos como *Axé*, *Cadernos Negros* ou *Quilombo de palavras* explicitam de imediato um público-alvo a cujas expectativas o escritor espera atender.

A tarefa a que se propõem é ambiciosa e nada desprezível. Trata-se de intervir num processo complexo e num campo adverso, dada a dificuldade de se implantar o *gosto* e o *hábito* de leitura, sobretudo entre crianças e jovens, em sua maioria pobres, num cenário marcado pelo amplo predomínio dos meios eletrônicos e digitais de comunicação. Para ilustrar, recordo uma reflexão de Ezequiel Teodoro da Silva, datada dos anos 1980, a respeito do que então se denominava "crise de leitura". Segundo o autor, essa crise é alimentada pela "lei-dura" — um conjunto de restrições que impede a fruição da leitura e que a coloca numa situação de crise. Para ele, o primeiro parágrafo da "lei-dura" estabelece que somente a elite dirigente deve ler; o povo deve ser mantido longe dos livros. Porque livros bem-selecionados e lidos estimulam a crítica, a contestação e a transformação — elementos estes que, segundo o teórico, colocam em risco a estrutura social vigente (Silva, 1997).

Num contexto tão adverso, duas tarefas se impõem: primeiro, a de levar ao público a literatura afro-brasileira, fazendo com que o leitor tome contato não apenas com a diversidade dessa produção, mas também com novos modelos identitários; e, segundo, o desafio de dialogar com o horizonte de expectativas do leitor, combatendo o preconceito e inibindo a discriminação sem cair no simplismo muitas vezes maniqueísta do panfleto.

A busca do público leva à postura do grupo Quilombhoje, de São Paulo, de ir "onde o povo negro está", vendendo os livros em eventos e outros circuitos alternativos ao mercado editorial. E explica a multiplicação de sites e portais na internet, nos quais o receptor encontra formas menos dispendiosas de fruir o prazer da leitura. Resta, então, trabalhar por uma crescente inclusão digital para que se concretize nessa estratégia a saída frente às dificuldades existentes tanto no âmbito da produção editorial quanto na rarefação de um mercado consumidor de reduzido poder aquisitivo.

Concluindo

A partir, portanto, da interação dinâmica desses cinco grandes fatores — temática, autoria, ponto de vista, linguagem e público — pode-se constatar a existência da literatura afro-brasileira em sua plenitude. Tais componentes atuam como constantes discursivas presentes em textos de épocas distintas. Logo, emergem ao patamar de critérios diferenciadores e de pressupostos teórico-críticos a embasar e operacionalizar a leitura dessa produção. Impõe-se destacar, todavia, que nenhum desses elementos propicia o pertencimento à literatura afro-brasileira, mas sim o resultado de sua inter-relação. Isoladamente, tanto o tema como a linguagem e, mesmo, a autoria, o ponto de vista, e até o direcionamento recepcional, são insuficientes.

Literatura Afro-brasileira: processo, devir. Além de segmento ou linhagem, componente de amplo encadeamento discursivo. Ao mesmo tempo "dentro e fora" da literatura brasileira, como já defendia, na década de 1980, Octavio Ianni (1988, p. 208). Uma produção que implica, evidentemente, redirecionamentos recepcionais e suplementos de sentido à história literária estabelecida. Uma produção que está *dentro* porque se utiliza da mesma língua e, praticamente, das mesmas formas e processos de expressão. Mas que está *fora* porque, entre outros fatores, não se enquadra no ideal romântico de instituir o advento do espírito nacional. Uma literatura empenhada, sim, mas num projeto suplementar (no sentido derridiano) ao da literatura brasileira canônica: o de edificar uma escritura que seja não apenas a expressão dos afrodescendentes enquanto agentes de cultura e de arte, mas que aponte o etnocentrismo que os exclui do mundo das letras e da própria civilização. Daí seu caráter muitas vezes marginal, porque fundado na *diferença* que questiona e abala a trajetória progressiva e linear de nossa história literária.

Referências

APPIAH, Kwame Anthony. *Na casa de meu pai*: a África na filosofia da cultura. Rio de Janeiro: Contraponto, 1997.

ASSUMPÇÃO, Carlos de. *Protesto*. Franca: Unesp, 1988.

BASTIDE, Roger. *A poesia afro-brasileira*. São Paulo: Martins Fontes, 1943.

_____. *Estudos afro-brasileiros*. São Paulo: Perspectiva, 1983.

BANDEIRA, Manuel. *Poesia completa e prosa*. Rio de Janeiro: Nova Aguillar, 1990.

BARBOSA, Márcio. Minha cor não é de luto. In: RIBEIRO, E. e BARBOSA, M. (Orgs.). *Cadernos Negros*, Vol. 27. São Paulo: Quilombhoje, 2004.

BERND, Zilá. *Introdução à literatura negra*. São Paulo: Brasiliense, 1988.

_____. *Negritude e literatura na América Latina*. Porto Alegre: Mercado Aberto, 1987.

BERND, Zilá (Org.). *Poesia negra brasileira*. Porto Alegre: AGE/IEL, 1992.

BROOKSHAW, David. *Raça e cor na literatura brasileira*. Porto Alegre: Mercado Aberto, 1983.

CAMARGO, Oswaldo de. *O negro escrito*. São Paulo: Secretaria de Estado da Cultura-Imprensa Oficial, 1987.

Cadernos Negros, n. 1. São Paulo: Ed. dos Autores, 1978.

Cadernos Negros, n. 2. São Paulo: Ed. dos Autores, 1979.

CÉZAIRE, Aimé. *Discurso sobre a negritude*. Organização de Carlos Moore. Belo Horizonte: Nandyala, 2010.

CHALHOUB, Sidney. *Machado de Assis historiador*. São Paulo: Companhia das Letras, 2003.

CUTI (Luiz Silva). *Sanga*. Belo Horizonte: Mazza, 2002.

_____. *Literatura negro-brasileira*. São Paulo: Selo Negro, 2010.

DAMASCENO, Benedita Gouveia. *Poesia negra no modernismo brasileiro*. Campinas: Pontes Editores, 1988.

DUARTE, Eduardo de Assis. *Literatura, política, identidades*. Belo Horizonte: FALE-UFMG, 2005.

_____. *Literatura e afrodescendência no Brasil*: antologia crítica. Belo Horizonte: UFMG, 2011, vol. 2, Consolidação.

EVARISTO, Conceição. Da grafia-desenho de minha mãe, um dos lugares de nascimento de minha escrita. In: ALEXANDRE, Marcos Antônio (Org.). *Representações performáticas brasileiras*: teorias, práticas e suas interfaces. Belo Horizonte: Mazza, 2007.

FANON, Frantz. *Pele negra, máscaras brancas*. Trad. Maria Adriana da Silva Caldas. Salvador: Livraria Fator, 1983.

FONSECA, Maria Nazareth Soares (Org.). *Brasil afro-brasileiro*. Belo Horizonte: Autêntica, 2000.

FONSECA, Rubem. *Romance negro e outras histórias*. São Paulo: Companhia das Letras, 1992.

GAMA, Luís. *Primeiras trovas burlescas de Getulino*. 2ª ed. Rio de Janeiro: Typographia Pinheiro & Cia., 1861.

GUEDES, Lino. *Dictinha, separata de O canto do cisne negro*. São Paulo: Cruzeiro do Sul, 1938. Coleção Hendi.

IANNI, Octavio. Literatura e consciência. In: *Estudos Afro-asiáticos*, n. 15, junho de 1988. Publicação do CEAA da Universidade Candido Mendes. Rio de Janeiro: 1988, p. 208-217.

LOBO, Luiza. *Crítica sem juízo*. Rio de Janeiro: Francisco Alves, 1993. 2ª ed. revista. Rio de Janeiro: Garamond, 2007.

MAGALHÃES JÚNIOR, Raimundo. *Machado de Assis desconhecido*. Rio de Janeiro: Civilização Brasileira, 1957.

PROENÇA FILHO, Domício. *Dionísio esfacelado*. Rio de Janeiro: Achiamé, 1984.

PROENÇA FILHO, Domício. O negro na literatura brasileira. In: *Boletim bibliográfico Biblioteca Mario de Andrade*. São Paulo, Biblioteca Mario de Andrade, v. 49, n. 14, jan./dez.1988.

_____. A trajetória do negro na literatura brasileira. In: *Revista do Patrimônio Histórico e Artístico Nacional*, n. 25. (Org. Joel Rufino dos Santos), 1997.

PEREIRA, Edimilson de Almeida. Panorama da literatura afro-brasileira. In: *Callaloo*, v. 18, n. 4. John Hopkins University Press, 1995.

PEREIRA, Edimilson de Almeida (Org.). *Um tigre na floresta de signos*. Belo Horizonte: Mazza, 2010.

REIS, Maria Firmina dos. *Úrsula*. 4ª ed. Atualização do texto e posfácio de Eduardo de Assis Duarte. Florianópolis: Ed. Mulheres; Belo Horizonte: PUC Minas, 2004.

RABASSA, Gregory. *O negro na ficção brasileira*. Rio de Janeiro: Tempo Brasileiro, 1965.

SAYERS, Raymond. *O negro na literatura brasileira*. Rio de Janeiro: O Cruzeiro, 1958.

SCHWARZ, Roberto. *Ao vencedor as batatas*. São Paulo: Duas Cidades, 1977.

SCHWARTZ, Jorge. Negrismo e negritude. In: *Vanguardas latino-americanas*. São Paulo: Editora da Universidade de São Paulo: Iluminuras; Fapesp, 1995.

SILVA, Ezequiel Theodoro da. *Leitura e realidade brasileira*. 5ª ed. Porto Alegre: Mercado Aberto, 1997.

SILVEIRA, Oliveira. Outra nega Fulô. In: Quilombhoje (Org.). *Cadernos Negros*: os melhores poemas. São Paulo: Quilombhoje, 1998.

_____. *Roteiro dos tantãs*. Porto Alegre: Ed. do Autor, 1981.

SODRÉ, Nelson Werneck. *História da imprensa no Brasil*. Rio de Janeiro: Civilização Brasileira, 1966.

SOUZA, Florentina da Silva. *Afrodescendência em Cadernos Negros e Jornal do MNU*. Belo Horizonte: Autêntica, 2005.

TRINDADE, Solano. *Cantares ao meu povo*. São Paulo: Fulgor, 1961. 2ª ed. ampliada. São Paulo: Brasiliense, 1981.

2
GUIA
DE AUTORES
E OBRAS

SÉCULO XVIII

Domingos Caldas Barbosa
Adélcio de Sousa Cruz

O nascimento deste poeta e músico é bem típico do Brasil Colônia: filho de um português e de uma escrava pertencente a ele. O local de nascimento de Caldas Barbosa também vem cercado de dúvidas, havendo pelo menos três versões: natural da cidade do Rio de Janeiro, natural da Cidade da Bahia (Salvador) e, por fim, a bordo de um navio que viajava entre as duas cidades. De acordo com o crítico Afrânio Coutinho, o poeta teria chegado ao mundo durante a viagem entre a cidade da Bahia e o Rio de Janeiro, em 4 de agosto do ano de 1738. Ainda garoto foi estudar num seminário, local onde se destacou pela inteligência e pelo constante uso do humor em suas observações do cotidiano, fosse sobre os fatos ou em relação aos colegas e superiores.

Já adulto, o escritor passa a incomodar a Corte Portuguesa devido aos versos carregados de tons satíricos. De acordo com Francisco de Assis Barbosa, "certos versos do rapaz, dirigidos a portugueses, desagradaram a gente influente da colônia. Foram queixar-se ao Capitão General Gomes Freire de Andrada" (1944, p. X). O castigo não tardou e ele foi alistado nas tropas que combatiam os espanhóis na colônia de Sacramento, ocasião em que foi feito prisioneiro. Mais tarde, deixa o serviço militar sob os cuidados do Conde de Pombeiro, quando já havia retornado ao Rio de Janeiro. Dali segue para a metrópole portuguesa, Lisboa, local em que conclui seus estudos e se torna capelão da Casa de Suplicação.

PRINCIPAL PUBLICAÇÃO

Viola de Lereno. Lisboa: [s.n.], 1798. (coleção de suas cantigas oferecidas aos amigos. É considerada sua obra mais popular.) 3ª ed. Rio de Janeiro: INL/Imprensa Nacional, 1944.

O autor ficou conhecido em Lisboa pela alcunha de "Caldas de Cobre", devido justamente ao tom mais escurecido de sua pele, pois tinha de ser diferenciado de outro religioso de sobrenome homônimo, "Caldas de Prata", o também poeta e padre Antônio de Souza Pereira Caldas. Outro elemento que dava destaque a Domingos Caldas Barbosa era sua maestria na viola. E isso talvez o tenha favorecido junto a um oficial de justiça, que era parente do vice-rei do Brasil, abrindo-lhe, assim, as portas dos saraus de todos os nobres salões da sociedade lisboeta. Nesses eventos, Caldas Barbosa ganhou fama devido à qualidade de seus versos de improviso e sua destreza com a viola, reunindo desse modo poema e música. Compunha, por exemplo, madrigais acompanhados por sua viola e passou a ser considerado, por esse motivo, mais "trovador" do que propriamente um poeta. Isso também lhe angariou desafetos. O mais famoso deles era o poeta lusitano Manoel Maria du Bocage, o qual passou a criticar duramente a obra mais conhecida de Caldas Barbosa, *Viola de Lereno*, chegando ao cúmulo de atacá-lo com versos e declarações extremamente depreciativas.

No livro, o poeta utiliza todo um conjunto de procedimentos próprios à oralidade, como se pode constatar no poema "Zabumba": "Tan, tan, tan, tan Zabumba/ Bela vida Militar;/ Defender o Rei e a Pátria/ E depois rir, e folgar. [...] Já fuzila a Artilharia/ Sinto as balas sibilar;/ Nuvens já d'espesso fumo/ vão a luz do sol turbar;/ Ouço o bum, bum, bum, das Peças,/ Vejo espadas lampejar;/ Lá vão pernas, lá vão braços,/ Lá cabeças pelo ar./ Tan, tan, tan, tan Zabumba/ Bela vida Militar.[...]" (Barbosa, 1944, p. 31-34). Nestes versos, o poeta vale-se de recursos que, sem dúvida, soam estranhos aos padrões neoclássicos utilizados no século XVIII, para configurar a poesia do Arcadismo, o que dá ao livro um perfil distinto, reforçado pela escolha de um instrumento popular — a viola — como título do livro.

A poesia de Caldas Barbosa foi elogiada por autores como o modernista Manuel Bandeira. Para o poeta Barbosa foi "o primeiro brasileiro onde encontramos uma poesia de sabor inteiramente nosso" (*Apud* Barbosa, 1944, p. XVIII). E Silvio Romero assevera que

> quase todas as cantigas de Lereno correm de boca em boca nas classes plebeias, truncadas ou ampliadas. Formam um material de que o povo se apoderou, modelando-o ao seu sabor. Tenho deste fato um prova direta. Quando em algumas províncias do norte coligi grande cópia de canções populares, repetidas vezes, colhi cantigas de Caldas Barbosa como anônimas, repetidas por analfabetos. (Ibidem, p. XVII-XVIII)

Outros estudiosos dedicam trabalhos sobre o criador de *Viola de Lereno*: o norte-americano David Brookshaw, o poeta afro-brasileiro Oswaldo de Camargo, e ainda, José Ramos Tinhorão, o crítico e estudioso do folclore e da música popular brasileira. Caldas Barbosa faleceu em 9 de novembro de 1800, no palácio do Conde de Pombeiro, em Bemposta, Lisboa, e foi sepultado no dia seguinte na Igreja de Nossa Senhora dos Anjos.

Fontes de consulta: BARBOSA, Domingos Caldas. Prefácio de Francisco de Assis Barbosa. *Viola de Lereno*. Rio de Janeiro: INL/Imprensa Nacional, 1944. 2 v.; BROOKSHAW, David. *Raça e cor na literatura brasileira*. Trad. Marta Kirst. Porto Alegre: Mercado Aberto, 1983, p. 161-4; CAMARGO, Oswaldo de. *O negro escrito*. São Paulo: Imprensa Oficial, 1987; MARQUES, Reinaldo Martiniano. Domingos Caldas Barbosa. In: DUARTE, Eduardo de Assis (Org.). *Literatura e afrodescendência no Brasil*: antologia crítica. Belo Horizonte: Editora UFMG, 2011. v. 1: Precursores; <http://www.letras.ufmg.br/literafro>.

SÉCULO XIX

Paula Brito
Marcos Fabrício Lopes da Silva

Francisco de Paula Brito (1809-1861) foi um colecionador de grandes feitos editoriais, jornalísticos e literários ao longo de sua carreira empreendedora frente ao cenário cultural oitocentista brasileiro.

PRINCIPAIS PUBLICAÇÕES

"A mãe-irmã". *Jornal do Commercio*, Rio de Janeiro, 10 abr. 1839.

"O enjeitado".
Jornal do Commercio,
Rio de Janeiro,
28 e 29 mar. 1839.

"A revelação póstuma".
Jornal do Commercio.
Rio de Janeiro,
9 a 11 mar. 1839.

Oswaldo de Camargo, em *O negro escrito*, destaca-o como o "iniciador do movimento editorial no Brasil" (1987, p. 41). Com a sua loja, no Largo do Rocio (atual Praça Tiradentes), Paula Brito contribuiu para a expansão comercial do livro e para a formação do público leitor. Além disso, acolheu o jovem Machado de Assis, editando seus primeiros trabalhos literários e empregando-o como revisor e tipógrafo. Como editor, empenhou-se para colocar sua tipografia a serviço da primeira geração romântica da literatura brasileira, com a revista *Guanabara*, em 1850. Nesta publicação, encontram-se os escritos de Gonçalves de Magalhães, Porto Alegre, Joaquim Manoel de Macedo, Fernandes Pinheiro e Gonçalves Dias. Deve-se também ao arrojado editor a façanha de ter publicado em sua tipografia a obra *O filho do pescador*, de 1843, de Teixeira e Sousa, primeiro romance da literatura brasileira.

Como jornalista, Paula Brito editou periódicos alternativos, tais como *A Mulher* e *A Marmota*, citados pelo historiador Nelson Werneck Sodré (1966) como importantes para a formação do jornalismo brasileiro. Foi também responsável pelo periódico *O Homem de Cor* — que depois passou a ser chamado *O Mulato ou o Homem de Cor* — cuja circulação se deu entre 14 de setembro e 4 de novembro de 1833. Baseado nesse fato, Oswaldo de Camargo (1987) considera Paula Brito como o precursor da Imprensa Negra no Brasil. No *Jornal do Commercio*, com o pseudônimo P.B., publicou os contos "O enjeitado" e a "A mãe-irmã", republicados por Barbosa Lima Sobrinho (1966), que os considerava pioneiros do gênero conto no país.

Em "A mãe-irmã", Paula Brito conta a história do casal Alzira e Narciso, que, contrariando a moral e os bons costumes da época, tiveram o filho Guilherme enquanto solteiros e sem o consentimento do pai da moça. É digna de nota a maneira muito especial com que o narrador do conto descreve Alzira. Em suma, trata-se de uma "reviravolta estética", considerando-se os padrões de beleza da época. Vejamos:

> Alzira tinha dezesseis anos; não era uma dessas fisionomias que tanta bulha fazem nos romances que nos vêm da velha Europa; era cá da América, e era bela quanto podia ser; não tinha essa cor de leite, que tanta gente faz entusiasmar, mas tinha um moreno agradável, próprio dos trópicos; suas faces não eram de carmim, mas de um pálido tocante, que convidava todas as afeições; seus olhos não eram azuis como o céu do meio-dia, mas eram negros como o azeviche; [...] seus cabelos não eram da cor do ouro, não lhe caíam em anéis sobre ombros jaspeados, mas eram finos, mui lisos, em muita quantidade, e mais pretos e luzidos que o preto ébano. (Paula Brito, apud Sobrinho, 1966, p. 185)

A descrição da personagem Alzira encontra-se relacionada ao campo semântico da natureza, como é próprio do Romantismo brasileiro. Porém, seus traços, que se contrapõem aos da estética dominante, são valorizados pelo escritor através da voz narrativa. Não há no texto a reprodução de estereótipos raciais. Paula Brito reconhece a beleza europeia e loira, ao mesmo tempo que ressalta a grandiosidade das mulheres de cor e de cabelos negros. Outro ponto que merece ser destacado é que o narrador utiliza a natureza como "cenário idílico" tanto para descrever as brancas como as negras, colocando-as em condição de igualdade aos olhos de quem as admira.

No segundo conto de Paula Brito, intitulado "O enjeitado", temos Júlia, obrigada a se casar aos 13 anos com o coronel Sousa. A jovem passou a viver em sua nova casa, suportando a embriaguez e as concubinas do marido. Para ele, "Júlia era apenas mais uma escrava que ia aumentar o seu serralho" (1966, p. 209). Depois de algum tempo fora, Sousa retorna ao lar, onde encontra o "enjeitado", fruto da traição da esposa. O texto ressalta que tal gesto deveria ser entendido como consequência do tratamento cruel que antes recebera. Da vingança que se segue, participam até os escravos:

> Um quarto foi de propósito preparado na casa de Sousa, e a infeliz delinquente foi encerrada nele; ali uma vez cada dia lhe era levada uma magra ração por suas escravas, que aliás tinham ordens positivas para lhe dirigirem os mais grosseiros e atrozes insultos, e elas satisfaziam bem a vontade de seu senhor, vingavam-se bem dos dias que foram obrigadas a servi-la. (Paula Brito, 1966, p. 210)

Paula Brito, pela voz narrativa, reflete sobre a submissão da mulher em relação ao homem e do afrodescendente perante o estamento senhorial, mas também relata como estes fizeram frente ao patriarcado escravocrata reinante no Brasil dos Oitocentos.

Fontes de consulta: ASSIS, Machado de. *Diário do Rio de Janeiro*, 24 dez. 1861. "Comentários da semana". *Obras completas de Machado de Assis*. Rio de Janeiro: W.M. Jackson, 1970; CAMARGO, Oswaldo de. *O negro escrito*: apontamentos sobre a presença do negro na literatura brasileira. São Paulo: Imprensa Oficial, 1987; CRUZ, Adélcio de Sousa; FRANCISCO, Dalmir. Francisco de Paula Brito. In: DUARTE, Eduardo de Assis (Org.). *Literatura e afrodescendência no Brasil*: antologia crítica. Belo Horizonte: Editora UFMG, 2011. v. 1: Precursores; RAMOS JR. et al. (Org.). *Paula Brito*. São Paulo: Edusp/Com Arte, 2010; SOBRINHO, Barbosa Lima (Org.). *Os precursores do conto no Brasil*. Rio de Janeiro: Civilização Brasileira, 1966; <www.letras.ufmg.br/literafro>.

Maria Firmina dos Reis
Eduardo de Assis Duarte

PRINCIPAIS PUBLICAÇÕES

Úrsula: romance original brasileiro. São Luiz: Typographia do Progresso, 1859. 5ª ed. comemorativa dos 150 anos do

Nascida em São Luiz do Maranhão, no dia 11 de outubro de 1825, Maria Firmina dos Reis se destaca como uma das primeiras intelectuais de seu estado natal, além de autora do primeiro romance abolicionista de nossa literatura — *Úrsula* —, publicado em 1859. Afrodescendente nascida fora do casamento, aos 5 anos foi acolhida por uma tia, fato que, de acordo com Maria Lúcia de Barros Mott (1988), teria sido da maior relevância para sua formação cultural. Como professora, aos 22 anos foi aprovada em concurso público para a Cadeira de Instrução Primária na cidade de Guimarães (MA), conforme registra Nascimento Morais Filho (1975). Após toda uma vida dedicada ao magistério, ao se aposentar, na década de 1880, Firmina criou a primeira escola mista gratuita do país. Além disso, teve presença marcante na imprensa local, sempre publicando crônicas, poesias, ficção e, mesmo, passatempos, como enigmas e charadas. Segundo Zahidé Muzart (2000, p. 264), "Maria Firmina dos Reis colaborou assiduamente com vários jornais literários, tais como *Verdadeira Marmota*, *Semanário Maranhense*, *O Domingo*, *O País*, *Pacotilha*, *Federalista* e outros". Ao longo de seus 92 anos de vida, teve participação relevante como mulher de letras e cidadã voltada para o amparo aos humildes. Atuou como folclorista, na recolha e preservação de textos da literatura oral e também como compositora, sendo responsável, inclusive, pela composição de um hino em louvor da abolição da escravatura. Em 1917, faleceu pobre e cega, em Guimarães (MA), onde dedicou toda a sua vida a educar e a promover a cultura e a cidadania.

A obra de Maria Firmina dos Reis se destaca pelo pioneirismo. Seu romance *Úrsula* conta a história de amor entre a personagem que dá título ao livro e o jovem Tancredo, ambos brancos, pertencentes à classe senhorial. O enredo traz as marcas do ultrarromantismo, inclusive com apelos incestuosos condensados no amor doentio do tio de Úrsula pela sobrinha, que o leva ao assassinato e à loucura. No entanto, o livro supera o padrão de

romance, com atualização do texto e posfácio de Eduardo de Assis Duarte. Florianópolis: Ed. Mulheres; Belo Horizonte: PUC Minas, 2009.

Gupeva. Publicado inicialmente no jornal *O Jardim dos Maranhenses*, em 1861. Republicado no jornal *Porto Livre* em 1863, e novamente em *Echo da Juventude* em 1865.

Cantos à beira-mar. São Luiz: Typografia do Paiz, 1871. Edição fac-símile organizada por Nascimento Morais Filho. Rio de Janeiro: Granada, 1976.

"A escrava". *Revista Maranhense*, ano 1, n. 3, nov. 1887. (conto) Incluído em *Úrsula*. 5ª ed., op. cit.

sua época ao tocar na questão racial como um problema para o país. Ao contrário do tom ufanista que marca o nacionalismo patriótico presente na maioria dos escritos da época — de que são exemplos as obras de José de Alencar e Gonçalves Dias —, Maria Firmina articula de forma crítica as ações do enredo, de modo a destacar os personagens negros e a condenar explicitamente a escravidão. Em lugar de colocar o senhor de escravos como herói, faz dele o vilão.

Já no primeiro capítulo, o romance põe em destaque o escravo Túlio, "pobre rapaz, que ao muito parecia contar vinte e cinco anos", cujo "sangue africano refervia-lhe nas veias", por ser vítima da "odiosa cadeia da escravidão". Apesar disto, "na franca expressão de sua fisionomia deixava adivinhar toda a nobreza de um coração bem formado" (2009, p. 22). Em seguida, Túlio salva a vida de Tancredo, desmaiado na estrada após acidente com seu cavalo. Ao despertar, o jovem branco agradece ao escravo com um gesto inédito para a época:

> Apesar da febre, que despontava, o cavaleiro começava a coordenar suas ideias, e as expressões do escravo, e os serviços que lhe prestara tocaram-lhe o mais fundo do coração. *É que em seu coração ardiam sentimentos tão nobres e generosos como os que animavam a alma do jovem negro*: por isso, num transporte de íntima e generosa gratidão, o mancebo, arrancando a luva, que lhe calçava a destra, estendeu a mão ao homem que o salvara. (Reis, 2009, p. 25, grifos nossos)

Conforme destacou Charles Martin (1988, p. 11), o negro não é apenas colocado na trama em pé de igualdade frente ao rico Cavaleiro. Mais que isso, ele é a "base de comparação" para que o leitor aquilate o valor do jovem herói branco. Ou seja, no discurso do narrador onisciente, o negro é parâmetro de elevação moral. Mais adiante, no capítulo IX, o romance abriga a história de Mãe Suzana, velha escrava que fala de sua vida livre em África — com família, sociedade e cultura estruturadas — e dá detalhes de sua captura pelos "bárbaros brancos", bem como da viagem no porão do navio negreiro:

> Meteram-me a mim e a mais trezentos companheiros de infortúnio e de cativeiro no estreito e infecto porão de um navio. Trinta dias de cruéis tormentos, e de falta absoluta de tudo quanto é necessário à vida passamos nessa sepultura até que abordamos as praias brasileiras. [...] vimos morrer ao nosso lado muitos companheiros à falta de ar, de alimento e de água. [...] é horrível pensar que criaturas humanas tratem seus semelhantes assim e que não lhes doa a consciência de levá-los à sepultura asfixiados e famintos. (Reis, 2009, p. 117)

De início, é preciso ressaltar que esta é a primeira vez que o porão do navio negreiro aparece na literatura brasileira. Por mais que nossos escritores românticos combatessem a escravidão, antes de 1859, nenhum deles trouxe para seus leitores detalhes do tráfico sequer próximos dos descritos em *Úrsula*. Além disso, o romance de Maria Firmina dos Reis inova também por representar pioneiramente em nossas letras a África e os modos de vida africanos. Mãe Suzana fala de uma juventude feliz, do esposo e da família, estabelecidos todos numa sociedade em que eram livres, até o dia em que foi capturada como um animal. Por estes exemplos, pode-se aquilatar o empenho da escritora em humanizar o escravizado, ao mesmo tempo que aponta a desumanidade do branco que transforma seres humanos em mercadoria. Num momento em que a Igreja Católica dava respaldo ao sistema e a ciência da época proclamava a "inferioridade" dos povos africanos, o texto de Firmina coloca brancos e negros como "semelhantes" e "irmãos", filhos do mesmo criador. Dessa forma, a autora se apropria do discurso cristão para condenar o sistema patriarcal e escravista como responsável pela opressão da mulher e do negro.

Mais tarde, a escritora escreveu outro romance — *Gupeva* (1861) — de temática indianista, os poemas reunidos no livro *Cantos à beira-mar* (1871) e, entre outros, o conhecido conto "A escrava", publicado em 1887 na imprensa como parte dos esforços em prol da Abolição. O conto, incluído como apêndice na quinta edição de *Úrsula*, traz como protagonista Joana, escravizada e enlouquecida após presenciar dois de seus filhos serem vendidos ainda crianças. No texto, o cativo é representado como "vítima", o senhor, como "verdugo", e o negreiro, como "traficante de carne humana". Destaque-se, pois, o quanto Firmina estava à frente de seu tempo, seja como educadora voltada para a inovação pedagógica, seja como escritora consciente da agilidade e penetração do jornal na sociedade da época. No momento em que a literatura e o hábito de leitura davam seus primeiros passos no Brasil, a autora soube se valer de todos os meios possíveis para chegar aos leitores.

Fontes de consulta: ALMEIDA, Horácio de. Prólogo. *Úrsula*. Edição fac-símile. São Luiz: Governo do Maranhão, 1975; DUARTE, Eduardo de Assis. *Literatura, política, identidades*. Belo Horizonte: FALE-UFMG, 2005; MORAIS FILHO, Nascimento (Org.). *Maria Firmina*: fragmentos de uma vida. São Luiz: 1975; LOBO, Luiza. *Crítica sem juízo*. 2ª ed. Rio de Janeiro: Garamond, 2007; MARTIN, Charles. Prefácio. In: REIS, Maria Firmina. *Úrsula*. 3ª ed. Rio de Janeiro: Presença/INL, 1988; MENESES, Raimundo de. *Dicionário literário brasileiro*. 2ª ed. Rio de Janeiro: LTC, 1978; MONTEIRO, Maria do Socorro de Assis. O subterrâneo intimismo de *Úrsula*: uma análise do romance de Maria Firmina dos Reis. *Letrônica*, v. 2, n. 1, PUC-RS, jul. 2009; MOTT, Maria Lúcia de Barros. *Submissão e resistência*: a mulher na luta contra a escravidão. São Paulo: Contexto, 1988; MOTT, Maria Lúcia de Barros. *Papéis Avulsos 13*. Escritoras negras resgatando a nossa história. Rio de Janeiro: CIEC/UFRJ, 1989; MUZART, Zahidé Lupinacci. Maria Firmina dos Reis. In: MUZART, Z. L. (Org.). *Escritoras brasileiras do século XIX*. Florianópolis: Ed. Mulheres, 2000; <www.letras.ufmg.br/literafro>.

Luiz Gama
Cristiane Côrtes

PRINCIPAIS PUBLICAÇÕES

Trovas burlescas de Getulino. São Paulo: Tipografia Dois de dezembro, 1859. 2ª ed. São Paulo: Tipografia Dois de dezembro, 1861. 3ª ed. São Paulo: Bentley Junior, 1904.

O poeta Luiz Gama nasceu em Salvador, 21 de junho de 1830, filho de Luiza Mahin, africana livre, e de um fidalgo branco cujo nome o poeta nunca revelou. Em carta a Lúcio de Mendonça, datada de 1880, Gama afirma que, aos 10 anos de idade, foi levado pelo pai a bordo do navio Saraiva e lá vendido como escravo. Dias depois, desembarca no Rio de Janeiro, para cumprir um longo cativeiro que o conduz ao interior de São Paulo, onde passa a adolescência até que, em 1848, foge da casa de seus senhores. Em seguida, já na capital, consegue documentos que confirmam sua condição de homem livre, uma vez que era filho de uma negra liberta. Na juventude, atuou como soldado e como copista em uma delegacia. Mais tarde, trabalhou em diversos jornais da capital, como O Correio Paulistano, A Província de São Paulo e A Gazeta do Povo. Reconhecido como precursor da imprensa satírica paulista, foi redator e dirigente dos periódicos O Diabo Coxo e O Polichinelo. Teve destacada atuação como rábula, advogado prático que, com suas intervenções em favor dos escravos, conseguiu libertar centenas deles, ainda submetidos ao cativeiro de forma ilegal, sendo, por isso, chamado de "O advogado dos escravos". Abolicionista militante, foi preso e perseguido pela obstinação em defesa do povo negro. Faleceu em 1882, sem ver realizada a abolição.

Considerado um dos precursores da poesia afro-brasileira e motivo de importantes estudos acadêmicos, Gama teve seus poemas publicados em jornais e livros, como é o caso de *Primeiras trovas burlescas de Getulino*, com várias edições, a primeira de 1859. A poética focada na primeira pessoa e a necessidade de se proclamar negro em seus textos são traços fundamentais do autor. Sua matéria estética sempre parte das formas tradicionais e dos escritos canônicos para revertê-los ao mundo negro, descentrando, satirizando e desconstruindo o eurocentrismo.

A paródia emerge nesse contexto para confrontar ao épico a sátira e ao branco o negro. É o caso do poema "Lá vai verso!", em que o eu lírico invoca a mulher africana: "Ó Musa da Guiné, cor de azeviche,/ Estátua de granito denegrido, [...]/ Empresta-me o

Luiz Gama: trovas burlescas e escritos em prosa. Organização de Fernando Goes. São Paulo: Edições Cultura, 1944.

Primeiras trovas burlescas de Luiz Gama e outros poemas. Introdução e organização de Ligia Fonseca Ferreira. São Paulo: Martins Fontes, 2000.

Com a palavra Luiz Gama: poemas, artigos, cartas, máximas. Organização, apresentação e notas de Ligia Fonseca Ferreira. São Paulo: Imprensa Oficial, 2011.

cabaço *d'urucungo*,/ Ensina-me a brandir tua marimba,/ Inspira-me a ciência da *candimba*,/ Às vias me conduz d'alta grandeza" (2011, p. 49, grifos do autor). Aqui, os valores clássicos ocidentais são revertidos: a musa é negra; o berimbau, sinônimo de *urucungo*, e a marimba africana substitui a lira greco-romana; a *candimba* cultivada pelos sacerdotes africanos é elevada a ciência. A "trova burlesca" parodia o texto épico ao trazer à cena uma nova perspectiva — um "eu" diferente, oposto ao discurso que apresentava somente o branco associado à pureza, à beleza e à literatura.

Em "Quem sou eu?", o autor joga para a sociedade toda a complexidade das relações interétnicas vividas em seu tempo. Logo na epígrafe, o eu lírico ironiza sua condição e questiona: "quem sou eu? que importa quem?/ Sou um trovador proscrito,/ Que trago na fronte escrito/ Esta palavra — Ninguém!" (*Idem*, p. 61). A ausência de um ser por trás da fronte negra é a resposta do autor frente às condições de vida dos afrodescendentes. A ironia, outro traço marcante, cede lugar à sátira na última parte do poema, em que o mesmo eu lírico reconhece sua cor e assume sua postura e seu valor, ao dizer "se negro sou, ou sou bode/ Pouco importa. O que isto pode?/ Bodes há de toda a casta,/ Pois que a espécie é muito vasta. [...] uns plebeus, e outros nobres,/Bodes ricos, bodes pobres,/ Bodes sábios, importantes,/ E também alguns tratantes" (*Idem*, p. 63). O reconhecimento da diversidade é a deixa para ridicularizar toda a estrutura de poder que subjuga o negro escravizado e seus descendentes. Pensar na contribuição de Luiz Gama é acompanhar um duplo movimento: a ousadia da criação e da estética adotadas, além da crítica ao silenciamento e à exclusão de tantos autores negros na história literária do país.

Fontes de consulta: AZEVEDO, Elciene. *Orfeu de carapinha*. A trajetória de Luiz Gama na imperial cidade de São Paulo. Campinas: EDUNICAMP, 1999; BENEDITO, Mouzar. *Luiz Gama*: o libertador dos escravos e sua mãe libertária Luiza Mahin. São Paulo: Expressão Popular, 2006; CÂMARA, Nelson. *O advogado dos escravos*. São Paulo: Lettera.doc, 2010; CAMPOS, Maria Consuelo Cunha. Luiz Gama. In: DUARTE, Eduardo de Assis (Org.). *Literatura e afrodescendência no Brasil*: antologia crítica. Belo Horizonte: Editora UFMG, 2011. v. 1: Precursores; CARNEIRO, Edison (Org.). *Antologia do negro brasileiro*. Rio de Janeiro: Edições de Ouro, 1967; FERREIRA, Lígia Fonseca. Luiz Gama por Luiz Gama: carta a Lúcio de Mendonça. *Teresa* – Revista de Literatura Brasileira 8/9, Departamento de Letras Clássicas e Vernáculas, FFLCH-USP, São Paulo, Ed. 34, 2008; GOMES, Heloísa Toller. *O negro e o romantismo brasileiro*. São Paulo: Atual, 1988; LISBOA, José Maria. *Almanaque literário de São Paulo para o ano de 1881*. Edição fac-símile. São Paulo: Imesp, Daesp, IGHSP, 1982; MENNUCCI, Sud. *O precursor do abo-*

licionismo no Brasil: Luiz Gama. São Paulo: Companhia Editora Nacional, 1938; NASCIMENTO, Elisa Larkin. *Dois negros libertários Luís Gama e Abdias do Nascimento*. Rio de Janeiro: IPEAFRO, 1995; SANTOS, Luiz Carlos. *Luiz Gama*. São Paulo: Selo Negro/Summus, 2010. Col. Retratos do Brasil Negro; SILVA, Júlio Romão da (Org.). *Luiz Gama e suas poesias satíricas*. 2ª ed. rev. e ampl. Rio de Janeiro: Cátedra; Brasília: INL, 1981; <www.letras.ufmg.br/literafro>.

Machado de Assis
Elisângela Aparecida Lopes

Joaquim Maria Machado de Assis nasceu em 1839, na cidade do Rio de Janeiro, no Morro do Livramento, filho de Francisco José Machado de Assis e D. Maria Leopoldina Machado de Assis, ambos agregados de uma pequena propriedade ali situada. Ao ficar órfão de mãe ainda criança, passou a encontrar a afeição materna na madrasta, a afrodescendente Maria Inês. A criança, que se tornaria o maior escritor da literatura brasileira, não teve durante a infância uma educação escolar formal, estudando como pôde. Sua primeira mestra foi a própria madrasta. Muitas vezes, o menino desvendava sozinho os mistérios da língua nacional. Quando tinha 12 anos, foi surpreendido pelo falecimento do pai. Consta que, para sobreviverem, a madrasta fazia quitutes, que o garoto vendia pelas ruas do bairro São Cristóvão, onde residiam.

Ainda na adolescência, Machado teve oportunidade de estudar francês ao frequentar assiduamente a casa de uma família estrangeira. Quando tinha por volta dos 16 anos, foi aprendiz de tipografia, ofício que exerceu na Imprensa Nacional até os 19 anos. Trabalhou ainda na Livraria Paula Brito, reduto dos intelectuais cariocas, onde iniciou os primeiros contatos com críticos, poetas e jornalistas da época, além de ter acesso aos grandes clássicos

PRINCIPAIS PUBLICAÇÕES

Romances
Ressurreição.
Rio de Janeiro:
Garnier, 1872.

A mão e a luva.
Rio de Janeiro:
Editores Gomes
de Oliveira & C.,
Tipografia do Globo,
1874.

Helena.
Rio de Janeiro:
Garnier, 1876.

Iaiá Garcia.
Rio de Janeiro:
G. Viana & C., 1878.

Memórias póstumas de Brás Cubas. Rio de Janeiro: Tipografia Nacional, 1881.

Quincas Borba.
Rio de Janeiro:
Garnier, 1891.

Dom Casmurro.
Rio de Janeiro:
Garnier, 1899.

Esaú e Jacó.
Rio de Janeiro, Paris:
Garnier, Livreiro-
Editor, 1904.

Memorial de Aires.
Rio de Janeiro, Paris:
Garnier, 1908.

Contos
Contos fluminenses.
Rio de Janeiro:
Garnier, 1872.

*Histórias
da meia-noite.*
Rio de Janeiro:
Garnier, 1873.

Papéis avulsos.
Rio de Janeiro:
Livraria Lombaerts
& C., 1882.

Histórias sem data.
Rio de Janeiro:
Garnier, 1884.

Páginas recolhidas.
Rio de Janeiro, Paris:
Garnier, 1899.

*Relíquias
de casa velha.*
Rio de Janeiro:
Garnier, 1906.

Várias histórias.
Rio de Janeiro,
São Paulo:
Laemmert & Co.
Editores, 1896.

Crônicas
A Semana: crônicas
(1892-1893).
GLEDSON, John
(Org.). São Paulo:
Hucitec/Unicamp,
1990.

Bons dias!: crônicas
(1888-1889).
GLEDSON, John
(Org.). São Paulo:
Hucitec/Unicamp,
1990.

Reunião
Obra completa.
COUTINHO,
Afrânio (Org.).
Rio de Janeiro:
Nova Aguilar, 1997, 3
vol., 2008. 4 v.

da literatura universal. Foi no jornal que Machado iniciou sua carreira como escritor, em 1859, quando vêm a público suas primeiras crônicas. Em 1864, estreia na poesia com *Crisálidas*. Seis anos mais tarde, começa a trilhar o caminho da prosa de ficção, com a publicação de *Contos fluminenses*, ao qual se segue *Ressurreição* — seu primeiro romance.

Mais tarde, fez carreira como funcionário público, tendo sido, por um período de 15 anos, chefe da segunda seção da Diretoria da Agricultura do Ministério da Agricultura. Segundo Sidney Chalhoub (2003, p. 10), um dos "principais assuntos da seção" era a escravidão e os processos relativos à "aplicação da lei de 28 de setembro de 1871, depois apelidada Lei do Ventre Livre". No final do século, com prestígio nacional consolidado, participa intensamente da vida literária da capital. Em 1896, nasce a Academia Brasileira de Letras, tornando-se Machado o seu primeiro presidente — posto que ocupou de 1897 até seu falecimento, em 29 de setembro de 1908.

A vasta produção do escritor legou à literatura brasileira textos que se fazem atuais e despertam a curiosidade de distintos leitores. Um dos aspectos que chama a atenção na literatura de Machado de Assis é o modo como representou a sociedade de seu tempo a partir de um olhar crítico, marcado pela ironia. O mesmo se dá, inclusive, no que se refere ao sistema escravista e, posteriormente, à permanência desta mentalidade no Brasil, mesmo depois de decretada a abolição. Nesse contexto, o conto intitulado "O caso da vara", publicado em *Relíquias de casa velha*, de 1906, ilustra o poder de dominação dos senhores escravocratas não só sobre os cativos, mas também sobre os homens livres. Nessa narrativa, um triângulo social se estabelece entre Sinhá Rita, Damião e a escrava Lucrécia, sendo aquela a responsável por orquestrar os destinos alheios.

Outra narrativa que merece destaque, não só por ser considerada o marco do início do Realismo no Brasil, é *Memórias póstumas de Brás Cubas* (1881). Nesse romance, o leitor se depara com um "defunto-autor" que revê sua vida e, consequentemente, a sociedade na qual viveu, a partir de um distanciamento crítico fundamentado, inclusive, na sua condição de morto. Brás Cubas relata que Prudêncio, o escravo da casa paterna, era o seu "cavalo de todos os dias"; e o "menino-diabo", termo que Brás Cubas utiliza para se referir ao seu comportamento quando na infância, montava nas costas do pequeno escravo e assim era conduzido pela propriedade do pai. Quando a criança escrava gemia "ai, nhonhô!", o protagonista gritava: "— Cala a boca, besta!" (Machado de Assis, 1997, p. 526-7, v. I). A narrativa segue, Prudêncio é alforriado mais tarde pelo pai de Brás Cubas e, quando menos se espera, retorna à obra em meio às lembranças e reflexões do narrador. Este presencia em praça pública a cena de um negro que vergalha a outro e, ao se aproximar, reconhece Prudêncio de chicote na mão. Depois disso, conclui: "agora, porém que era livre, dispunha de si mesmo, dos braços, das pernas, podia trabalhar, folgar, dormir, desagrilhoado da antiga condição, agora é que ele se desbancava: comprou um escravo, e ia-lhe pagando, com alto juro, as quantias que de mim recebera. Vejam as sutilezas do maroto!" (*Idem*).

Ao se voltar para a recente abolição, Machado constrói uma crônica cuja característica principal é o malabarismo político do narrador-personagem. Trata-se do texto de 19 de maio de 1888, publicado em "Bons Dias!", seção importante, escrita entre 5 de abril de 1888 e 29 de agosto de 1889, da *Gazeta de Notícias*. Esse texto narra a história de um senhor que resolve "antecipar" o fato consumado e libertar seu escravo Pancrácio, ante uma plateia de amigos. Tal fato tem, na verdade, um novo sentido, a ascensão do narrador-personagem à política. Pancrácio, por sua vez, "escolhe" permanecer junto ao seu senhor, recebendo em troca um insignificante ordenado.

Outra narrativa importante nesse contexto histórico-social é "Pai contra mãe", também de *Relíquias de casa velha*. Nesse conto, há a possibilidade de se reconhecer o olhar de Machado de Assis sobre a sociedade escravista recentemente findada. As descrições dos instrumentos e aparelhos de tortura, no primeiro parágrafo, apresentam ao leitor os métodos do regime. Já o enredo, pautado nas relações entre um homem livre — Cândido Neves —, uma escrava — Arminda — e o proprietário desta dá amostras da crueldade da luta pela sobrevivência em um sistema em que não há mobilidade social.

Já o discurso do personagem Paulo, do romance *Esaú e Jacó*, é representativo do posicionamento adotado pelo escritor quando do fim do regime. Diante da promulgação da lei de 1888, Paulo clama: "a abolição é a aurora da liberdade, esperemos o sol; emancipado o preto, resta emancipar o branco" (1997, p. 992). Sendo assim, a libertação dos escravizados é tida pelo personagem apenas como um primeiro passo rumo à cidadania. Para que esta seja concretizada, torna-se necessária a superação da mentalidade senhorial, calcada em séculos de exploração e no servilismo a que submetia tanto os cativos quanto homens e mulheres livres vítimas da pobreza.

Homem de imprensa e um dos grandes cronistas de seu tempo, Machado de Assis foi também tradutor, ensaísta, dramaturgo, contista, poeta e romancista. Sua vasta produção, hoje reconhecida internacionalmente, a ponto de figurar entre os "100 gênios da literatura mundial", de acordo com o crítico Harold Bloom, caracteriza-se, sobretudo, por estar à frente de seu tempo — tanto no esmero construtivo, na linguagem contundente, ou nas inovações que antecipam a prosa moderna do século XX, quanto no olhar crítico que fundamenta sua visão de mundo. "Homem de seu tempo e de seu país" (1997, p. 801, v. 3), mesmo quando trata dos assuntos ou lugares os mais afastados, conforme declara no ensaio "Instinto de Nacionalidade" (1873), percebeu como poucos o ritmo e os rumos do processo histórico brasileiro, pautado sempre pelos interesses dominantes. E soube como poucos trazer para seus escritos os signos por vezes emblemáticos dos antagonismos e transformações então vividas. Para Octavio Ianni (2011, p. 188), o escritor é, juntamente com Cruz e Sousa e Lima Barreto, o "fundador da literatura negra" no Brasil, isto sem deixar de lado sua importância na literatura brasileira como um todo. "Clássico duas vezes", afirma Ianni: da literatura brasileira e da literatura afro-brasileira (Ibidem). É, portanto, um precursor, alguém cuja herança figura como referência e como exemplo de empenho crítico frente aos problemas sociais e políticos que presenciava, e de abordagem da condição humana em seus aspectos mais distintos e conflitantes. O tempo e o país de Machado estão em seus textos. Mas traduzidos numa precisa elaboração literária que vem encantando um número cada vez maior de leitores.

Fontes de consulta: BERNARDO, Gustavo, MICHAEL, Joachim, SCHÄFFAUER, Markus (Org.). *Machado de Assis e a escravidão*. Conferências do Colóquio de Hamburgo 2008. Rio de Janeiro: UERJ, Hamburgo: Universität Hamburg, São Paulo: Annablume, 2010; BERNARDO, Gustavo. *O problema do realismo em Machado de Assis*. Rio de Janeiro: Rocco, 2011; CHALHOUB, Sidney. *Machado de Assis, historiador*. São Paulo: Companhia das Letras, 2003; CHALHOUB, Sidney. *Visões da liberdade*: uma história das últimas décadas da escravidão na corte. São Paulo: Companhia das Letras, 1990; DUARTE, Eduardo de Assis. Estratégias de Caramujo. Posfácio. In: DUARTE, Eduardo de Assis. (Org.). *Machado de Assis afrodescendente*: escritos de caramujo. 2. ed. Rio de Janeiro: Pallas; Belo Horizonte: Crisálida, 2007; FANTINI, Marli. Machado de Assis. In: DUARTE, Eduardo de Assis. (Org.). *Literatura e afrodescendência no Brasil*: antologia crítica. Belo Horizonte: Editora UFMG, 2011. v. 1: Precursores; IANNI, Octavio. Literatura e consciência. In: DUARTE, Eduardo de Assis, FONSECA, Maria Nazareth Soares (Org.). *Literatura e afrodescendência no Brasil*: antologia crítica. Belo Horizonte: Editora UFMG, 2011. v. 4: Teoria, História, Polêmica; LOPES, Elisângela Aparecida. *Homem de seu tempo e de seu país*: senhores, escravos e líberos nos escritos de Machado de Assis. Dissertação (Mestrado) – UFMG, 2007; MAGALHÃES JÚNIOR, Raimundo. *Vida e obra de Machado de Assis*. Rio de Janeiro: Civilização Brasileira / INL-MEC, 1981. 4 v.; MAGALHÃES JÚNIOR, Raimundo. Machado de Assis e abolição. In: *Machado de Assis desconhecido*. 3. ed. Rio de Janeiro: Civilização Brasileira, 1957; <www.letras.ufmg.br/literafro>.

Gonçalves Crespo
Luiz Henrique Silva de Oliveira

PRINCIPAIS PUBLICAÇÕES

Miniaturas. Coimbra: Imprensa da Universidade, 1871.

Noturnos. Coimbra: Imprensa da Universidade, 1882.

Obras completas. Prefácio Afrânio Peixoto. Rio de Janeiro: Livros de Portugal, 1942.

Poesia. Apres. de Rolando Morel Pinto. Rio de Janeiro: Agir, Col. Nossos Clássicos, 1967.

Antônio Cândido Gonçalves Crespo nasceu a 11 de março de 1846, em uma fazenda próxima à cidade do Rio de Janeiro. Em 1860, por motivos de saúde, o pai o envia a Portugal, passando a viver no Porto e depois em Braga, para dar prosseguimento à escolarização. Dez anos mais tarde, muda-se para Coimbra, onde ingressa no curso de Direito. Em 1871, publica *Miniaturas* e em 1882, *Noturnos*, seu segundo e último livro de poesias. Faleceu precocemente aos 37 anos, em 1883.

A agudeza psicológica se fará marcante nos chamados "poemas brasileiros". A consciência muito viva de sua condição de afrodescendente leva-o a tratar a mulher negra com respeito e carinho, ao contrário dos estereótipos negativos correntes à época. Pode-se dizer que se trata tanto de um gesto de autoafirmação na sociedade racista onde vivia quanto de um gesto político de defesa do grupo discriminado na escala social. Sua poesia assume, por vezes, o tom de denúncia das condições em que vivem as cativas que serviram durante anos à Casa Grande e, na velhice, são descartadas: "As velhas negras, coitadas,/ Ao longe estão assentadas/ Do batuque folgazão.// [...]// Conheceram muito dono:/ Embalaram tanto sono/ De tanta sinhá gentil!/ Foram mucambas amadas,/ E agora inúteis, curvadas,/ Numa velhice imbecil!" (Crespo, 1967, p. 70-71).

O texto se constrói em tom de melancolia, talvez a mesma que fazia o poeta ver, no Brasil, o "paraíso perdido", tal como as velhas negras do poema em questão veem a África. Gonçalves Crespo não abdicou de tratar de questões étnicas em pleno século XIX. Por isso e pelo esmero de sua arquitetura poética, vale ao escritor lugar entre os precursores da literatura afro-brasileira. Ressalte-se, ainda, o ponto de vista comprometido com a identificação étnica do sujeito empírico presente em seus escritos.

Fontes de consulta: CAMARGO, Oswaldo de. *O negro escrito*. São Paulo: Imprensa Oficial, 1987; DAMACENO, Benedita Gouveia. *Poesia negra no modernismo brasileiro*. Campinas: Fontes Editores, 1988; OLIVIEIRA, Luiz Henrique Silva de. Gonçalves Crespo In: DUARTE, Eduardo de Assis (Org.). *Literatura e afrodescendência no Brasil*: antologia crítica. Belo Horizonte: Editora UFMG, 2011. v. 1: Precursores; PEIXOTO, Afrânio. Prefácio. In: CRESPO, G. *Obras completas, op. cit.*; PINTO, Rolando Morel. Apresentação. In: CRESPO, Gonçalves *Poesia, op. cit.*; <www.letras.ufmg.br/literafro>.

José do Patrocínio
Rodrigo Pires Paula

Conhecido como o "Tigre da Abolição", José Carlos do Patrocínio nasceu em 1854. Ainda muito jovem, transferiu-se para o Rio de Janeiro, onde estudou Humanidades e formou-se no curso de farmácia. Desenvolveu longa atividade política e literária, sobretudo como jornalista, destacando-se como uma das mais expressivas lideranças antiescravistas. Como monarquista, teve de sair do país após a proclamação da República.

Seu romance *Motta Coqueiro ou a pena de morte* (1877) trata do julgamento e execução de um "homem abastado" e da alta "influência política de um município". Acusado de assassinar Francisco Benedito (seu agregado) e toda a família deste, o protagonista é condenado ao enforcamento em praça pública, perante uma população que clamava por justiça. José

PRINCIPAIS PUBLICAÇÕES

Motta Coqueiro ou a pena de morte. Publicado em folhetins na Gazeta de Notícias em 1877. [3ª ed. Introdução de Silviano Santiago e apêndice de Dirce Cortes Riedel. Rio de Janeiro: Francisco Alves/Instituto Estadual do Livro, 1977.]

Os retirantes. Rio de Janeiro: S.C.P., 1879.

Pedro Espanhol. Rio de Janeiro: Typographia da Gazeta da Tarde, 1894.

do Patrocínio é um dos primeiros escritores a utilizar processos próprios do naturalismo, tais como o determinismo do homem como fruto do meio, da raça e do momento; a degeneração do indivíduo por meio do álcool; a valorização dos centros urbanos e o uso da violência para chocar o leitor.

No romance, evidencia-se a tensão entre os dois discursos: o abolicionista e o senhorial. Porém, percebe-se a predominância do último, se observarmos que todos os personagens negros ou mestiços são descritos como seres que tendiam para o mal, levando Motta Coqueiro a pagar com a própria vida por um crime que não cometeu. Possivelmente, por ainda não estar completamente envolvido com a causa abolicionista na época em que publica essa obra, o autor termina por reproduzir pontos de vista eurocêntricos provenientes da classe dominante, entre eles a crença, difundida pelo discurso cientificista da época, na submissão do ser humano às forças atávicas provenientes do meio ambiente e da raça.

Fontes de consulta: BRINCHES, Victor. *Dicionário bibliográfico luso-brasileiro*. Ed. Fundo de Cultura, 1965; BROOKSHAW, David. *Raça e cor na literatura brasileira*. Trad. Marta Kirst. Porto Alegre: Mercado Aberto, 1983; SANTOS, Jussara. José do Patrocínio. In: DUARTE, Eduardo de Assis (Org.). *Literatura e afrodescendência no Brasil*: antologia crítica. Belo Horizonte: Editora UFMG, 2011. v. 1: Precursores; <www.letras.ufmg.br/literafro>.

Cruz e Sousa

Giovanna Soalheiro Pinheiro

PRINCIPAIS PUBLICAÇÕES

Macário (Reccurci do drama de Álvares de Azevedo). Coautoria

João da Cruz e Sousa nasceu em 24 de novembro de 1861, na cidade de Nossa Senhora do Desterro, atual Florianópolis. Filho de ex-escravos — libertos pelo marechal Guilherme Xavier de Sousa —, foi educado pelos antigos senhores, sendo iniciado nas letras por D. Clarinda Xavier, esposa do marechal. Estudou nos melhores colégios da época, o que lhe permitiu ter domínio do grego, do latim, do francês e do inglês.

Após a morte de seu tutor, passou a atuar na imprensa catarinense, trabalhando nos grandes jornais do período, inclusive com publicações abolicionistas, contrariando a visão de que teria sido avesso à luta antiescravagista. Fundou, com Virgílio Várzea e Santos Lostada, o jornal literário semanal *Colombo*. Já em 1885, em parceria com o amigo Virgílio Várzea, escreve o livro de prosa *Tropos e fantasias*, no qual está o polêmico texto abolicionista "O padre". O período catarinense do autor é marcado pelo combate ao racismo — do qual foi vítima em diversas ocasiões —, o que o impediu de assumir o cargo de promotor em Laguna para o qual fora nomeado. Transfere-se, em 1890, para o Rio de Janeiro, colaborando para a *Folha Popular*, formado por B. Lopes e Oscar Rosas, escritores simbolistas. Em 1893, oficializa-se o simbolismo no Brasil, com a publicação de *Missal* (prosa) e *Broquéis* (poesia). O poeta morre em 1898, ainda jovem, aos 36 anos de idade, vitimado pela tuberculose. É considerado o primeiro grande poeta negro brasileiro e o representante mais destacado do Simbolismo no país.

Na produção literária de Cruz e Sousa, o simbolismo tem também ligação com a cor da pele, com a África e com a representação do artista no seu modo de se relacionar com o progresso, simbolicamente. Muitas vezes, há uma junção entre os processos de exclusão do negro na sociedade brasileira e a expressão estilística do movimento em questão (o simbolismo). O poema "Escravocratas"

Virgílio Várzea. Desterro, 1875.

Julieta dos Santos: homenagem ao gênio dramático brasileiro. Coautoria Virgílio Várzea e Santos Lostada. Desterro: Tipografia Comercial, 1883.

Tropos e fantasias (coautoria Virgílio Várzea). Desterro: Tipografia da Regeneração, 1885.

Missal. Rio de Janeiro: Magalhães & Cia., 1893.

Broquéis. Rio de Janeiro: Magalhães & Cia., 1893.

Evocações. Rio de Janeiro: Tipografia Aldina, 1898. Edição fac-símile. Florianópolis: Fundação Catarinense de Cultura, 1986.

Faróis. Rio de Janeiro: Tipografia Instituto Profissional, 1900.

Últimos sonetos. Paris: Aillaud & Cia, 1905.

Poesia completa. (Introdução e Organização de Zahidé Lupinacci Muzart). 12ª ed. Florianópolis: FCC/FBB, 1993.

Poemas inéditos (Org. Uelinton Farias Alves). Florianópolis: Papa-Livro, 1996.

Dispersos — poesia e prosa. (Org. Iaponam Soares e Zilma Gesser). São Paulo: Unesp, 1998.

(1993, p. 201), por exemplo, permite-nos evidenciar esses dois aspectos, associando-se à abordagem residual de elementos vinculados à exploração escravista no contexto do século XIX. Pode-se afirmar que se trata de uma experiência de lírica coletiva, por meio da qual há um posicionamento crítico no que tange às incongruências socioculturais vinculadas ao processo político escravocrata. O vetor ético se mostra, nessa produção, como transgressão ao sistema e à ordem instituída. É também nesse espaço de reprovação que o escritor evidencia uma poesia de apuro estético simbolista, sem perder o foco na crítica social, como é possível notar nos versos a seguir:

> Oh! Trânsfugas do bem que sob o manto régio
> Manhosos, agachados — bem como um crocodilo,
> Viveis sensualmente à luz dum privilégio
> Na pose bestial dum cágado tranquilo.
>
> Eu rio-me de vós e cravo-vos as setas
> Ardentes do olhar — formando uma vergasta
> Dos raios mil do sol, das iras dos poetas,
> E vibro-vos à espinha — enquanto o grande basta
>
> O basta gigantesco, imenso, extraordinário —
> Da branca consciência — o rútilo sacrário
> No tímpano do ouvido — audaz me não soar.
>
> Eu quero em rude verso altivo adamastórico,
> Vermelho, colossal, d'estrépito, gongórico,
> Castrar-vos como um touro — ouvindo-vos urrar!
> (1993, p. 201)

Um dos principais elementos a serem observados nesse poema é a aliteração sibilante (especialmente em s), responsável por caracterizar o próprio barulho emitido pelo açoite da vergasta e o movimento rastejante do que é associado ao crocodilo. Trata-se de uma tentativa de alegorizar os senhores de escravos que, fingidamente, proclamam uma liberdade. Por meio do significante que explora som e sentido, a voz lírica "devolve" aos senhores de escravo uma *língua-vergasta* que, não podendo ser física, é corporalmente emitida pela ira acre dos poetas ("Eu rio-me de vós e cravo-vos as setas/ Ardentes do olhar — formando uma vergasta"). O ritmo do poema, assim, imita a potência vocálica insubordinada do sujeito-poeta, uma vez que — por meio de um jogo linguístico instaurado pela força dos sons sibilantes e explosivos — sugere uma liberdade sem dogmatismo, contrária à falsa ideologia.

A escrita negra de Cruz e Sousa consegue, portanto, desmistificar o ideário político no século XIX brasileiro e colocar o autor como sujeito ativo nesse mesmo processo crítico à escravização. É nesse espaço entre som e sentido, entre voz e ruído, entre vazio e preenchimento — esteticamente simbolistas — que se pode colocar Cruz e Sousa em posição rara, não apenas na literatura brasileira, mas, sobretudo, na afro-brasileira. Homem criado no núcleo de um grande conflito, ele se decompôs como sujeito ao ser composto por culturas díspares e, por vezes, abnegadas. De um lado, um branco e suas significações estéticas e religiosas e, de outro, um "corpo escuro", impossibilitado de se manifestar. Para além da estética simbolista, ressalta-se, na obra desse autor, a dimensão de uma negritude, em fase primária (no sentido de ser primeira) de manifestação que, muitas vezes, denuncia a opressão sofrida pelos negros, no século XIX, e critica o imaginário racialista brasileiro, como se pode ler no seu famoso poema em prosa "Emparedado", de *Evocações* (1898). Nesse poema, em meio à efervescência da *belle époque* e, unido a esta, da ciência positivista, do evolucionismo e do progresso materialista e científico, Cruz e Sousa escreveu uma obra dramática, reveladora dos grandes conflitos da sociedade brasileira. Em quase 20 páginas, o olhar crítico do narrador, muitas vezes revoltado frente às questões socioculturais de sua época, transforma-se na memória histórica do país vista pelo olhar do escritor. Percebemos o drama do artista e intelectual negro, evidenciado pelo jogo entre expressão literária e crítica social: "Se caminhares para a direita baterás e esbarrarás ansioso, aflito, numa parede horrendamente incomensurável de Egoísmos e Preconceitos."

Fontes de consulta: ALVES, Uelinton Farias. *Cruz e Sousa, Dante negro do Brasil*. Rio de Janeiro: Pallas, 2008; BASTIDE, Roger. Quatro estudos sobre Cruz e Sousa. In: *A poesia afro-brasileira*. São Paulo: Martins, 1943; BOSI, Alfredo. Poesia versus Racismo. In: *Literatura e resistência*. São Paulo: Companhia das Letras, 2002; BROOKSHAW, David. *Raça e cor na literatura brasileira*. Porto Alegre: Mercado Aberto, 1983; CAMPOS, Maria Consuelo Cunha. Cruz e Sousa. In: DUARTE, Eduardo de Assis (Org.). *Literatura e afrodescendência no Brasil*: antologia crítica. Belo Horizonte: Editora UFMG, 2011. v. 1: Precursores; CAROLLO, Cassiana L. *Decadismo e simbolismo no Brasil* – crítica e poética. Rio de Janeiro: Livros técnicos e científicos Editora, 1980. v. 1; CUTI (Luiz Silva). *A consciência do impacto nas obras de Cruz e Sousa e de Lima Barreto*. Belo Horizonte: Autêntica, 2009; LEMINSKI, Paulo. *Cruz e Sousa – o negro branco*. Porto Alegre: Sulina, 1990; MURICY, Andrade. *Panorama do movimento simbolista brasileiro*. São Paulo: Perspectiva, 1987. 2 v.; MUZART, Zahidé Lupinacci (Org.). *Cartas de Cruz e Sousa*. Florianópolis: Letras Contemporâneas, 1993; TEIXEIRA, Ivan. *Missal e Broquéis*. Introdução, organização e fixação de texto. São Paulo: Martins Fontes, 1998; <www.letras.ufmg.br/literafro>.

SÉCULO XX E CONTEMPORANEIDADE

Lima Barreto
Adélcio de Sousa Cruz

PRINCIPAIS PUBLICAÇÕES

Recordações do escrivão Isaías Caminha. Rio de Janeiro: Mérito, 1949.

Triste fim de Policarpo Quaresma. Rio de Janeiro: Tipografia Revista dos Tribunais, 1915.

Os bruzundangas. Rio de Janeiro: Jacintho R. Santos Editor, 1922.

O início do século XX é marcado pela letra gritante de um carioca polêmico e criador de narrativas bastante peculiares, como *Clara dos Anjos*, *Recordações do escrivão Isaías Caminha*, *Os Bruzundangas* e seu livro mais indicado no antigo formato dos vestibulares: *Triste fim de Policarpo Quaresma*. No entanto, destacaremos os textos de Barreto que tratam de uma questão que normalmente não faz parte da chamada "agenda nacional de debates": os dilemas de nossa identidade étnica ou racial. O autor nasceu no Rio de Janeiro, justamente em 13 de maio de 1881, sete anos antes da Abolição da Escravatura. Filho de João Henriques de Lima Barreto e Amália

Augusta Barreto, e, ainda, segundo seu biógrafo — Francisco de Assis Barbosa, descendente de uma africana vinda de Moçambique. Os pais de Lima Barreto eram considerados "mestiços", seu filho possuía pele mais clara e não tinha cabelos tão crespos. Mesmo assim, nunca foi poupado do pensamento e das práticas que discriminavam negros e seus descendentes. Para citar um exemplo, Lima Barreto não conseguiu romper as invisíveis barreiras impostas a ele na Escola Politécnica, não concluindo seu curso de engenharia. O escritor trabalhou como funcionário do antigo Ministério da Guerra, no qual era tratado muitas vezes como o "mulatinho". Sua caneta serviu, entretanto, como arma de combate em jornais do Rio de Janeiro. Inteligente e inconformado com o silêncio sobre o racismo naquele Brasil de início de século, Barreto utilizou tanto a escrita literária quanto a jornalística para tratar de temas nacionais que atingiam diretamente as classes populares e, em especial, a população afrodescendente.

O período chamado de Pré-Modernismo, contudo, já trazia em si os temas e uma das principais experimentações literárias: o texto ficcional e o campo jornalístico mesclados como forma de ampliar as reflexões dos escritores e homens de imprensa sobre a realidade. Lima Barreto coloca o homem do povo como narrador de seus textos, trazendo-o para o centro da cena e, juntamente com isso, o clima de tensa transição do final do regime monárquico para a República que dava seus primeiros passos pelas mãos e espadas dos militares.

Clara dos Anjos. Rio de Janeiro: Mérito, 1948.

Feiras e mafuás. São Paulo: Mérito, 1953.

Diário íntimo. São Paulo: Mérito, 1953. 2ª ed. São Paulo: Brasiliense, 1961.

O cemitério dos vivos. São Paulo: Brasiliense, 1958.

Toda crônica. Organização de Beatriz Resende e Rachel Valença. Rio de Janeiro: Agir, 2004.

Contos reunidos. Organização de Oséias Silas Ferraz. Belo Horizonte: Crisálida, 2005.

Contos completos de Lima Barreto. Organização de Lilia M. Schwarcz. São Paulo: Companhia das Letras, 2010.

Lima Barreto: artigos, cartas e crônicas sobre trabalhadores. Organização de Antônio Augusto Moreira de Faria e Rosalvo Gonçalves Pinto. Belo Horizonte: Fino Traço, 2013.

Cabe destacar uma visão apresentada pelo narrador no romance *Recordações do escrivão Isaías Caminha*: o personagem principal possui algumas características biográficas semelhantes àquelas de Lima Barreto — inicia a carreira nos jornais do Rio de Janeiro e deseja se tornar escritor. Nessa narrativa, Isaías observa um batalhão dos Fuzileiros Navais:

> O ruído de uma fanfarra militar, enchendo a rua, veio agitar a multidão que passava. As janelas povoaram-se e os grupos arrimaram-se às paredes e às portas das lojas. São os fuzileiros, disse alguém que ouvi. O batalhão começou a passar: na frente os pequenos garotos; depois a música estrugindo a todo pulmão um dobrado canalha. Logo em seguida o comandante, mal disfarçando o azedume que lhe causava aquela inocente exibição militar. Veio por fim o batalhão. Os oficiais muito cheios de si, arrogantes, apurando a sua elegância militar; e as praças bambas, moles e trôpegas arrastando o passo sem amor, sem convicção, indiferentemente, passivamente, tendo as carabinas mortíferas com as baionetas caladas, sobre os ombros, como um instrumento de castigo. Os oficiais pareceram-me de um país e as praças de outro. Era como se fosse um batalhão de cipaios ou de atiradores senegaleses. (Barreto, 1949, p. 68-69)

Neste trecho, o personagem relata seu ponto de vista sobre as condições hierárquicas apresentadas aos olhos dos espectadores e que, ao mesmo tempo, passam despercebidas por todos, exceto ao jovem Isaías. A diferença gritante entre os soldados e os oficiais é exposta pelo narrador nos adjetivos destes últimos: "arrogantes" e "elegância militar". Já os militares não graduados são descritos como figuras "bambas, moles e trôpegas". O oficialato pertenceria a um país — de matriz europeia, provavelmente — e os praças têm seu pertencimento vinculado à África: "cipaios", nome dado aos africanos que se alistavam no serviço de patrulhamento policial para os exércitos das antigas potências coloniais; a expressão "atiradores senegaleses" refere-se diretamente aos soldados negros, considerados os mais "ferozes" dentro do exército colonial francês. Curioso pensar que "as carabinas mortíferas" não passavam de "um instrumento de castigo", sob a ótica do personagem. Esta estratificação mantida desde os tempos da escravidão se repetiria ainda por muito tempo.

Barreto, contudo, se vivesse nos dias atuais, não teria tanta dificuldade em encontrar interlocutores preocupados com o constante, mas silencioso, dilema da identidade étnica, devido à facilidade de divulgação de ideias a partir do advento do chamado mundo digital, para o qual convergiram a literatura e outras artes, o jornal, o rádio e, ainda engatinhando, a televisão. A tão conhecida frase que afirma "somos todos brasileiros" não resiste a cinco minutos de leitura de romances como *Clara dos Anjos* ou *Recordações do escrivão Isaías Caminha*. Neles podemos perceber como a população negra e afrodescendente vem sendo empurrada, desde o início do século passado, para as periferias dos grandes centros urbanos. Como exemplo do tratamento recebido, uma passagem de seu *Diário íntimo* é emblemática:

> Hoje, comigo, deu-se um caso que, por repetido, mereceu-me reparo. Ia eu pelo corredor afora, daqui do ministério e um soldado dirigiu-se a mim, inquirindo-me se era contínuo. Ora, sendo a terceira vez, a coisa feriu-me um tanto a vaidade, e foi preciso tomar-me de muito sangue frio para que não desmentisse com azedume. Eles, variada gente simples, insistem em tomar-me como tal, e nisso creio ver um formal desmentido ao professor Broca (de memória). Parece-me que esse homem afirma que a educação embeleza, dá, enfim, outro ar à fisionomia.
>
> Por que então essa gente continua a me querer contínuo, por quê?
>
> Por que... o que é verdade na raça branca, não é extensivo ao resto; eu, mulato ou negro, como queiram, estou condenado a ser sempre tomado por contínuo. Entretanto, não me agasto, minha vida será sempre cheia desse desgosto e ele far-me-á grande.
>
> Era de perguntar se o Argolo, vestido assim como eu ando, não seria tomado por contínuo; seria, mas quem o tomasse teria razão, mesmo porque ele é branco.
>
> Quando me julgo — nada valho; quando me comparo, sou grande.
>
> Enorme consolo.

Fontes de consulta: BARBOSA, Francisco de Assis. *A vida de Lima Barreto* (1881-1922). Rio de Janeiro: José Olympio, 1952; COELHO, Haydée Ribeiro. Lima Barreto. In: DUARTE, Eduardo de Assis (Org.). *Literatura e afrodescendência no Brasil*: antologia crítica. Belo Horizonte: Editora UFMG, 2011. v. 1: Precursores; COUTINHO, Carlos Nelson et al. *Realismo & Anti-Realismo na literatura brasileira*. Rio de Janeiro: Paz e Terra, 1974; CUTI (Luiz Silva). *Lima Barreto*. São Paulo: Selo Negro, 2011, Col. Retratos do Brasil Negro; FANTINATI, Carlos Erivany. *O profeta e o escrivão*: estudo sobre Lima Barreto. Assis: ILPHA-HUCITEC, 1978; FIGUEIREDO, Maria do Carmo Lana. *O romance de Lima Barreto e sua recepção*. Belo Horizonte: Lê, 1995; PEREIRA, Edimilson de Almeida. *Malungos na escola*: questões sobre culturas afrodescendentes e educação. São Paulo: Paulinas, 2007; SEVCENKO, Nicolau. *Literatura como missão*: tensões sociais e criação na Primeira República. 3ª ed. São Paulo: Brasiliense, 1979; <www.letras.ufmg.br/literafro>.

Nascimento Moraes

Eduardo de Assis Duarte

PRINCIPAIS PUBLICAÇÕES

Puxos e repuxos — polêmica com Antônio Lobo e seguidores. São Luís: Typ. do Jornal dos Artistas, 1910.

Vencidos e degenerados, 1915. 4ª ed. São Luís: Centro Cultural Nascimento de Moraes, 2000.

Neurose do medo, 1923. 2ª ed. Rio de Janeiro: Civilização Brasileira/São Luís: Secretaria de Cultura do Maranhão, 1982.

Contos de Valério Santiago. São Luís: SIOGE, 1972.

José do Nascimento Moraes nasceu em São Luís do Maranhão, em 19 de março de 1882. Além de contista e romancista, teve intensa atuação na vida cultural de seu Estado, também como jornalista, professor e ensaísta, chegando a presidente da Academia Maranhense de Letras. Intelectual polêmico, fez do combate ao preconceito racial uma constante em sua vida. Em muitos momentos, teve que se abrigar em pseudônimos para publicar artigos e crônicas em que aponta as injustiças que vitimavam os afrodescendentes.

Seu romance *Vencidos e degenerados* (1915) tem início na manhã do dia 13 de maio de 1888, sendo uma das raras obras de nossa literatura a abordar a Abolição e suas consequências, além das constantes remissões ao mundo escravista e suas formas de atuação. O romance faz por vezes uso do registro jornalístico para realizar um retrato sociológico da sociedade maranhense entre o final do século XIX e o início do século XX, expondo sua face decadente e a permanência da discriminação racial. A narrativa vale-se de procedimentos próprios ao romance naturalista para representar de modo cru a violência que perpassava as relações entre senhores e escravos, chegando a cenas de tortura e assassinato. Traz ainda gestos inusitados de homens e mulheres subitamente livres da condição servil e que, movidos pelo rancor, devolvem as agressões e humilhações recebidas durante anos. O livro se posiciona no extremo oposto dos mitos da "democracia racial" e da "escravidão benigna", presentes nas teses de Gilberto Freyre vindas a público duas décadas mais tarde. Nascimento Moraes faleceu em 22 de fevereiro de 1958, aos 76 anos.

Fontes de consulta: MACHADO, Nauro. *As esferas lineares.* 2ª ed. São Luís: Ética Editora, 2009; MORAES, Jomar. *Apontamentos de literatura maranhense.* São Luís: SIOGE, 1976; NAVAS-TORÍBIO, Luíza Garcia dos Nascimento. *O negro na literatura maranhense.* São Luís: Academia Maranhense de Letras, 1990; NETO, Manoel. *O negro no Maranhão.* São Luís: Clara Comunicação e Editora, 2004; SANTOS, Maria Rita. Nascimento Moraes. In: DUARTE, Eduardo de Assis (Org.). *Literatura e afrodescendência no Brasil*: antologia crítica. Belo Horizonte: Editora UFMG, 2011. v. 1: Precursores; <www.letras.ufmg.br/literafro>.

Lino Guedes
Eduardo de Assis Duarte

Paulista nascido em Socorro, Lino Pinto Guedes era filho de ex-escravos. Até hoje, perdura longa controvérsia a respeito de sua data de nascimento. Para Oswaldo de Camargo (1987), o autor nasceu em 24 de junho de 1897. Já para Raimundo de Menezes (1969), Zilá Bernd (1992), Eduardo de Oliveira (1998) e Afrânio Coutinho (2001), Guedes teria nascido em 23 de julho de 1906, informação confirmada pelo catálogo da Biblioteca Mario de Andrade. A crermos

PRINCIPAIS PUBLICAÇÕES

Black. São Paulo: Ed. do Autor, 1926.

O canto do cysne preto. São Paulo: Áurea, 1935.

Negro preto cor da noite. São Paulo: Cruzeiro do Sul, 1936.

Ressurreição negra. São Paulo: Ed. do Autor, 1936.

Urucungo. São Paulo: Cruzeiro do Sul, 1936.

Dictinha. São Paulo: Ed. do Autor, 1938.

Mestre Domingos. São Paulo: Cruzeiro do Sul, 1938.

O pequeno bandeirante. São Paulo: Cruzeiro do Sul, 1938.

Sorrisos do cativeiro. São Paulo: Ed. do Autor, 1938.

Vigília do Pai João. São Paulo: Ed. do Autor, 1938.

Suncristo. São Paulo: Coleção Hendi, 1951.

na segunda possibilidade, o autor teria publicado o primeiro livro com apenas 18 anos. Guedes concluiu o Ensino Médio na antiga Escola Normal Antônio Álvares, em Campinas, onde iniciou as atividades jornalísticas. Entre 1923 e 1924, foi editor-chefe do semanário *O Getulino* — autoproclamado "órgão de defesa dos homens pretos" —, tendo como companheiro de redação o também poeta Gervásio de Moraes. Mais tarde, fixou residência na capital, onde atuou em diversos órgãos de imprensa, sendo chefe de revisão do *Diário de São Paulo* e redator da Agência Noticiosa Sul-Americana. Foi membro da Sociedade Paulista de Escritores.

Lino Guedes destacou-se como poeta, com vários livros publicados, sobretudo na década de 1930, época de forte atuação do movimento negro, tanto através da chamada imprensa negra quanto por meio da Frente Negra Brasileira, entidade transformada em partido político. Em 1924, publicou com recursos próprios o estudo crítico *Luiz Gama e sua individualidade literária*, o que atesta sua preocupação em conhecer, divulgar e se inscrever numa tradição literária de autoria negra. Lino Guedes escreveu também textos teatrais, contos, artigos e ensaios, havendo ainda fortes indícios de que seja o autor do romance-folhetim *A boa Severina*, publicado em capítulos no *Getulino*, entre 1923 e 1924, sob o pseudônimo de José de Nazareth. Entre os autores afro-brasileiros de seu tempo, é seguramente o que mais trouxe a público seus escritos. Mesmo com ressalvas, é apontado pelos críticos como o primeiro poeta negro do século XX a assumir publicamente sua condição e a inscrever em seus textos um sujeito de enunciação negro. Além disso, desde suas experiências no jornalismo, buscava como destinatário de seus escritos o leitor afrodescendente. Para Heloisa Toller Gomes, "ao escrever, Guedes tinha invariavelmente em foco a perspectiva da comunidade afro-brasileira, a quem dirigiu, primordialmente, a sua obra literária e dentro da qual, achava ele, deveria começar a verdadeira transformação social para o negro" (2011, p. 351).

Em seus poemas, notam-se as duas tendências: "negro preto cor da noite/ nunca te esqueças do açoite/ que cruciou tua raça", são os versos de abertura do poema "Novo rumo", do livro *Negro preto cor da noite*, de 1936. Aqui o chamamento ao leitor explicita o caráter transitivo do poema, empenhado em tocar nos dramas e traumas vividos pelos irmãos de cor até como forma de tê-los como receptores. Dois anos mais tarde, Guedes publica *Dictinha* — livro voltado para uma exaltação *sui generis* da mulher negra, num momento em que autores consagrados pelo modernismo abordavam o tema pelo viés da erotização. Ao contrário, a personagem criada pelo poeta recebe outra abordagem: "Penso que talvez ignores,/ Singela e meiga Dictinha,/ Que desta localidade/ És a mais linda pretinha:/ Se não fosse profanar-te,/ Chamar-te-ia francesinha" (Guedes, 1936).

Como se vê, o poeta usa o preconceito contra o preconceito. E se vale do estereótipo que desqualificava a moral das francesas daquele tempo como forma de valorizar não apenas a beleza da mulher afrodescendente, mas também a dignidade e compostura de seu comportamento. Tal fato é raro para a época, marcado por representações da figura sensual e desavergonhada, a exemplo da "Nêga Fulô" — famosa personagem de Jorge de Lima, e só encontra paralelo em raros poemas de Solano Trindade e Aloisio Resende. Lino Guedes foi, pois, um precursor da literatura afro-brasileira contemporânea. Faleceu em 4 de março de 1951.

Fontes de consulta: BERND, Zilá (Org.). *Poesia negra brasileira*. Antologia. Porto Alegre: AGE/IEL: IGEL, 1992; BROOKSHAW, David. *Raça e cor na literatura brasileira*. Porto Alegre: Mercado Aberto, 1983; CAMARGO, Oswaldo de. *O negro escrito*. São Paulo: SEC/Imesp, 1987; DUARTE, Eduardo de Assis. *Literatura, política, identidades*. Belo Horizonte: FALE/UFMG, 2005; MENEZES, Raimundo de. *Dicionário Literário Brasileiro*. São Paulo: Editora Saraiva, 1969. v. III; OLIVEIRA, Eduardo. *Quem é quem na negritude brasileira*. São Paulo: CNAB, Brasília: SNDH-Ministério da Justiça, 1998; COUTINHO, Afrânio; SOUZA, J. Galante (Coord.). *Enciclopédia de literatura brasileira*. São Paulo: Global; Rio de Janeiro: Fundação Biblioteca Nacional/DNL: ABL, 2001. v. 1; GOMES, Heloísa Toller. Lino Guedes. In: DUARTE, Eduardo de Assis (Org.). *Literatura e afrodescendência no Brasil*: antologia crítica. Belo Horizonte: Editora UFMG, 2011. v. 1: Precursores; <www.letras.ufmg.br/literafro>.

Aloisio Resende
Eduardo de Assis Duarte

PRINCIPAL
PUBLICAÇÃO

Aloisio Resende: poemas. Organização de Ana Angélica Vergne de Morais, Cristiane de Magalhães Porto e Lucidalva Correia Assunção. Feira de Santana: UEFS, 2000.

Nascido em 1900, na área rural do município baiano de Feira de Santana, Aloisio Resende desde muito jovem se interessou pelo mundo das letras. Num contexto em que literatura e jornalismo estavam bem mais próximos do que em décadas posteriores, iniciou sua trajetória na imprensa como tipógrafo do jornal *A Hora*, de Salvador. Mais tarde, vincula-se à *Folha do Norte*, de sua cidade natal. Aos poucos, o operário gráfico vai tomando gosto pela escrita e dá início à publicação de artigos e poemas, que se estende de 1928 até 1940, sempre nas páginas do jornal.

Segundo Alves e Morais, sua poesia divide-se em duas tendências: uma predominantemente parnasiana, voltada para a mulher e a natureza; e, outra, "mais livre formalmente e que toma como temática central elementos, figuras e rituais da comunidade negra" (2011, p. 367). Nesta linha, pode-se dizer que, juntamente com Solano Trindade e Lino Guedes, Aloisio Resende se destaca pelo tratamento digno e respeitoso com que constrói a representação da mulher afrodescendente. Enquanto autores modernistas como Jorge de Lima ganharam fama a partir da difusão de estereótipos de fundo racista, de que é exemplo o poema "Nega Fulô", Resende, em textos como "Menininha", destaca a graça e a beleza da figura feminina sem apelar à erotização que marca o *negrismo* folclórico dos modernistas:

> Quase média a estatura. A cor mulata,/
> Negro e faiscante o olhar inteligente./
> Tudo faz para erguer nessa hora ingrata/
> a macumba que tomba lentamente.../

[...] Mas, vendo-se-lhe ali dançar com graça,/ à cinta o pano que se traz ao ombro,/ Vê-se, afinal, a tradição da raça/ A levantar-se de seu próprio escombro.
(Morais et al., 2000, p. 65)

Aloisio Resende faleceu prematuramente aos 41 anos e não chegou a ver seus textos impressos em livro. Somente em 1979 foi editada a coletânea *Poesias de Aloisio Resende*, a que se seguiu o volume de textos e ensaios críticos sobre sua obra, publicado em 2000, pela Universidade Estadual de Feira de Santana.

Fontes de consulta: ALVES, Ivia; MORAIS, Ana Angélica. Aloisio Resende. In: DUARTE, Eduardo de Assis (Org.). *Literatura e afrodescendência no Brasil*: antologia crítica. Belo Horizonte: Editora UFMG, 2011. v. 1: Precursores; SANTOS, Denilson Lima. *Nas rodas da macumba*: a poética de Aloisio Resende sob o signo da ancestralidade. Dissertação de Mestrado. Feira de Santana (BA): UEFS, 2009; <www.letras.ufmg.br/literafro>.

Antonieta de Barros
Marina Luiza Horta

Antonieta de Barros nasceu em Florianópolis (SC), em 11 de junho de 1901. A morte prematura do pai, Rodolfo de Barros, fez com que ela e sua mãe, Catarina de Barros, enfrentassem muitas dificuldades financeiras. Em 1918, a jovem, com a ajuda de um amigo da família, formou-se professora na Escola Normal.

A escritora consolidou-se no magistério com a criação do "Curso Particular Antonieta de Barros", que durou, oficialmente, de 1922 a 1964. Antonieta de Barros foi também a primeira mulher negra a

PRINCIPAL PUBLICAÇÃO

Farrapos de ideias, 1937. 2ª ed. Florianópolis: SCP, 1971.

ocupar a cadeira de deputada no Congresso Legislativo estadual pelo Partido Liberal Catarinense. Apresentou importantes leis relativas ao magistério, entre elas a que institui o dia 15 de outubro como o Dia do Professor. Sob o pseudônimo Maria da Ilha, colaborou com importantes jornais da época. Fundou e dirigiu, inclusive, os periódicos *A Semana* (1922-1927) e *Vida Ilhoa* (1930). Os artigos publicados no jornal *República* foram reunidos e editados em forma de coletânea em 1937, recebendo o nome de *Farrapos de ideias* (segunda edição, 1971).

A obra *Farrapos de ideias* não se enquadra esteticamente em nenhuma escola literária. As crônicas da autora apresentam aspectos da vida cotidiana da cidade, comentários sobre ocorrências nacionais e, principalmente, ensinamentos de cunho moral. O texto, repleto de citações bíblicas, trata de temas relacionados à educação, ao papel da mulher nas instituições de ensino e na sociedade como um todo e ao preconceito racial e social. Dentro da atmosfera cristã, encontramos uma escritora preocupada com o pacifismo e com a necessidade de uma campanha nacional pela alfabetização, ciente do papel da educação para a inclusão dos afrodescendentes na cidadania plena. Antonieta de Barros faleceu em 28 de março de 1952, e é lembrada até hoje como mulher ilustre e batalhadora.

Fontes de consulta: BITTENCOURT, Adalzira. *Dicionário bibliográfico de mulheres ilustres, notáveis e intelectuais do Brasil*. Rio de Janeiro: Pongetti, 1969; COUTINHO, Afrânio; SOUSA, J. Galante. *Enciclopédia da Literatura Brasileira*. São Paulo: Global; Rio de Janeiro: FBN/DNL/ABL, v. I; FONTÃO, Luciene. *Nos passos de Antonieta*: escrever uma vida. Tese (Doutorado) – UFSC, 2010; MOTT, Maria Lúcia de Barros. *Escritoras negras resgatando a nossa história*. Rio de Janeiro: CIEC- UFRJ, 1989, Série Papéis Avulsos, n. 13; PISANI, Josefina da Silva. Antonieta de Barros. In: DUARTE, Eduardo de Assis (Org.). *Literatura e afrodescendência no Brasil*: antologia crítica. Belo Horizonte: Editora UFMG, 2011. v. 1: Precursores; <www.letras.ufmg.br/literafro>.

Solano Trindade

Elisangela Aparecida Lopes
Marcos Fabrício Lopes da Silva

O pernambucano Francisco Solano Trindade nasceu em 24 de julho de 1908. Filho de família humilde, estabeleceu os primeiros contatos com a cultura popular por intermédio do pai, que dançava pastoril e bumba meu boi nas ruas do Recife antigo. A literatura também fez parte do universo do menino muito cedo, pois ocupava o papel de leitor para a mãe.

Em 1936, Solano Trindade funda a Frente Negra Pernambucana e o Centro de Cultura Afro-Brasileiro, juntamente com o poeta Ascenso Ferreira, o pintor Barros e o escritor José Vicente Lima. O órgão tinha como objetivos a promoção da cultura afrodescendente e a divulgação de artistas negros. Neste mesmo ano, estreia na literatura com *Poemas negros*.

Nos anos 1940, o poeta passa a viver no Rio de Janeiro, onde tomou contato com outros artistas negros. Na cidade de Caxias, figura popular entre os jovens intelectuais, era comum encontrá-lo pelas ruas com uma pasta a tiracolo contendo seus poemas. Nessa ocasião, declamava inflamado aos amigos: "Não disciplinarei minhas emoções estéticas; deixá-las-ei à vontade, como o meu jeito de viver..." (2008, p. 15).

Em 1944, lança seu segundo livro, *Poemas de uma vida simples*, e participa da fundação do Teatro Experimental do Negro (TEN), sob a liderança de Abdias Nascimento. Mais tarde, ao lado da esposa, Maria Margarida, e do sociólogo Edison Carneiro, cria o Teatro Popular Brasileiro (TPB), que contava com um elenco formado por domésticas,

PRINCIPAIS PUBLICAÇÕES

Poemas negros. Recife: Ed. do Autor, 1936.

Poemas d'uma vida simples. Rio de Janeiro, 1944.

Seis tempos de poesia. São Paulo: A. Melo, 1958.

Cantares ao meu povo. São Paulo: Fulgor, 1961. 2ª ed. São Paulo: Brasiliense, 1981.

Tem gente com fome e outros poemas. Rio de Janeiro: Sindicato dos Escritores do Rio de Janeiro, 1988.

Solano Trindade, o poeta do povo. Organização de Raquel Trindade. São Paulo: Cantos e Prantos Editora, 1999. 2ª ed. São Paulo: Ediouro/Editora Segmento Farma, 2008.

Poemas antológicos de Solano Trindade. Seleção, organização e prefácio de Zenir Campos Reis. São Paulo: Nova Alexandria, 2006.

operários e estudantes. Com o TPB apresentou espetáculos em nada menos que 21 cidades da Polônia e da Tchecoslováquia. Desde esta época, fixou residência na cidade paulista de Embu — mais tarde conhecida como Embu das Artes —, onde liderou intensa movimentação cultural e artística. Atualmente, as atividades do "Teatro Popular Solano Trindade", dirigido por sua filha Raquel, prosseguem na cidade e dão vida ao legado do poeta. Solano Trindade faleceu em 1974, no Rio de Janeiro, e figura, sem sombra de dúvida, como um dos nomes de maior relevo da literatura afro-brasileira. E não apenas por assumir o ponto de vista das vítimas do preconceito, mas por fazê-lo num tempo em que ainda se acreditava em mitos como o da "raça superior". E, também, por colocar o negro numa posição de respeito e de dignidade, promovendo seus valores a partir da arte.

Ao abordar a produção do autor, torna-se inevitável mencionar o conhecido "Tem gente com fome", no qual o poeta alia à temática do cotidiano e à fragmentação da linguagem poética — elementos estéticos caros aos modernistas — a questão social, ao poetizar o percurso do trem que passa pelos subúrbios cariocas a repetir o refrão que simboliza o clamor dos que não têm o que comer: "Trem sujo da Leopoldina/ correndo correndo/ parece dizer/ tem gente com fome/ tem gente com fome/ tem gente com fome" (2008, p. 68). A sequência, o texto enumera uma a uma as localidades do subúrbio por onde passa o trem e conclui:

> Só nas estações
> quando vai parando
> lentamente começa a dizer
> se tem gente com fome
> dá de comer
> se tem gente com fome
> dá de comer
> se tem gente com fome
> dá de comer
> Mas o freio de ar
> todo autoritário
> manda o trem calar
> Psiuuuuuuuuu (2008, p. 68)

Ao analisar esse texto, Daniela Guedes ressalta que "a onomatopeia 'tem gente com fome', que imita o som da locomotiva, ganha um sentido paródico frente ao conhecido 'café com pão', do poema de Manuel Bandeira. Enquanto o trem deste passa pelos canaviais bucólicos do Nordeste, o de seu conterrâneo percorre os subúrbios da então capital do país para clamar pelo 'dá de comer'".[1]

Já em "Sou negro", tem-se um eu poético que revisita o percurso de seus antepassados, ressalta seus feitos, e assim constrói uma imagem altiva dos negros que resistiram à coisificação, na luta em Palmares e na Revolta dos Malês, e que, portanto, escreveram também a história do país: "na minh'alma ficou/ o samba/ o batuque/ o bamboleio/ e o desejo de libertação" (1999, p. 48).

Por sua vez, em "Navio Negreiro", Solano Trindade apresenta uma perspectiva diferenciada sobre os seres escravizados vindos de África. Considerados, pelo ponto de vista senhorial, como objetos ou bens semoventes, destituídos de subjetividade e cidadania, os negros capturados no tráfico são percebidos pelo poeta, a partir de uma dimensão humanizadora marcada pelo lirismo, pela combatividade e pela sensibilidade:

> lá vem o navio negreiro// Cheinho de poesia...// Lá vem o navio negreiro// Com carga de resistência// Lá vem o navio negreiro// Cheinho de inteligência... (2008, p. 40)

> A propósito, afirma Leda Maria Martins: "nesse contínuo e dinâmico processo de migração referencial, a poesia de Solano marca seu rastro de negrura, como signo do sujeito e do povo ali referidos pela via da ressignificação positiva, num projeto de reescrita histórica do discurso da negação e da rejeição. (Martins, 2011, p. 401)

Poeticamente, Solano Trindade pretendeu abarcar "o estilo do nosso populário, buscando no negro o ritmo, no povo em geral as reivindicações sociais e políticas, e nas mulheres, em particular, o Amor". Ainda segundo palavras proferidas pelo próprio autor, em julho de 1961,

---

[1] Disponível em: <www.letras.ufmg.br/literafro>; acesso em 10/3/2012.

seu projeto de escrita se propôs a "unir o Universal ao Regional, num poema participante ou amoroso, num verso de protesto ou ternura, mas em palavras bem compreensíveis". Interessava ao poeta, portanto, escrever para um público situado além do horizonte de recepção da chamada "alta literatura", o que explica sua opção por construções próximas da oralidade e de fácil percepção. Seu ímpeto de falar de e para o povo encontra paralelo em outros autores que se colocam como porta-vozes de demandas sociais reprimidas e buscam ser a voz da comunidade com a qual se identificam. Este ímpeto coletivista serve de contínuo exemplo aos poetas e aos demais artistas negros das gerações seguintes, que nele veem um precursor.

Fontes de consulta: BERND, Zilá. *Negritude e literatura na América Latina*. Porto Alegre: Mercado Aberto, 1987; BROOKSHAW, David. *Raça e cor na literatura brasileira*. Porto Alegre: Mercado Aberto, 1983; CAMARGO, Oswaldo de. *O negro escrito*: apontamentos sobre a presença do negro na literatura brasileira. São Paulo: Imprensa Oficial, 1987; CAMARGO, Oswaldo de. *Solano Trindade, poeta do povo*: aproximações. São Paulo: COM-ARTE/USP, 2009; FERREIRA, Elio. *Poesia Negra das Américas*: Solano Trindade e Langston Hughes. Tese (Doutorado) – UFPE, Recife, 2006; MACHADO, Serafina Ferreira. *Literatura como movimento humanizador*: o projeto poético de Solano Trindade. Dissertação (Mestrado) – UEL, Londrina, 2006; MARTINS, Leda Maria. Solano Trindade. In: DUARTE, Eduardo de Assis (Org.). *Literatura e afrodescendência no Brasil*: antologia crítica. Belo Horizonte: Editora UFMG, 2011. v. 1: Precursores; PEREIRA, Edimilson de Almeida. *Malungos na escola*: questões sobre culturas afrodescendentes e educação. São Paulo: Paulinas, 2007; TRINDADE, Raquel. Dados biográficos. In: *Solano Trindade*: o poeta do povo, op. cit.; <www.letras.ufmg.br/literafro>.

Abdias Nascimento
Marcos Antônio Alexandre

PRINCIPAIS PUBLICAÇÕES

Sortilégio, mistério negro. In: *Dramas para negros e prólogo*

Abdias Nascimento pode ser considerado um dos maiores intelectuais brasileiros do século XX e XXI. Nasceu em Franca, em 14 de março de 1914, no interior do Estado de São Paulo; neto de africanos escravizados, e filho de pai sapateiro, José Ferreira do Nascimento, e mãe doceira, Georgina Ferreira do Nascimento, a dona Josina. Estudou no Ateneu Francano, formou-se como contador e, entrando no Exército, participou das revoluções de 1930 e 1932. Graduou-se em Economia pela Universidade do Rio de Janeiro, em 1938. Participou da Frente Negra Brasileira, cujas atividades foram encerradas pela ditadura do Estado Novo (1937-1945). Foi preso pelo Tribunal de Segurança Nacional por protestar contra as arbitrariedades do governo de Vargas.

Sempre atento às questões raciais, a extensa obra de Abdias Nascimento versa em distintos campos: desde o artístico, até o literário e o político. Além de poeta, teatrólogo e artista plástico, destacou-se como cientista social e como autor de importantes trabalhos que tratam da temática afro-brasileira, considerados referência obrigatória nesse campo de estudos, a exemplo de: *O genocídio do negro brasileiro* (1978); *O quilombismo: documentos de uma militância* (1980); *Sitiado em Lagos: autodefesa de um negro* (1981); *O negro revoltado* (1982); *Orixás: os deuses vivos da África* (1995); e *O Brasil na mira do pan-africanismo* (2002), este último com novas edições de *O genocídio do negro brasileiro* e *Sitiado em Lagos*.

Foi agraciado com os títulos de Professor Emérito da Universidade do Estado de Nova York em Buffalo, Estados Unidos, e Doutor *Honoris Causa* da Universidade do Estado do Rio de Janeiro (1990) e da Universidade Federal da Bahia (2000). Recebeu das mãos do então presidente Luiz Inácio Lula da Silva a Ordem do Rio Branco, no grau de Comendador, a honraria mais alta outorgada pelo governo brasileiro. Em 2003, lançou edição

para brancos. Rio de Janeiro: Ed. Teatro Experimental do Negro, 1961.

Sortilégio II: mistério negro de Zumbi redivivo. Rio de Janeiro: Paz e Terra, 1979.

Axés dos sangue e da esperança (Orikis). Rio de Janeiro: Achiamé/ Rio Arte, 1983.

fac-símile do jornal *Quilombo*, do Teatro Experimental do Negro, contendo a reprodução dos números 1 a 10, que circularam entre dezembro de 1948 e julho de 1950. Sua defesa dos direitos humanos dos afrodescendentes lhe rendeu uma indicação ao Prêmio Nobel da Paz, em 2010. Em março do ano seguinte, esteve entre as lideranças negras convidadas para o encontro com o presidente norte-americano Barack Obama. Abdias Nascimento faleceu com 97 anos de idade, no dia 24 de maio de 2011, no Rio de Janeiro. Toda uma vida dedicada à causa do negro e da sua cultura.

O teatro se fez presente na vida de Abdias Nascimento desde criança. Segundo suas palavras: "Foi em Franca onde eu vi pela primeira vez teatro, sobretudo o teatro de fantoches. E desde essa infância, assistindo ao teatro de fantoche, o teatro provocou em mim uma curiosidade e um encantamento" (Nascimento, 2006, p. 47). Porém, foi em 1944 que ele fundou o Teatro Experimental do Negro (TEN), do qual participaram Solano Trindade, entre outros intelectuais, e artistas afrodescendentes como Aguinaldo Camargo, Haroldo Costa, Lea Garcia e Ruth de Souza.

Cumprindo os seus objetivos, o TEN alfabetizou centenas de negros, lutou em prol de sua inclusão social, combateu o racismo e levou ao teatro vários textos em que o negro brasileiro e sua cultura eram a temática central, pois seu objetivo maior era criar um espaço criativo nos palcos brasileiros para o negro, excluído, à época, do meio teatral. Com o TEN, pela primeira vez um ator negro, o então estreante Aguinaldo Camargo, entrou no palco do Theatro Municipal do Rio de Janeiro, na posição de artista principal, interpretando Brutus Jones, personagem clássica da peça *O Imperador Jones*, de Eugene O'Neill, no dia 8 de maio de 1945. Naquele momento histórico, não mais era preciso pintar um ator branco de negro para dar vida às personagens negras da dramaturgia universal. A inserção da cultura afro-brasileira no teatro passa a ser uma das preocupações do TEN.

Com o TEN, Nascimento encenou várias peças, cumprindo assim com o legado de criar uma literatura dramática que focalizasse o negro como protagonista e que tivesse sua cultura como mote principal de reflexão para literatura e para a sociedade brasileira. Entre as montagens realizadas pelo grupo, destaca-se a peça *Sortilégio: mistério negro*, um marco da dramaturgia negra brasileira, escrita pelo autor em 1951. A montagem estreou no Theatro Municipal do Rio de Janeiro, em 21 de agosto de 1957, após problemas com a censura.

Sortilégio: mistério negro retrata a história e os conflitos ideológicos, pessoais e sociais do preto Emanuel que, formado em Direito, casou-se com uma branca, renegou Exu, esqueceu os Orixás, desonrou a Obatalá; mascarando, assim, as matrizes negras numa tentativa de sobreviver e de ser respeitado numa sociedade marcada pelo preconceito. A peça explicita a trajetória de um negro que renega sua cultura para encontrar a si mesmo. Em síntese, após mascarar-se de branco, assumindo os "padrões europeus",

> É por isso que essa negrada não vai para frente. Tantos séculos no meio da civilização [...] e o que adiantou? Ainda acreditando em feitiçaria... praticando macumba... evocando deuses selvagens... Deuses?! Por acaso serão deuses essa coisa que baixa nesses negros boçais? Deuses essa histeria que come... bebe... dança... Até o amor eles fazem no candomblé. Deuses! Quanta ignorância [...]. (Nascimento, 1961, p. 167)

e, até mesmo, negando os fundamentos das religiões afro-brasileiras, Emanuel, depois de vários enfrentamentos, inicia um trajeto de autoafirmação individual e coletivo. É como se a personagem vivenciasse um ritual de passagem, uma travessia moral, psicológica e social, por meio da qual adquire uma verdadeira dimensão de seus atos. Concretizando esta passagem, no ato final, Emanuel se autodefine:

> Tomem seus troços. Com estas tapeações vocês abaixam a cabeça dos negros. Arrancam o orgulho deles. Lincham os coitados por dentro. E eles ficam domesticados... castrados... mansos... bonzinhos de alma branca. Comigo se enganaram. Nada de mordaça na minha boca. Imitando vocês que nem macaco. Até hoje fingi

que respeitava vocês... que acreditava em vocês. Margarida muito convencida que eu estava fascinado pela brancura dela. Uma honra para mim ser corneado por uma loura. Branca azeda idiota. Tanta presunção e nem percebia que eu estava simulando. Como mulher tu nunca significou nada para mim. Olha: quem tinha nojo era eu. Aquelas coxas amarelas que nem círio de velório me reviravam o estômago. Teu cheiro? Horrível. O pior: teus seios mortos de carne de peixe. E o nosso filho... Lembra-se? Te enganei outra vez. Tu matou para se desforrar da minha cor, não foi? Outro erro teu. Eu não podia amar uma criatura que teria a marca de tudo que me renegou. Sonhei com um filho de face escura. Cabelos duros, indomáveis. Pernas talhadas em bronze... punhos de aço para esmagar a hipocrisia do mundo branco. Brancura que nunca mais há de me oprimir, estão ouvindo? Está ouvindo, Deus do céu? Quero que todos ouçam. Venham todos, venham! (Nascimento, 1961, p. 193 e 195)

Enfim, ele, invocando os Exus, vai ao encontro da própria morte e, num ato/rito de libertação, reencontra sua ancestralidade, sua cultura e suas identidades.

Fontes de consulta: ALMADA, Sandra. *Abdias do Nascimento*. São Paulo: Selo Negro, 2009; BASTIDE, Roger. Sociologia do teatro brasileiro. In: *Sociologia*. São Paulo: Ática, 1983; BROOKSHAW, David. *Raça e cor na literatura brasileira*. Porto Alegre: Mercado Aberto, 1983; CAMARGO, Oswaldo de. *O negro escrito*: apontamentos sobre a presença do negro na literatura brasileira. São Paulo: Imprensa Oficial, 1987; DUARTE, Eduardo de Assis. Abdias Nascimento. In: DUARTE, Eduardo de Assis (Org.). *Literatura e afrodescendência no Brasil*: antologia crítica. Belo Horizonte: Editora UFMG, 2011. v. 1: Precursores; LOPES, Nei. *Enciclopédia brasileira da diáspora africana*. São Paulo: Selo Negro, 2004; LOPES, Nei. *Dicionário literário afro-brasileiro*. Rio de Janeiro: Pallas, 2007; MARTINS, Leda. *A cena em sombras*. São Paulo: Perspectiva, 1995; OLIVEIRA, Eduardo. *Quem é quem na negritude brasileira*. São Paulo: Congresso Nacional Afro-Brasileiro; Brasília: Secretaria Nacional de Direitos Humanos do Ministério da Justiça, 1998; SEMOG, Éle; NASCIMENTO, Abdias. *Abdias do Nascimento*: o griot e as muralhas. Rio de Janeiro: Pallas, 2006; <www.letras.ufmg.br/literafro>.

Carolina Maria de Jesus

Aline Alves Arruda
Elisângela Aparecida Lopes

Carolina Maria de Jesus nasceu na cidade de Sacramento (MG), em 14 de março de 1914. Filha de negros que migraram para a cidade, sendo oriunda de família muito humilde, Carolina estudou pouco, apenas dois anos no colégio Allan Kardec, no qual crianças pobres eram mantidas por pessoas influentes da sociedade. Mudou-se para São Paulo em 1947, quando a cidade assistia ao surgimento de suas primeiras favelas. Carolina e seus três filhos — João José de Jesus, José Carlos de Jesus e Vera Eunice de Jesus Lima — residiam na favela de Canindé. Sozinha, vivia de catar papéis nas ruas da cidade, vindo desse ofício a sua única fonte de renda. O cotidiano do "quarto de despejo" social era registrado nos cadernos que a escritora recolhia do lixo e que se transformariam nos "diários de uma favelada".

A escritora foi "descoberta" pelo jornalista Audálio Dantas, na década de 1950. A publicação de *Quarto de despejo* deu-se em 1960, tendo o livro uma vendagem recorde de 30 mil exemplares na primeira edição, chegando ao total de 100 mil livros vendidos na segunda e terceira edições. Além disso, foi traduzido para 13 idiomas e vendido em mais de 40 países. A publicação e a tiragem dos exemplares demonstram o interesse do público pela narrativa de denúncia, tão em voga na época.

Carolina publicou ainda mais quatro livros: *Casa de alvenaria* (1961), *Pedaços de fome* (1963), *Provérbios* (1963) e *Diário de Bitita* (1986), sendo este último uma publicação póstuma, realizada, primei-

PRINCIPAIS PUBLICAÇÕES

Quarto de despejo: diário de uma favelada.
São Paulo: Livraria Francisco Alves, 1960.

Casa de alvenaria: diário de uma ex-favelada. São Paulo: Livraria Francisco Alves, 1961.

Pedaços da fome. Prefácio de Eduardo de Oliveira. São Paulo: Áquila, 1963.

Provérbios. São Paulo: [s.n.], 1963.

Diário de Bitita. Rio de Janeiro: Nova Fronteira, 1986.

Meu estranho diário. Organização J. Carlos S. Bom Meihy e R. Levine. S. Paulo: Xamã, 1996.

ramente, em Paris, com o título *Journal de Bitita*, que teria recebido, primeiramente, o título de *Um Brasil para brasileiros*. Mas nenhuma destas publicações conseguiu repetir o sucesso de público que *Quarto de despejo* obteve. Segundo Vogt (1983), Carolina teria ainda deixado inéditos dois romances: *Felizarda* e *Os escravos*. Em 13 de fevereiro de 1977, a autora faleceu em um pequeno sítio na periferia de São Paulo, quase esquecida pelo público e pela imprensa.

A escrita de Carolina é forte, densa, daquelas que incomodam e encantam ao mesmo tempo. E *Quarto de despejo*, seu *best-seller*, é um bom exemplo desta literatura cortante. O diário compreende os escritos datados de 15 de julho de 1955 até 1º de janeiro de 1960, com um hiato entre julho de 1955 e maio de 1958. Carolina retrata sua indignação com o país em que vivia, o qual permitia que grande parte sua população passasse fome. E a fome é companheira inseparável de Carolina em seu diário. O assunto é repetido diversas vezes, quase diariamente, a ponto de ela concluir: "O Brasil precisa ser dirigido por uma pessoa que já passou fome. A fome também é professora" (2000, p. 26). A consciência que a escritora demonstra diante das condições políticas e históricas que a levaram, como a muitos, ao quarto de despejo da favela, é surpreendente. Na primeira página do diário, a escritora comenta que chegou em casa depois do trabalho e corrige: "aliás, no meu barracão". Mais adiante explica a metáfora que dá título ao seu livro: "Eu classifico São Paulo assim: O Palácio é a sala de visita. A Prefeitura é a sala de jantar e a cidade é o jardim. E a favela é o quintal onde jogam os lixos" (p. 28). Contra esse quintal, a escritora fará muitos comentários e usará sua escrita como arma de denúncia: "Vou escrever um livro referente a favela. Hei de citar tudo que aqui se passa" (p. 17).

Além dos livros autobiográficos e de manuscritos até hoje inéditos, recolhidos em acervos e bibliotecas à espera de uma edição, Carolina Maria de Jesus deixou publicados os escritos "Minha vida" e "O Sócrates africano", incluídos no volume *Cinderela negra* (1994). Deixou também os poemas reunidos postumamente em sua *Antologia pessoal*, marcados pela singeleza da construção, como em "Visita": "Visitando uma prisão/ Comoveu-me o coração/ Vi tristezas e ansiedades/ O preso é triste e descrente/ E pensa constantemente:/ Na liberdade!/Ali atrás das grades/ Ele chora. E sente saudades" (1996, p. 230). Ou ainda por estrofes onde não falta o humor: "Como é sacrificada/ A vida do trabalhador:/ O salário sobe de escada/ Os preços de elevador." (Idem, p. 138). Assim é Carolina Maria de Jesus, artisticamente direta e contundente.

Fontes de consulta: BOM MEIHY, José Carlos Sebe; LEVINE, Robert M. *Cinderela negra*: a saga de Carolina Maria de Jesus. Rio de Janeiro: UFRJ, 1994; CASTRO, Eliana de Moura; MATA MACHADO, Marília Novaes de. *Muito bem, Carolina*: biografia de Carolina Maria de Jesus. Belo Horizonte: C/Arte, 2007; LAJOLO, Marisa. Carolina Maria de Jesus. In: DUARTE, Eduardo de Assis (Org.). *Literatura e afrodescendência no Brasil*: antologia crítica. Belo Horizonte: Editora UFMG, 2011. v. 1: Precursores; LAJOLO, Marisa. Poesia no quarto de despejo, ou um ramo de rosas para Carolina. In: BOM MEIHY, José Carlos Sebe (Org.). *Antologia pessoal, op. cit.*; SANTOS, Joel Rufino dos. *Carolina Maria de Jesus*: uma escritora improvável. Rio de Janeiro: Garamond, 2009; SANTOS, Joel Rufino. *Épuras do social*: como podem os intelectuais trabalhar para os pobres. São Paulo: Global, 2004; VOGT, Carlos. Trabalho, pobreza e trabalho intelectual – o Quarto de despejo de Carolina Maria de Jesus. In: SCHWARZ, Roberto (Org.). *Os pobres na literatura brasileira*. São Paulo: Brasiliense, 1983; <www.letras.ufmg.br/literafro>.

Romeu Crusoé
Maria do Rosário A. Pereira

Romeu Crusoé nasceu em 14 de março de 1915 na cidade de Petrolina (PE). Mais tarde, fixou residência no Rio de Janeiro, onde escreveu para o rádio e para a televisão. Participou do Teatro Experimental do Negro (TEN), para o qual escreveu várias peças. Delas, pelo menos duas permanecem inéditas (*A filha inimiga*, de 1955, e *O falecido*, de 1957) e uma, *O castigo de Oxalá*, foi encenada pelo grupo Os Peregrinos, em 1961, e faz parte da coletânea organizada por Abdias Nascimento e publicada neste mesmo ano.

PRINCIPAIS PUBLICAÇÕES

A maldição de Canaan. Rio de Janeiro: Irmãos Di Giorgio e Cia., 1951. 2. ed., 1955.

O castigo de Oxalá, peça em três atos. In: NASCIMENTO, Abdias (Org.). *Dramas para negros e prólogo para brancos*. Rio de Janeiro: Teatro Experimental do Negro, 1961.

Crusoé estreou na literatura em 1951 com o romance *A maldição de Canaan*, centrado no drama do negro oprimido pelo preconceito. Segundo Oswaldo de Camargo (1987), é o primeiro romance a quebrar o longo silêncio literário de autores negros que se seguem a Lima Barreto. Para David Brookshaw (1983), o texto "foi escrito num clima de tensão racial, surgindo a primeira edição no mesmo ano em que os eventos levaram à aprovação da lei Afonso Arinos". Até então, muitos espaços refinados, como hotéis e restaurantes de luxo, não permitiam a entrada de negros, o que levou a inúmeras manifestações públicas até a aprovação da lei que enquadra o racismo como crime. Na obra, o personagem central sofre a discriminação de cor, assim como a praticada no país, disfarçada em cordialidade. Ricardo conduz a narrativa em forma de confissão, narrando suas experiências no meio social dominado pela hegemonia branca, tanto no interior como na capital. A trajetória de Ricardo aponta para a "dupla consciência" de ser negro e, ao mesmo tempo, tentar ser um cidadão brasileiro comum:

> Pois ali, na cidade pequena, conheci pessoas de coração simples e bom, que me consideravam, porque, puros de alma, desconheciam o preconceito; mas havia alguns que me tratavam bem, por quererem mostrar-se e mostrar-se bons. [...]; outros tratavam-me polidamente, mas com sobranceria, afastados, impondo-me distância, como se estivessem fazendo-me o supremo favor em cumprimentar-me [...]. Enfim, os abomináveis racistas. (1951, p. 227)

Fontes de consulta: BORBA, Osório. Apresentação. In: CRUSOÉ, Romeu. *A maldição de Canaan*, op. cit.; BROOKSHAW, David. *Raça e cor na literatura brasileira*. Porto Alegre: Mercado Aberto, 1983; CAMARGO, Oswaldo de. *O negro escrito*: apontamentos sobre a presença do negro na literatura brasileira. São Paulo: Secretaria de Estado da Cultura, 1987; WASSERMAN, Renata. Romeu Crusoé. In: DUARTE, Eduardo de Assis (Org.). *Literatura e afrodescendência no Brasil*: antologia crítica. Belo Horizonte: Editora UFMG, 2011, v. 1: Precursores; <www.letras.ufmg.br/literafro>.

Mestre Didi
Giovanna Soalheiro Pinheiro

Deoscóredes Maximiliano dos Santos — Mestre Didi — nasceu em 2 de dezembro de 1917, em Salvador, Bahia. Descendente da tradicional família Asipa, originária de Ketu, cidade do império Iorubá, desde a sua infância, esteve envolvido com importantes personalidades associadas à preservação e manutenção da religião e da cultura africana no Brasil. Sua tetravó, D. Marcelina da Silva, foi uma das fundadoras da primeira casa de tradição nagô na Bahia, o Ilê Ase Aira Intile, depois Ilê Iya Nassô. Mais tarde, o Mestre construiu seu próprio terreiro, dando continuidade à tradição nagô da religião afro-brasileira. Em 1967, com a ajuda da Unesco, visitou a Nigéria e o Daomé, a fim de realizar estudos comparativos entre a tradição dos orixás da Bahia e da África. Mestre Didi foi fundador, em 1974, da Sociedade de Estudos da Cultura Negra no Brasil (SECNEB) e, em 1976, da Minicomunidade Infantojuvenil Oba Biyi. Em 1986, lançou a Sociedade Cultural e Religiosa Ilê Asipa e, no ano seguinte, o Instituto Nacional da Tradição e Cultura Afro-Brasileira (Intecab). Figura, sem dúvida, entre os mais destacados intelectuais negros brasileiros do século XX, tendo publicado ficção, dicionários e estudos sobre a resistência das culturas de matriz africana no Brasil.

Suas esculturas, consideradas como recriações e interpretações pessoais dos símbolos dos orixás, já foram expostas em museus e galerias de arte de vários países. Participou, em 1996, da XXIII Bienal de São Paulo. Em 1999, recebeu o tí-

PRINCIPAIS PUBLICAÇÕES

Contos negros da Bahia. Rio de Janeiro: GRD, 1961.

Contos de nagô. Rio de Janeiro: GRD, 1962.

Contos crioulos da Bahia, narrados por Mestre Didi. Petrópolis: Vozes, 1976.

Contos de Mestre Didi. Rio de Janeiro: Codecri, 1981.

Contos negros da Bahia e contos de nagô. 2ª ed. Salvador: Corrupio, 2003.

tulo de Doutor *Honoris Causa* pela Universidade Federal da Bahia. Sua obra pode ser vista como símbolo de um universo repleto de magia e riqueza ancestral em que se revela 'o saber do povo': "a tradição mais nobre e bela da Literatura Brasileira", conforme atesta Jorge Amado. Nota-se, em seu processo de composição, uma percepção simbólica da vida e dos hábitos socioculturais africanos. Segundo Juana Elbein dos Santos, na obra do autor não há dicotomia entre as artes, uma vez que estas são miscelâneas entre as várias maneiras de perceber a cultura afro-brasileira. A mitologia dos orixás, a religiosidade, a literatura oral e os símbolos estão, todos, na base da estrutura artística, sendo possível notar que, em grande medida, uma está contida na outra. Nos dizeres de Jorge Amado, Didi era depositário:

> não apenas dos segredos das ervas sagradas, de cada planta brasileira, não apenas dos segredos mais profundos da linha de Ifá (e será possivelmente ele hoje, no mundo das seitas afro-brasileiras, a mais alta autoridade nesse mágico mundo do Ifá), mas também das histórias e fábulas através das quais a massa negra, depois mulata, primeiro escrava e depois pobre, expressa sua vida, sua dor, sua luta, sua esperança. (2003, p. 17)

As narrativas presentes na obra de Mestre Didi, em sua grande maioria, estão permeadas pelo imaginário mágico-religioso das tradições as quais nos referimos. Xangô, Exu, Yemanjá, Ogum, Ibeji, Oxalá, Oxumaré, em meio a muitos outros, são os orixás mais retratados na obra do autor. São variantes de mitos, recriados por várias gerações e repassadas com a admirável sabedoria ao povo. Cita-se, para ilustrar a sua obra, a narrativa "Orixá Ibeji, Cosme e Damião", na qual há o comparecimento do sincretismo religioso e, além disso, a presença da própria tradição oral ecoada pela voz de Caetana, uma senhora de "idade bastante avançada", filha de africanos. A personagem e também o narrador configuram um painel da cultura da África ancestral e sua difusão nos territórios brasileiros, sobretudo no baiano:

Cosme e Damião era menino cumu ocês tudo é, mai moreu feito. Preste atenção: Cosme e Damião nasceu in larubáwa (Arábia), foi dôs irmãos mabáço, todo dôs era doutô, curava gente, gostava muito do pobre, dava muita esmola e num ligava pra dinheiro, até qui um dia levantarum farço a ele e o rei daquela téra mando cortá a cabeça de todo dôs. Dipôs copo dele tudo foi pra Roma, lá todo dôs viro santo e teve uma casa cum nome Igreja (Ilê Orixá Ibeji – Casa dos santos Dois Dois). Daí pur diante, no dia de hoji, todu mundu bancu, nego, mulatu, todu, raça de gente faz caruru, efó, acarajé, abará e chama gente conhecida pra cume, e diz ta fazendo festa pra minino Cosme e Damião. Só nós Omo Ketu, qui só faz brigação dele da festa de Oxun purque mai veiu dizia qui Eledá, o Criador dele, foi Oxun purisso inté hoje se diz qui mãe de orixá Ibeji é Oxun. (2003, p. 191)

Estilisticamente, o autor-narrador incorpora a fala do Outro e recodifica a linguagem escrita, caracterizando-a pelo viés da oralidade, numa atitude política de uso intencional da "língua errada/língua certa do povo", como defendiam os modernistas. Assim, a voz da tradição se faz presente e intensifica o conto, dando pulsão criativa e valorativa à herança que vem dos narradores da tradição afro-brasileira. Neste diálogo do eu que escreve com o nós coletivo reside um dos fundamentos centrais de sua arte. O autor faleceu na Bahia em 6 de outubro de 2013, aos 95 anos, deixando dezenas de histórias como herança literária.

Fontes de consulta: AMADO, Jorge. Didi e o saber do povo. Prefácio. In: *Contos negros da Bahia*, op. cit.; CASA NOVA, Vera. Mestre Didi. In: DUARTE, Eduardo de Assis (Org.). *Literatura e afrodescendência no Brasil*. Belo Horizonte: Editora UFMG, 2011. v. 1: Precursores; SODRÉ, Muniz. Prefácio. In: *Contos crioulos da Bahia*, cit.; SODRÉ, Muniz. Prefácio. In: *Contos de Mestre Didi*, cit.; SANTOS, Juliana Elbein. A expressão oral na cultura negro-africana e brasileira. In: *Contos crioulos da Bahia*, op. cit.; SANTOS, Juliana Elbein (Org.). *Ancestralidade africana no Brasil – Mestre Didi 80 Anos*. Salvador: SECNEB, 1997; <www.letras.ufmg.br/literafro>.

Ruth Guimarães
Marina Luiza Horta

PRINCIPAIS PUBLICAÇÕES

Água funda. Porto Alegre: Edição da Livraria do Globo, 1946. 2ª ed. Rio de Janeiro: Nova Fronteira, 2003.

Os filhos do medo. Porto Alegre: Globo, 1950.

Contos de cidadezinha. Lorena: Centro Cultural Teresa D'Ávila, 1996.

Lendas e fábulas do Brasil. São Paulo: Cultrix, 1972.

Calidoscópio — A saga de Pedro Malazarte. São José dos Campos: JAC Editora, 2006.

Histórias de onça. São Paulo: Usina de Ideias, 2008.

Compadre Jabu — histórias de jabuti. São Paulo: Usina de Ideias, 2008.

Poeta, romancista, contista, cronista, jornalista, teatróloga e tradutora, Ruth Guimarães nasceu em Cachoeira Paulista (SP), em 13 de junho de 1920. Lecionou Língua Portuguesa por mais de 30 anos em escolas da rede pública de São Paulo. A vida literária começou cedo. Revelou-se poeta aos 10 anos de idade, com publicações nos jornais A *Região* e A *Notícia*, ambos de circulação local. Aos 18 anos, mudou-se para a capital paulista a fim de prosseguir os estudos na USP, instituição em que concluiu os cursos de Filosofia e, mais tarde, de Letras Clássicas. Cursou também Folclore e Estética.

Como jornalista, colaborou na imprensa paulista e carioca, mantendo também, por vários anos, uma seção permanente de literatura nas páginas da *Revista do Globo*, de Porto Alegre, em que resenhava livros, mantinha um concurso de contos e publicava seus primeiros textos literários e traduções. Escreveu também crônicas e críticas literárias nas páginas de *Correio Paulistano*, *A Gazeta*, *Diário de São Paulo*, *Folha de Manhã* e *Folha de S.Paulo*.

Foi como romancista, entretanto, que Ruth Guimarães conseguiu projeção nacional, afirmando-se como uma das primeiras mulheres negras a ganhar destaque no cenário literário. Em 1946, publicou *Água funda*, obra aplaudida por Antonio Candido e por Nelson Werneck Sodré. Em apresentação à obra da autora, no Museu Afro Brasil, em 2007, Oswaldo de Camargo afirmou que o romance

> oferece ao leitor uma intensa viagem pelo universo caipira da fazenda Olhos D'água, localizada em uma cidadezinha do interior mineiro, aos pés da Serra da Mantiqueira. O mundo de atmosfera mágica por onde desfilam senhores e sinhás, contadores de casos, ou causos, e no qual a superstição e o sobrenatural muitas vezes orientam a vida cotidiana (apresentação da autora durante debate no Museu Afro Brasil, em 2007).

Água funda remete ao período da escravidão e destaca a forma desumana com que eram tratados os negros cativos. Ganha relevo na trama, a passagem da compra de uma cozinheira — Joana — que foi para a fazenda sozinha, mesmo sendo casada. Apesar dos apelos do feitor e da própria filha, a sinhá é irredutível e não permite a ida do esposo, que vivia como escravo numa propriedade vizinha. Diante da insistência em favor da negra, ela dispara:

> — Ora, seu Joaquim Dias! O senhor, um homem acostumado a lidar com escravo, com esses dengues!... Vai ver que foi ela que andou chorando prele vir. Descanse homem. Aqui não vai faltar macho pra ela.
> O capataz não disse mais nada. Ficou bobo com a brutalidade da sinhá. (Guimarães, 2003, p. 22)

Deste modo, mesmo sem se ater a uma postura de crítica social explícita ou de fazer de seu romance um libelo contra a escravidão e o preconceito racial, a autora coloca em cores vivas as relações entre brancos e negros preponderantes durante o regime servil.

Estudiosa da cultura popular, principalmente do folclore, e autora de diversas obras que valorizam essa vertente da cultura brasileira, Guimarães teve como mestre Mario de Andrade. Segundo a própria, o escritor foi o grande responsável por apresentá-la melhor ao folclore brasileiro. É nesse universo folclórico que grande parte da obra da autora perpassa.

Entre suas dezenas de publicações, destacam-se, além de *Água funda*, *Calidoscópio — a saga de Pedro Malazarte*, *Lendas e fábulas do Brasil*, *Contos de cidadezinha* e o ensaio *Os filhos do medo*, em que pesquisa o folclore existente no Brasil sobre a figura do diabo. Ruth Guimarães ainda traduziu Balzac, Dostoiévski, Daudet e Apuleio, além de ser autora de um importante dicionário de Mitologia Grega.

Em 18 de setembro de 2008, a escritora foi empossada na Academia Paulista de Letras e eleita imortal em 5 de junho do mesmo ano. Ruth Guimarães também integrou importantes entidades culturais, como o Centro de Pesquisas Folclóricas Mario de Andrade e a Sociedade Paulista de Escritores. A autora faleceu em 21 de maio de 2014, aos 93 anos.

Fontes de consulta: CANDIDO, Antonio. Prefácio. In: GUIMARÃES, Ruth. *Água funda, op. cit.*; CRUZ, Adélcio de Sousa. Ruth Guimarães. In: DUARTE, Eduardo de Assis (Org.). *Literatura e afrodescendência no Brasil*: antologia crítica. Belo Horizonte: Editora UFMG, 2011. v. 1: Precursores; LINS, Álvaro. *Jornal de crítica*, sexta série. Rio de Janeiro: José Olympio, 1948; MILLIET, Sérgio. *Diário crítico III*. São Paulo: Martins-Edusp, 1981; MOTT, Maria Lúcia de Barros. *Escritoras negras*: resgatando nossa história. Rio de Janeiro: CIEC/UFRJ, 1989. (Série Papéis Avulsos, 13); PAES, José Paulo. Uma contista do interior. In: *O lugar do outro*. Rio de Janeiro: Topbooks, 1999; <www.letras.ufmg.br/literafro>.

Raymundo de Souza Dantas
Marina Luiza Horta

PRINCIPAIS PUBLICAÇÕES

Sete palmos de terra. Rio de Janeiro: Vitória, 1944.

Agonia. Curitiba: Guaíra, 1945.

Solidão nos campos. Rio de Janeiro: Globo, 1949.

Vigília da noite. Rio de Janeiro: Edições da Revista Branca, 1949.

A infância pobre e a alfabetização tardia não impediram que Raymundo de Souza Dantas seguisse a carreira literária. Escritor, jornalista, funcionário público e embaixador, Souza Dantas nasceu em Estância, interior de Sergipe, em 11 de janeiro de 1923. Filho de pais analfabetos, Reis Café Souza Dantas (pintor) e Porfíria Conceição Dantas (lavadeira), permaneceu na escola por poucos meses, devido às dificuldades financeiras da família, chefiada pela mãe e composta por mais dois irmãos.

Aos 16 anos, começou a atuar como tipógrafo em Aracaju, no *Jornal de Sergipe*, época em que tem seguimento seu processo de alfabetização. Essa trajetória está narrada no livro *Um começo de vida*, depoimento biográfico publicado em 1949 pela Campanha de Educação de Adultos do Ministério da Educação e Saúde. Na obra em questão, o autor revela ter passado por várias dificuldades e humilhações por não saber ler nem fazer contas.

Aos 18 anos, o escritor se mudou para o Rio de Janeiro, onde se aproximou cada vez mais da Literatura. Em 1942, passou a colaborar com as revistas *Vamos Ler* e *Carioca*. Atuou também como revisor de uma editora de livros infantis e no *Diário Carioca*. Em 1944, publicou o primeiro livro, *Sete palmos de terra*. O romance, escrito numa linguagem simples, traz recordações de sua terra natal — Estância —, com destaque para as secas e enchentes do rio Piauitinga, além de antigos problemas sociais e políticos.

Como jornalista, Raymundo de Souza Dantas integrou as redações dos jornais *A Noite, Jornal do Brasil, O Estado de São Paulo, Dom Casmurro, Leitura*, entre outros. Foi membro da Secretaria de Departamento de Radiojornalismo da Rádio Nacional (Fundação Centro Brasileiro de TV — Educativa) como assessor especial, atuando também como debatedor do programa de entrevistas *Sem Censura*.

O escritor assina ainda a autoria de *Agonia*, compilação de contos publicada em 1945, que traz memórias da infância, além de outros vestígios autobiográficos, como no restante da obra. É o que pode ser percebido também na publicação do diário *África difícil: missão condenada* (1965).

Um começo de vida. Rio de Janeiro: Campanha de Educação de Adultos, Ministério da Educação e Saudade, 1949.

Reflexões dos trinta anos. Rio de Janeiro: Ministério da Educação e Cultura, 1958.

O lado da sombra. Rio de Janeiro: Gráfica Tupy Editora, 1961.

África difícil: missão condenada. Rio de Janeiro: Leitura, 1965.

Este conta com o relato das experiências de Souza Dantas frente à Embaixada em Gana e traz muito da cultura africana e sua influência na sociedade brasileira. Nele, encontra-se o registro de suas pesquisas e contato com os descendentes de escravos repatriados no Brasil, bem como as dificuldades enfrentadas na carreira diplomática. Essa obra é responsável por divulgar os estudos sobre uma comunidade fundada por brasileiros em Acra, viabilizando um importante trabalho de documentação sobre aspectos de história afro-brasileira. O escritor fora nomeado, pelo presidente Jânio Quadros, como embaixador do Brasil em Gana, sendo o primeiro e, até então, único negro do país a ocupar cargo tão relevante.

Além de diplomata, foi assistente de educação e técnico de assuntos educacionais, organizando, em 1968, o Setor de Relações Públicas do Ministério da Educação e Cultura, onde chefiou os setores de Imprensa e Divulgação. No mesmo ano, foi membro do Conselho Nacional do Cinema, e compôs, na década seguinte, o Conselho Estadual de Cultura do Rio de Janeiro. Integrou, em 1966, o I Festival de Artes Negras, em Dakar, representando o Brasil e, em 1967, participou do II Congresso das Comunidades Negras de Cultura Portuguesa realizado em Moçambique.

O romance Solidão nos campos, publicado em 1949, narra a história de um homem imbuído de paixões e de dificuldades para lidar com momentos decisivos de sua vida. No mesmo ano, vem à tona Vigília da noite, novela baseada em um salmo bíblico, que tem como protagonista uma personagem descrente em Deus e voltada apenas para a satisfação de seus instintos. A presença de personagens masculinas que atravessam dificuldades e conflitos internos perpassa por toda a obra do escritor. Podem-se encontrar, novamente, traços autobiográficos em Reflexões dos trinta anos, de 1958. Composto por fragmentos, o livro, como o próprio título sugere, apresenta reflexões de um homem que, ao se assumir em uma idade madura, revê toda a sua trajetória. É ainda de sua autoria O lado da sombra, publicado em 1961.

O escritor faleceu em 8 de março de 2002, no Rio de Janeiro, aos 79 anos, sendo condecorado com a Medalha do Pacificador, como Oficial da Ordem Nacional do Senegal, com a Medalha Silvio Romero e com a Medalha Santos Dumont.

Fontes de consulta: MILLIET, Sérgio. *Diário crítico IV*. 2ª ed. São Paulo: Martins-Edusp, 1981; JUREMA, Aderbal. *Poetas e romancistas do nosso tempo*. Rio de Janeiro: [s.n.], 1953; SANTOS, Gilfrancisco. Raimundo de Souza Dantas. In: DUARTE, Eduardo de Assis (Org.). *Literatura e afrodescendência no Brasil*: antologia crítica. Belo Horizonte: Editora UFMG, 2011. v. 1: Precursores; <www.letras.ufmg.br/literafro>.

Eduardo de Oliveira
Giovanna Soalheiro Pinheiro

Eduardo de Oliveira nasceu em São Paulo, capital, em 6 de agosto de 1926. Foi advogado, jornalista e professor, tendo sido vereador em sua cidade por uma legislatura. Como poeta, estreou em 1944, com *Além do pó*, tendo publicado diversos outros títulos nas décadas seguintes. A maior parte de sua produção poética é composta por sonetos e outras formas fixas consagradas. Eduardo de Oliveira dedicou-se também à música, sendo autor de letra e partitura do Hino 13 de Maio — Cântico da Abolição, oficializado pelo Congresso Nacional. Em 1978, participou do histórico primeiro número da série *Cadernos Negros*, no qual inseriu o poema "Túnica de Ébano", que, mais tarde, serviria de título ao volume publicado em 1980. Está presente ainda em várias antologias. Em 1988, escreveu *A cólera dos generosos*, texto político alusivo ao centenário da Abolição. E, em 1998, trouxe a público a enciclopédia *Quem é quem na negritude brasileira*, obra de grande relevância para o mapeamento da produção intelectual dos afro-brasileiros, bem como de todos os que se destacam em diferentes

PRINCIPAIS PUBLICAÇÕES

Além do pó.
[S.l]: [s.n], 1944.
2ª ed. São Paulo: Bentivegnia, 1960.

Ancoradouro.
São Paulo: Gráf. Bentivegnia, 1960.

O ébano.
São Paulo: Mar, 1961.

Banzo.
São Paulo: Editora Brasil, 1962. 2ª ed. São Paulo: Duas Cidades, 1965.

Gestas líricas da negritude. São Paulo: Obelisco, 1967.

Evangelho da solidão.
São Paulo: Obelisco, 1969.

Evangelho da solidão: dez anos de poesia 1958-1968.
São Paulo: Cupolo, 1969.

Túnica de ébano.
São Paulo: Tribuna
Piracicabana, 1980.

Carrossel de sonetos.
[s.l.]: [s.n], 1994.

espaços de afirmação social. Eduardo de Oliveira faleceu em 12 de julho de 2012.

Negritude é um dos principais termos empregados em sua expressão artística que, em grande medida, torna-se um símbolo caracterizador de uma consciência arraigada inerente à sua condição de afrodescendente. Em *Gestas líricas da negritude* (1967), por exemplo, é possível vislumbrar seu projeto literário como síntese da recepção da negritude no Brasil. Segundo Lígia F. Ferreira (2006), "a palavra aparece pela primeira vez em 1939, na obra do poeta francófono Aimé Césaire, espécie de meditação poética e política, nas quais se entrelaçam, entre ruptura e programa, os fios de uma experiência pessoal e da existência torturada de uma raça". Nesse sentido, a nova tomada de consciência seria acompanhada de um desejo constante de resgate dos sinais permanentes deixados na mente e na alma do povo negro.

Na poesia de Oliveira reverbera-se uma paz universal que vem da vontade de ser negro, de um desejo de querer-se na beleza imagética da poesia. Por isso tanta leveza, que, de certa forma, contradiz uma parte da história vivida pelos povos de origem africana no Brasil. A gesta, para a produção afro-brasileira, é épica e lírica ao mesmo tempo, pois reflete a luta por um ideal, o resgate das próprias raízes como necessidade vital, e a subjetividade de um canto que retoma o imaginário de um mundo deixado de lado, posto em segundo plano. O poema homônimo "Gestas líricas da negritude" é exemplar nesse sentido, uma vez que propala a fraternidade presente nas vozes negras espalhadas pelos quatro cantos do planeta:

> Eu quero ser no mundo uma atitude
> de afirmação que, unicamente, cante
> com poderosa voz tonitroante,
> A Gesta Lírica da Negritude...
>
> Serei na vida o intransigente amante
> de sua nobiliárquica virtude,
>
> e, como alguém que entoa ao alaúde uma canção, eu seguirei adiante...
>
> Eu seguirei feliz, de braços dados
> com meus irmãos dos cinco continentes...
> que a todos amam, porque são amados.
> E quando se ama a Humanidade inteira,
> os ideais — por mais nobres, mais ardentes
>
> irmanam-se numa única bandeira. (Oliveira, 1967, p. 43)

No poema, a relação com os ideais da negritude é muito evidente. A voz necessária à produção do canto torna-se um instrumento aliado ao som dos alaúdes. A universalidade da composição de Oliveira está não somente vinculada à temática, mas em poder abraçar os irmãos de cor dos "cinco continentes". A "bandeira", símbolo caracterizador de um estado soberano, encontra no último verso do poema o seu sentido mais autêntico e esclarecedor: o de fazer do canto/poesia a verdadeira pátria daqueles que vivem, simbolicamente, um duplo lugar. A poética do escritor, assim, é delineada de forma semelhante à de muitos dos seus contemporâneos. Conforme as concepções de David Brookshaw, o poeta caminha em direção a Cruz e Sousa e Oswaldo de Camargo, "no que tange à descrição disfarçada do isolamento do negro no mundo branco" (1983, p. 188). Eis o sentido simbólico de sua criação, que mescla elementos culturais pertencentes ao universo ocidental, assim como ao africano.

Fontes de consulta: ADOLFO, Sérgio Paulo. Eduardo de Oliveira. In: DUARTE, Eduardo de Assis (Org.). *Literatura e afrodescendência no Brasil*: antologia crítica. Belo Horizonte: Editora UFMG, 2011. v. 1: Precursores; BROOKSHAW, David. *Raça e cor na literatura brasileira*. Porto Alegre: Mercado Aberto, 1983; CAMARGO, Oswaldo de. *O negro escrito*: apontamentos sobre a presença do negro na literatura brasileira. São: Imprensa Oficial, 1987; FERREIRA, Lígia Fonseca. Negritude, Negridade, Negrícia. Via Atlântica, n. 9, USP, 2006; RODRIGUES, Ironides. O transcendentalismo poético e simbólico na poesia negra de Eduardo de Oliveira. Afrodiásporas – Revista de Estudos do Mundo Negro. Ano 3, n. 6 e 7, abr./dez. 1985; MENEZES, Raimundo de. Dicionário literário brasileiro. São Paulo: Saraiva, 1969. v. IV; <www.letras.ufmg.br/literafro>.

Carlos de Assumpção
Eduardo de Assis Duarte

PRINCIPAIS PUBLICAÇÕES

Protesto-poemas. São Paulo: Ed. do Autor, 1982. (2ª ed. ampliada. Franca: Unesp, 1988).

Quilombo. Franca: Ed. do Autor/ Unesp, 2000.

Tambores da noite. São Paulo: Coletivo Cultural Poesia na Brasa, 2009.

Carlos de Assumpção é paulista, nascido na pequena cidade de Tietê, em 23 de maio de 1927. Desde muito jovem, fixou residência em Franca, onde se diplomou em Letras e Direito. Foi colaborador da revista literária Veredas, do suplemento cultural Arte Agora e do suplemento cultural do Diário Oficial do Estado de São Paulo. Na década de 1950, pontificou nos meios culturais paulistanos como orador, sendo homenageado pela Associação Cultural do Negro por ocasião do 70º aniversário da Abolição. Seu poema "Protesto" marcou época e simbolizou a ascensão da intelectualidade afrodescendente, tornando-se referência obrigatória para as novas gerações.

Poeta bissexto, seus textos integram antologias brasileiras e estrangeiras. Em sua autoapresentação, no número 7 de Cadernos Negros, afirma acreditar que "um dia seremos realmente todos irmãos. Contudo, a concretização desse anseio, deste sonho de muitos dependerá da luta de todos os homens..." (1984, p. 18). Nessa linha, constrói um sujeito de enunciação assumidamente negro e uma poesia marcada pela retórica de combate ao racismo: "Eu sou a noite/ Sem destino/ Esbofeteada pelo vento/ Nesta selva branca/ Noite que procura caminho/ Como o faminto/ Procura o pão/ Noite/ Que conserva/ Orgulhosamente/ A despeito de tudo/ Um punhado de estrelas/ em cada mão" (2009, p. 98). Em 1998, lançou em coautoria com o poeta Cuti o CD "Quilombo de Palavras", em que fica patente o diálogo com herança poética da tradição oral africana. Esse impulso para a poesia falada ou cantada vem de uma ancestralidade milenar, mas se atualiza em versos que bem poderiam estar presentes num *rap* do século XXI: "É Zum/ É Zum/ É Zum/ É Zumbi/ É Zumbi de Ogum/ Guerreiro de Ogum/Aqui".

Fontes de consulta: ALVES, Henrique L. Reflexões de um protesto. In: ASSUMPÇÃO, Carlos de *Protesto*, 2ª ed., *op. cit.*; CAMARGO, Oswaldo de. *O negro escrito*. São Paulo: Secretaria do Estado da Cultura, 1987; DUARTE, Eduardo de Assis. Carlos de Assumpção. In: DUARTE, Eduardo de Assis (Org.). *Literatura e afrodescendência no Brasil*: antologia crítica. Belo Horizonte: Editora UFMG, 2011. v. 1: Precursores; *Enciclopédia de literatura brasileira*. Direção de A. Coutinho e J. Galante de Sousa. 2ª ed. rev., ampl., sob coordenação de Graça Coutinho e Rita Moutinho. São Paulo: Global Editora; Rio de Janeiro: Fundação Biblioteca Nacional/DNL: ABL, 2001. v. I; OLIVEIRA, Luiz Cruz de. *A caminhada do poeta*. Franca (SP): Ribeirão Gráfica e Editora, 2007; <www.letras.ufmg.br/literafro>.

Mãe Beata de Yemonjá
Giovanna Soalheiro Pinheiro

Mãe Beata de Yemonjá, nome pelo qual é conhecida Beatriz Moreira Costa, nasceu em Salvador (BA), em 20 de janeiro de 1931, radicando-se posteriormente em Miguel Couto, na Baixada Fluminense. Neta de portugueses e africanos escravizados, passou a infância nos arrabaldes de Cachoeira do Paraguassu, em seu estado natal, onde toma contato com o rico acervo cultural afrodescendente. Ialorixá do Ilê Omi oju Aro, casa das Águas dos olhos de Oxossi, Mãe Beata transformou-se

PRINCIPAIS PUBLICAÇÕES

Caroço de dendê.
2ª ed. Rio de Janeiro: Pallas, 2002.

Histórias que a minha avó contava.
São Paulo: Terceira Margem/CESA, 2004.

em umas das mais celebradas personalidades do candomblé e da sociedade civil do Rio de Janeiro.

Em seus contos, entremeia ficção e memória ancestral preservada na oralidade, elementos que terminam por delinear seu estilo de construção literária. Em *Caroço de dendê* e *Histórias que minha avó contava*, tem-se a mitologia dos orixás pontuando grande parte de suas narrativas, ora em planos primários, ora em secundários. Na composição da escritora, pode-se observar um elo entre a narração popular e o objeto mágico-religioso, o que configura tanto os mitos de criação e de origem quanto as narrativas moralistas, com ensinamentos para toda a comunidade. Os textos resguardam e revelam os primeiros heróis dos povos de origem africana, a transformação de homens em deuses, os sonhos, o amor, o ódio, o nascimento das árvores, das águas, dos montes e, por fim, a gênese do universo e dos valores oriundos uma voz coletiva afrodescendente, tendo como fio condutor a vivência nos terreiros de candomblé. Sua escrita é mantenedora da tradição das contadoras africanas que, na sociedade colonial, andavam pelas casas-grandes e senzalas narrando suas histórias. A exemplo dos mitos gregos e romanos de fundação ou de origem, Mãe Beata remete seus leitores aos começos do mundo pela via da tradição africana, narrando a origem dos seres e das coisas a partir de um ponto de vista afroidentificado, a fim de deixar impressa a crença nos orixás e de valorizar a diversificada cultura afro-brasileira.

Fontes de consulta: EVARISTO, Conceição. Mãe Beata de Yemonjá. In: DUARTE, Eduardo de Assis. (Org.). *Literatura e afrodescendência no Brasil*: antologia crítica. Belo Horizonte: Editora UFMG, 2011. v. 2: Consolidação; PRANDI, Reginaldo. *Mitologias dos Orixás*. São Paulo: Editora Companhia das Letras, 2005; SAMPAIO, André. Contos de Mãe Beata de Yemonjá: tradição oral e candomblé. *Revista África e africanidades*, Ano I, n. 2, 2008. (virtual); SILVA, Glória C. Souza. *Os fios dos contos de Mãe Beata de Yemonjá*. Dissertação (Mestrado em Educação) – Uerj, Rio de Janeiro, 2008; <www.letras.ufmg.br/literafro>.

Oswaldo de Camargo
Marcos Fabrício Lopes da Silva

Nascido em Bragança Paulista (SP), em 24 de outubro de 1936, Oswaldo de Camargo, além de jornalista e publicitário, construiu sólida carreira como poeta, ficcionista, ensaísta e pesquisador, sendo um dos mais destacados nomes da literatura afro-brasileira. Além de sólida formação religiosa no Seminário Menor Nossa Senhora da Paz, em São José do Rio Preto (SP), Camargo teve, inicialmente, contato com a poesia parnasiana e, mais adiante, passou a se identificar com o estilo poético de Carlos Drummond de Andrade. Aos 16 anos, escreveu Vozes da montanha, livro de poemas até hoje inédito.

Ao se mudar para a capital paulista, sua formação musical lhe possibilita atuar como organista da Igreja de Nossa Senhora do Rosário dos Homens Pretos. No suplemento literário do Correio Paulistano, participa como colaborador. Ainda como jornalista, passa a atuar, em 1959, como revisor de O Estado de São Paulo. Neste mesmo ano, publica o primeiro livro, Um homem tenta ser anjo, com poemas de nítida inspiração católica, que obteve boa aceitação por parte da crítica.

Em 1961, veio a público o segundo livro, intitulado 15 poemas negros, que contou com o especial prefácio do sociólogo Florestan Fernandes. Os desdobramentos literários do movimento modernista, em 1922, foram sentidos por Camargo, que foi intensificando as atividades literárias em sintonia com a participação social. O escritor envolveu-se ativamente com a Associação Cultural do Negro, ocupando o cargo de diretor do Depar-

PRINCIPAIS PUBLICAÇÕES

Um homem tenta ser anjo. São Paulo: Supertipo, 1959.

15 poemas negros. São Paulo: Ed. da Associação Cultural do Negro, 1961.

O carro do êxito. São Paulo: Martins, 1972.

A descoberta do frio. São Paulo: Edições Populares, 1979. 2ª ed. São Paulo: Ateliê, 2011.

O estranho. São Paulo: Roswita Kempf, 1984.

O negro escrito. São Paulo: Secretaria do Estado da Cultura, 1987.

tamento de Cultura. Na imprensa negra, teve participação nos jornais *Novo Horizonte*, *Níger* e *O Ébano*.

Na década de 1970, Oswaldo de Camargo publica o volume de contos *O carro do êxito*, que, na opinião do crítico David Brookshaw, se revela como o "primeiro exemplo de literatura baseada na vida negra". Oferecendo extensão a tal temática, o escritor, em 1979, lança a novela A *descoberta do frio*. Nesse livro, são relatados os conflitos vividos pela população afrodescendente, encarnada em personagens que vivem na pele as dificuldades para serem incluídos no processo de desenvolvimento econômico do país. Diferentemente da percepção que consagrou a cidade de São Paulo como polo irradiador de progresso e centro de oportunidade para todos, o escritor revela o lado sombrio do *modus vivendi* da capital paulista, relacionado com a discriminação étnico-racial que afeta a rota de afirmação identitária dos personagens de Camargo.

Um dos grandes momentos da carreira literária de Oswaldo de Camargo foi a sua participação no primeiro número de *Cadernos Negros*, em 1978. O autor, juntamente com Paulo Colina, Abelardo Rodrigues e demais intelectuais afro-brasileiros, atuou nessa frente cultural e de engajamento étnico, protagonizando um marco editorial importante para a consolidação da tradição afroliterária no país. *O estranho*, de 1984, se revela como outro feito poético de Camargo.

Oswaldo de Camargo foi responsável pela seleção e organização da antologia A *razão da chama*, lançada em 1986. Na mencionada publicação, foram reunidos estilos diversos que compõem a trajetória literária afro-brasileira: de Domingos Caldas Barbosa a autores dos anos 1970 e 1980. Trata-se de volume endereçado à composição de uma linha de desenvolvimento histórico acerca da produção afrodescendente efetivada em nossas terras. Nesta linha, publica, em 1987, *O negro escrito: apontamentos sobre a presença do negro na literatura brasileira*, um grande marco editorial, pois ali se encontra, após um trabalho notável de pesquisa, um importante resgate histórico e de memória cultural acerca da produção letrada afro-brasileira, desde seus começos até o decorrer do século XX. Como critério de seleção dos nomes e das obras, Camargo buscou valorizar esteticamente a qualidade textual, além de reconhecer a quantidade considerável de publicações lançadas individualmente pelos escritores negros. Referência obrigatória para o estudo da literatura afro-brasileira, uma nova edição de O negro escrito se faz necessária pela abrangência e relevância da pesquisa.

Acessando o universo literário de Oswaldo de Camargo, temos, como exemplo emblemático do tratamento literário direcionado à temática negra, o poema "Em maio", publicado originalmente no jornal O Estado de São Paulo, de 25 de janeiro de 1987. No texto em questão, a data de 13 de maio é questionada como marco abolicionista, uma vez que a liberdade dos negros não se efetivou pela Lei Áurea especificamente. Deduz-se do poema que a resistência quilombola deveria ser reconhecida como a verdadeira protagonista dos ganhos obtidos pela população negra, que se tornou "alvo preferencial" do processo escravocrata ainda presente em seus resquícios no país. Diante de tal quadro, é possível compreender a advertência feita pelo autor, nos versos iniciais do poema: "já não há mais razão para chamar as lembranças/ e mostrá-las ao povo/ em maio./ Em maio sopram ventos desatados/ por mãos de mando, turvam o sentido/do que sonhamos". As mãos de mando, nesse caso, representam o poderio senhorial, interessado pela continuidade da opressão da comunidade negra, o que interrompe o potencial libertário da medida abolicionista, distorcendo, assim, o propósito de pôr fim à ordem escravocrata e, além disso, oferecer melhores condições de vida cidadã à população afrodescendente. Por conta de tal conjuntura conservadora, a liberdade, no poema de Camargo, se configura semanticamente de maneira oca e defasada, por ter sido formulada "de cima pra baixo", conforme os desígnios senhoriais. Ciente de tal quadro, Camargo desconstrói o mito falacioso da democracia racial e expõe as mazelas da mentalidade escravocrata, fazendo uso de uma descrição satírica que ironiza o conceito de liberdade tão alardeado no 13 de maio: "a liberdade [...] é uma senhora esquálida, seca, desvalida/ e nada sabe de nossa vida". Em contraposição à liberdade concebida pela ordem escravocrata — por isso o tratamento de "senhora", o eu poético, compromissado com as reivindicações do povo negro, traz à baila "os moleques" como representantes legítimos de uma comunidade afro-brasileira que se articulou às margens dos cenários do poder para fazer valer outro paradigma libertário, mesmo diante dos sofrimentos vividos em plena barbárie escravista. É necessária outra concepção de liberdade, que faça jus às ambições do povo negro, focalizando seus movimentos de resistência. Caminha nesse sentido a ousada configuração poética trazida por Oswaldo de Camargo, nos momentos derradeiros do poema "Em maio": "a Liberdade que sei é uma menina sem jeito,/ vem montada no ombro dos moleques/ e se esconde/ no peito, em fogo, dos que jamais irão à praça".

Fontes de consulta: ARAÚJO, Emanuel. (Org.). *A mão afro-brasileira*. 2ª ed. rev. e ampl. São Paulo: Imprensa Oficial do Estado de São Paulo/Museu Afro Brasil, 2010. 2 v.; AUGEL, Moema Parente. A imagem da África na poesia afro-brasileira contemporânea. *Afro-Ásia* 19/20, Salvador, CEAO, 1997; BERND, Zilá. *Negritude e literatura na América Latina*. Porto Alegre: Mercado Aberto, 1987; BROOKSHAW, David. *Raça e cor na literatura brasileira*. Porto Alegre: Mercado Aberto, 1983; CUTI [Luiz Silva]; FERNANDES, Maria das Dores (Org.). *Consciência negra no Brasil: os principais livros*. Belo Horizonte: Mazza, 2002; DAMASCENO, Benedita Gouveia. *Poesia negra no modernismo brasileiro*. Campinas: Pontes, 1988; DE FILIPPO, Thiara Vasconcelos. *Imagens poéticas*: o negro, a África e a noite na literatura de Oswaldo de Camargo. Dissertação (Mestrado) – UFMG, 2007; DE FILIPPO, Thiara Vasconcelos. Oswaldo de Camargo. In: DUARTE, Eduardo de Assis. (Org.). *Literatura e afrodescendência no Brasil: antologia crítica*. Belo Horizonte: Editora UFMG, 2011. v. 2: Consolidação; LOBO, Luiza. *Crítica sem juízo*. 2ª ed. Rio de Janeiro: Garamond, 2007; LOPES, Nei. *Dicionário literário afro-brasileiro*. Rio de Janeiro: Pallas, 2007; OLIVEIRA, Eduardo de. *Quem é quem na negritude brasileira*. São Paulo: Congresso Nacional Afro-brasileiro. Brasília: Secretaria Nacional de Direitos Humanos do Ministério da Justiça, 1988. v. 1; <www.letras.ufmg.br/literafro>.

Domício Proença Filho
Rodrigo Pires Paula

Ensaísta, crítico literário, poeta, ficcionista, promotor cultural, consultor editorial, administrador educacional e professor, Domício Proença Filho nasceu no Rio de Janeiro em 25 de janeiro de 1936. É bacharel e licenciado em Letras Neolatinas pela antiga Faculdade Nacional de Filosofia da Universidade do Brasil e doutor em Letras e livre-docente em Literatura Brasileira pela Universidade Federal de Santa Catarina. Professor titular e emérito de Literatura Brasileira da UFF, lecionou na Universidade de Colônia e no Instituto de Filologia Românica da Escola Técnica de Altos Estudos em Aschen. Como ensaísta e crítico literário, publicou inúmeros títulos dedicados ao estudo da literatura brasileira, entre eles o consagrado *Estilos de época na literatura*, de 1978, e, na década seguinte, *Pós-modernismo e literatura*, de 1988.

Um dos grandes títulos de sua produção literária é *Dionísio esfacelado* (1984), que trata da presença do negro na formação do Brasil. Segundo Zilá Bernd (1988), nesse texto, o autor "retoma o motivo-condutor de Palmares e amplia as fronteiras da epopeia, fazendo-a remontar à ancestralidade africana dos quilombolas, nomeando-a para convocá-la à existência". Dessa forma, assim como "ouvimos" os sons da lira ao lermos Camões, ouvimos o toque dos tambores ressoarem ao lermos essa obra.

É importante ressaltar que o texto desenvolvido nas culturas tradicionais africanas, por meio da

PRINCIPAIS PUBLICAÇÕES

O cerco agreste. Belo Horizonte: Comunicação, 1979.

Dionísio esfacelado. Rio de Janeiro: Achiamé, 1984.

Oratório dos inconfidentes. Rio de Janeiro: Leo Christiano Editorial, 1989.

Breves estórias de Vera Cruz das Almas. Rio de Janeiro: Fractal, 1991.

Estórias da mitologia — o cotidiano dos deuses. Rio de Janeiro: Leviatã, 1995.

Capitu: memórias póstumas. Rio de Janeiro: Artium, 1998.

Eu, Zeus. São Paulo: Global, 2000.

Nós, as deusas do Olimpo. São Paulo: Global, 2000.

Os deuses, menos o pai. São Paulo: Global, 2000.

oralidade, era disseminado pela figura dos *griots* — sábios guardiães da memória comunitária e ancestral. No entanto, no momento do encontro desta cultura com a europeia ocidental e letrada, ocorreu o fenômeno da transculturação, possibilitando o surgimento de textos híbridos, mas que mantêm e preservam as características das narrativas orais. Portanto, é comum e significativo encontrarmos no trabalho dos poetas que se assumem como afrodescendentes outra designação para poema, como os cantos e as preces em Domício Proença Filho. Em "Oração", reflete mais do que o sincretismo religioso, demonstra o comportamento cultural da antropofagia, explorado pela negritude na linguagem do texto literário, representado na voz do eu poético. Ogum é São Jorge no catolicismo, assim como oração é ponto nas religiões afro-brasileiras. Pode-se afirmar, ainda, que Domício faz a antropofagia da antropofagia, quando faz com que o ponto, um texto típico da oralidade das religiões afro-brasileiras, assuma um aspecto de poema escrito, ou seja, uma forma da tradição literária judaico-cristã. A poesia de Domício, em *Dionísio esfacelado* (Quilombo dos Palmares), representa um conteúdo de poeticidade e criatividade artística, originário de um eu ligado às relações com sua ancestralidade. Nessa obra, o deus do vinho e da fertilidade é esfacelado, dilacerado, diluído no sentido de se estabelecer uma ruptura com a poesia clássica ocidental, como se pode verificar no poema "Prece":

> Lá vem Oxóssi
> seu cavalo branco
> sete flechas no corpo
> do dragão
> Lá vem Oxóssi
> deus da mata virgem
> verde e branco
> é o manto
> do santo caçador! (Proença Filho, 1984, p. 108)

Já *Oratório dos inconfidentes* (1989), livro comemorativo do bicentenário da Conjuração Mineira, com ilustrações inéditas de Portinari, volta-se para a história pátria a fim de transformá-la em poesia.

Vários de seus poemas presentes nessa obra foram traduzidos para o italiano e estão na antologia *Poeti Brasiliani Contemporanei*, organizada por Silvio Castro.

No campo da ficção, lançou, em 1991, *Breves estórias de Vera Cruz das Almas*. Em 1995, publica *Estórias da mitologia — O cotidiano dos deuses* e, em 1998, o romance *Capitu: memórias póstumas*, em que dialoga com Machado de Assis para reencenar o drama amoroso mais conhecido da literatura brasileira a partir de uma visada feminina: há sempre o comentário de Capitu, numa nova perspectiva crítica, em que o discurso da mulher tem vez e voz. Em 2000, Domício Proença Filho publica *Eu, Zeus*, uma narrativa ficcional, *Nós, as deusas do Olimpo e Os deuses, menos o pai*, em que retoma a herança da mitologia clássica ocidental.

Fontes de consulta: BERND, Zilá *Introdução à literatura negra*. São Paulo: Brasiliense, 1988; BERND, Zilá. *Antologia de poesia afro-brasileira*. Belo Horizonte: Mazza, 2011; CASA NOVA, Vera. Domício Proença Filho. In: DUARTE, Eduardo de Assis (Org.). *Literatura e afrodescendência no Brasil: antologia crítica*. Belo Horizonte: Editora UFMG, 2011. v. 2: Consolidação; <www.letras.ufmg.br/literafro>.

Martinho da Vila
Gustavo de Oliveira Bicalho

Martinho José Ferreira nasceu em Duas Barras (RJ), em 12 de fevereiro de 1938. Filho de lavradores da Fazenda do Cedro Grande, mudou-se para o Rio de Janeiro aos 4 anos. Martinho da Vila é compositor, cantor e escritor. Foi criado na Serra dos Pretos Forros. Sua primeira grande apresentação

PRINCIPAIS PUBLICAÇÕES

Vamos brincar de política? São Paulo: Global, 1986.

Kizombas, andanças e festanças.
Rio de Janeiro:
L. Christiano, 1992.
2ª ed., Rio de Janeiro: Record, 1998.

Joana e Joanes — Um romance fluminense.
Rio de Janeiro:
ZFM, 1999;
Cascais, Portugal: Eurobrape Editores Internacionais, 1999.

Ópera negra.
Rio de Janeiro:
Record, 1998. 2ª ed.
São Paulo: Global, 2001.

Memórias póstumas de Teresa de Jesus. Rio de Janeiro: Ciência Moderna, 2003.

Os lusófonos.
Rio de Janeiro:
Ciência Moderna, 2006.

Vermelho 17.
Rio de Janeiro:
ZFM, 2007.

A rosa vermelha e o cravo branco.
São Paulo:
Lazuli, 2008.

A serra do rola-moça.
Rio de Janeiro:
ZFM, 2009.

A rainha da bateria.
São Paulo: Lazuli, 2009.

se deu no III Festival da TV Record, em 1967, com a música "Menina moça". O sucesso veio no ano seguinte, na quarta edição do festival, com a canção "Casa de bamba". Lançou seu primeiro disco em 1969, intitulado *Martinho da Vila*. A partir de 1965, passou a se dedicar à Unidos de Vila Isabel, cuja história se confunde com a do próprio compositor, autor de quinze sambas-enredo da escola. Em 1988, criou o memorável enredo *Kizomba — a festa da raça*, garantindo para a Vila o título de campeã do carnaval carioca. Seu acervo de obras musicais e literárias encontra-se em Duas Barras, bem como os inúmeros prêmios recebidos por ele. Com reconhecido ecletismo musical, valorizado internacionalmente, Martinho da Vila é sambista e pesquisador do folclore brasileiro. O disco *O canto das lavadeiras*, de 1989, é baseado em nosso folclore, enquanto *Lusofonia*, de 2000, reúne canções lusófonas mundiais. Apresentou no Theatro Municipal do Rio de Janeiro, em setembro de 2000, seu projeto *Concerto negro*, idealizado em parceria com o maestro Leonardo Bruno, enfocando a presença da cultura negra na música erudita.

Em 1999 fundou a Editora ZFM e publicou o primeiro romance, *Joana e Joanes*, que obteve uma edição portuguesa no mesmo ano, intitulada *Romance Fluminense*. Em *Vamos brincar de política* (1986), Martinho da Vila busca aproximar o ambiente político do público juvenil, a partir das próprias experiências. *Kizombas, andanças e festanças* (1992) também possui teor autobiográfico, mas não abre mão da criação e da inventividade. Neste livro, o leitor tem, por exemplo, a oportunidade de vivenciar um encontro fictício entre Martinho da

Vila e Noel Rosa. Já *Ópera negra* (2001) ficcionaliza a apresentação, no Theatro Municipal do Rio de Janeiro, de uma ópera que busca traçar a história do negro no Brasil e que idealiza, pela via da imaginação, a superação da desigualdade racial:

> O teatro está lotado. Os frequentadores vestidos a rigor e ornados por reluzentes joias ocuparam os melhores lugares, mas a elegância negra também é marcante. Lá estão os negros que se destacaram nos vários setores da sociedade. (Vila, 2001, p. 9)

A presença marcante de afrodescendentes que tenham visibilidade na sociedade brasileira em um espetáculo de grandes proporções no Theatro Municipal do Rio de Janeiro representa o sonho possível que Martinho da Vila compartilha com seu leitor.

Outros livros do autor são *Memórias póstumas de Teresa de Jesus* (2003), que conta a vida de sua mãe; *Os lusófonos* (2006), no qual destaca o entrecruzamento das culturas de língua portuguesa; *Vermelho 17* (2007), romance centrado nos conflitos, emoções e experiências de um jovem adolescente; *A rosa vermelha e o cravo branco* (2008), livro infantil que trata dos temas da leitura e do carnaval; *A serra do rola-moça* (2009), novela passada em Minas Gerais, que traz como figura central uma personagem denominada Clara dos Anjos, apaixonada por um maestro de nome Peri. O enredo da novela é baseado no poema homônimo de Mario de Andrade, já musicado pelo autor. Ainda em 2009, Martinho da Vila lançou o livro infantil *A rainha da bateria*. Inspirado no samba "Deixa a Maria sambar", de Paulo Brazão, o texto narra a história de uma menina que sonha em se tornar rainha de bateria de uma escola de samba, mas que, para isso, precisa enfrentar barreiras, principalmente o preconceito da mãe.

Como se pode observar, Martinho da Vila busca trazer para o campo da literatura muito do tom de alegria e esperança que caracteriza seus sambas, sem que para isso precise contornar temas mais espinhosos como o do preconceito racial e o apagamento da história e da cultura negra no Brasil. O autor muitas vezes prioriza a reflexão e a sensibilização de seus leitores ao tratar desses assuntos, em lugar do tom de denúncia que caracteriza boa parte dos textos de escritores afro-brasileiros de seu tempo.

Fontes de consulta: GOMES, Janaína. Martinho da Vila, o escritor. *O Menelick 2º Ato*, p. 18-19. São Caetano do Sul, jun. 2010; LEAHY-DIOS, Cyana. Martinho da Vila. In: DUARTE, Eduardo de Assis (Org.). *Literatura e afrodescendência no Brasil*: antologia crítica. Belo Horizonte: Editora UFMG, 2011, v. 2: Consolidação; <www.letras.ufmg.br/literafro>.

Antônio Vieira
Eduardo de Assis Duarte

PRINCIPAIS PUBLICAÇÕES

Areia, mar, poesia. Salvador: Artes Gráficas, 1972.

Cantos, encantos e desencantos d'alma. Salvador: Mensageiro da Fé, 1975. (Edição bilíngue).

Cantares d'África. Rio de Janeiro: RIEX, 1980. (Edição bilíngue).

Antônio Vieira da Silva nasceu em Senhor do Bonfim (BA), em 3 de fevereiro de 1939. Na juventude, residiu em Salvador, onde se formou em Biblioteconomia e Comunicação pela UFBA. Nas décadas de 1960 e 1970, morou por longos períodos nos Estados Unidos e, em 1977, fixou residência na Nigéria, onde atuou como professor de literatura brasileira na Universidade de Ifé. Deixou publicados três livros de poesia, sendo dois deles em edições bilíngues português/inglês, além de artigos teóricos e críticos a respeito da arte e da literatura produzidas por africanos e afrodescendentes.

Na apresentação do volume *Cantos, encantos e desencantos d'alma* (1975), pode-se ler que Antônio Vieira "sente dentro de si a África, de onde, em tempos antanhos, vieram os seus bisavós e avós ainda pequenos, como escravos. Sente a Europa, de onde também vieram alguns dos seus ancestrais. Mas há muito pouca identificação com aquele mundo". De fato, podemos ler em "Africanos Afro-brasileiros": "Meus irmãos que de longe vieram/ em barcos infectos e imundos/ tangidos por ventos que a natureza criou/ Açoitados como quaisquer animais,/ [...] cresceram na tristeza da terra que longe ficou./ Veio o canto,/ surgiu a música,/ A dança,/ pra sufocar o pranto./ [...] Meus irmãos africanos,/ de ontem, de hoje e de amanhã/ Aqui estamos para lhes render louvor" (1975, p. 109). Essa postura de protesto, comum à época tanto no Brasil como nos demais países de população afrodescendente, se reproduz em outros poemas sem, contudo, se constituir em tema ou preocupação única do autor. Há também espaço para a celebração do amor, da mulher, das entidades, mitos e tradições transplantadas no contexto da diáspora africana no Brasil.

Fontes de consulta: BROOKSHAW, David. *Raça e cor na literatura brasileira*. Porto Alegre: Mercado Aberto, 1983; FILIPPO, Thiara Vasconcelos de. Antônio Vieira. In: DUARTE, Eduardo de Assis (Org.). *Literatura e afrodescendência no Brasil*: antologia crítica. Belo Horizonte: Editora UFMG, 2011. v. 2: Consolidação; FOX, Robert Elliot. Prefácio a *Cantares d'África*, op. cit.; LOPES, Nei. *Dicionário literário afro-brasileiro*. Rio de Janeiro: Pallas, 2007; NASCIMENTO, Abdias. *O Brasil na mira do pan-africanismo*. 2ª edição das obras *O genocídio do negro brasileiro* e *Sitiado em Lagos*. Salvador: EDUFBA/CEAO, 2002; OLINTO, Antonio. *Brasileiros na África*. 2ª ed. São Paulo: GRD; Brasília: INL, 1980; SILVA, Ivomar Gitanio da. A negra cor da cultura afro-bonfinense. In: *Educação na Bahia* – Coletânea de textos. Salvador: Ed. da UNEB, 2001. Disponível também em <http://www.promeba.uneb.br/livros/edubahia.pdf>; <www.letras.ufmg.br/literafro>.

Maria Helena Vargas da Silveira
Gustavo de Oliveira Bicalho

Maria Helena Vargas da Silveira nasceu em Pelotas (RS) em 4 de junho de 1940. Desde cedo recebeu a influência do avô, articulista do jornal *A Alvorada* — semanário da negritude pelotense —, responsável pelo despertar da consciência étnica na jovem estudante. Graduou-se em Pedagogia pela UFRGS

PRINCIPAIS PUBLICAÇÕES

É fogo. Porto Alegre: Grupo Editorial Rainha Ginga, 1987.

Meu nome pessoa — três momentos de poesia. Porto Alegre: Rainha Ginga, 1989.

O sol de fevereiro. Porto Alegre: Grupo Editorial Rainha Ginga, 1991.

Odara — Fantasia e realidade. Porto Alegre: Grupo Editorial Rainha Ginga, 1993.

Negrada. Porto Alegre: Grupo Editorial Rainha Ginga, 1994.

Tipuana. Porto Alegre: Grupo Editorial Rainha Ginga, 1997.

O encontro. Porto Alegre: Grupo Editorial Rainha Ginga, 2000.

As filhas das lavadeiras. Porto Alegre: Grupo Cultural Rainha Ginga, 2002.

e dedicou toda a sua vida à promoção da igualdade racial no Brasil, sobretudo no campo educacional. Sua produção literária perpassa diversos gêneros: conto, crônica, ensaio, poesia e memorialismo. E grande parte dela tematiza a família afro-brasileira e sua relação com a educação.

Nesta linhagem, destacam-se *É fogo* (1987) e *As filhas das lavadeiras* (2002). *É fogo*, sua primeira publicação, registra e reflete sobre o preconceito racial existente nas instituições de ensino do Brasil, especialmente naquelas em que a autora estudou ou trabalhou. O impacto do livro foi grande na sociedade sul-rio-grandense, tendo sido objeto de debates públicos e adotado por diversos cursos de Pedagogia.

Em *As filhas das lavadeiras*, a autora novamente debruça-se sobre o tema da família negra, mas dessa vez com foco no empenho de mulheres pobres para garantir a educação de suas filhas. Tendo como motivação a história da própria avó, Joaninha Vargas, a autora coletou os depoimentos de 21 filhas de lavadeiras (entre elas a atriz Ruth de Souza e Deise Nunes, a primeira Miss Brasil negra), fazendo do livro um grande entrelaçamento de histórias. Na segunda parte do livro ("Lavação de roupas"), a autora destaca o aspecto coletivo da obra através da metáfora do lençol, apresentando sua função no livro como a de uma lavadeira que precisa tratar sabiamente esse tecido de histórias para lidar com o que neles há de doloroso (a "sujeira" que perturba a memória). Maria Helena Vargas faleceu em Brasília, em janeiro de 2009.

Fontes de consulta: EVARISTO, Conceição. Maria Helena Vargas. In: DUARTE, Eduardo de Assis (Org.). *Literatura e afrodescendência no Brasil*: antologia crítica. Belo Horizonte: Editora UFMG, 2011. v. 2: Consolidação; GINGA, Grupo Cultural Rainha (Org.). *Grupo Cultural Rainha Ginga*. Disponível em: <http://rainhaginga.sites.uol.com.br>; <www.letras.ufmg.br/literafro>.

Joel Rufino dos Santos
Eduardo de Assis Duarte

Historiador, pesquisador e escritor, Joel Rufino dos Santos nasceu no Rio de Janeiro em 19 de junho de 1941. Durante a ditadura militar, participou da resistência como militante político, sendo perseguido pela repressão então vigente. Doutor em comunicação e cultura pela UFRJ, é professor aposentado desta instituição, tendo atuado no curso de Letras. Sua obra de historiador é vasta e percorre a trajetória política do país desde o período colonial, com destaque para o clássico volume sobre o Quilombo de Palmares. Em 1963, participou das atividades do Instituto Superior de Estudos Brasileiros (Iseb), dirigido por Nelson Werneck Sodré, sendo também um dos autores da coleção *História Nova do Brasil*, censurada e apreendida pela ditadura militar instalada a partir do golpe de 1964. Pode-se lembrar ainda de publicações de relevo como *O dia em que o povo ganhou* (1979), *História política do futebol brasileiro* (1981) e *Épuras do social: como podem os intelectuais trabalhar para os pobres* (2004).

Como ficcionista, possui dezenas de textos voltados para o público infantojuvenil, entre os quais o celebrado *Quando eu voltei, tive uma surpresa* (2000). Atua ainda na área do jornalismo cultural, sendo presença constante em jornais e revistas de grande circulação. Em 2009, publicou a biogra-

PRINCIPAIS PUBLICAÇÕES

Romances
Crônica de indomáveis delírios. Rio de Janeiro: Rocco, 1991.

Bichos da terra tão pequenos. Rio de Janeiro: Rocco, 2010.

Claros sussurros de celestes ventos. Rio de Janeiro: Bertrand Brasil, 2012.

Infantojuvenil
Quatro dias de rebelião. Rio de Janeiro: José Olympio, 1980.

O soldado que não era. 7ª ed. São Paulo: Moderna, 1983.

Zumbi. 7ª ed. São Paulo: Moderna, 1985.

Dudu calunga. São Paulo: Ática, 1986.

Rainha Quiximbi. São Paulo: Ática, 1986,

Gosto de África. São Paulo: Global, 1998.

Cururu virou pajé. São Paulo: Ática, 1999.

Quando eu voltei, tive uma surpresa. Rio de Janeiro: Rocco, 2000.

O presente de Ossanha. São Paulo: Global, 2000.

O jacaré que comeu a noite. Rio de Janeiro: José Olympio, 2007.

Na rota dos tubarões. Rio de Janeiro: Pallas, 2008.

fia *Carolina Maria de Jesus*, uma escritora improvável, em que narra a vida da favelada que ganhou notoriedade na década de 1960, quando seu diário *Quarto de despejo* fez sucesso no Brasil e foi traduzido em diversos países.

Para Joel Rufino é bastante tênue a fronteira que separa o relato historiográfico do texto ficcional, havendo sempre um intercâmbio entre as duas formas de narrativa. O autor, via de regra, utiliza-se de fatos históricos em seus romances e textos infantojuvenis, quando tem a oportunidade de trazer à tona personagens pouco estudados na história do país, além de humanizá-los penetrando numa intimidade só acessível pela via da ficção. Nesse contexto, ganham corpo suas reflexões como historiador sobre as lutas do povo negro em busca da liberdade e da cidadania. Além da biografia *Zumbi*, escrita para o público jovem nos anos 1980, escreveu *O que é racismo* (1982), *Abolição* (1988) e *Gosto de África* (2000). Já em *Atrás do muro da noite: dinâmica das culturas afro-brasileiras* (1994), escrito em parceria com Wilson dos Santos Barbosa, Joel Rufino, entre outros temas, polemiza com o mito da "democracia racial" brasileira difundido largamente a partir dos escritos de Gilberto Freyre.

Nessa linha, sua narrativa *Na rota dos tubarões* (2008), fundamentada em registros históricos, refaz para o jovem leitor contemporâneo a viagem de um navio negreiro dos tempos da colonização, com todo o sofrimento imposto aos escravizados:

> Ao primeiro sinal de tempestade, o capitão mandava cerrar as escotilhas de ar que davam para o compartimento dos negros. Com o calor chegavam disenterias e febre. [...] Os que entravam em coma eram levados ao convés para morrer. Os que escapavam, postos para dançar — original terapia ocupacional dos negreiros, também descrita em *O navio negreiro* de Castro Alves. (Santos, 2008, p. 62)

Já no romance *Crônica de indomáveis delírios* (1991), a história se passa no Nordeste brasileiro em dois momentos marcados por grandes agitações políticas: a revolução pernambucana de 1817 e a revolta dos Malês, de 1835, em Salvador. No texto, Joel Rufino exibe seus dotes de ficcionista inventivo, ao fazer ninguém menos do que Napoleão Bonaparte desembarcar em Recife para comandar a revolta contra Portugal. E o imperador sem trono na França chega ao Brasil e uma de suas primeiras providências é sugerir o fim imediato da escravidão como forma de ganhar o apoio dos negros para a revolução. Impedido pelas elites locais de levar à frente o seu plano, o personagem busca se aliar aos quilombolas ocultos nos arredores da capital, mas tal ajuda é insuficiente para vencer a esquadra portuguesa.

Por sua vez, na biografia romanceada de Zumbi dos Palmares, Joel Rufino penetra na intimidade do líder quilombola, narra passagens de sua infância junto aos brancos e destaca a inteligência e liderança do personagem, que levou os revoltosos a derrotarem as forças coloniais dezenas de vezes. O livro fornece em detalhes toda a organização do quilombo — verdadeira república negra em pleno Nordeste brasileiro — partindo do detalhamento espacial da área, com suas povoações fortificadas por altas cercas e defendidas ainda por armadilhas montadas em fossos cheios de cobras e estacas pontudas, até detalhar as formas de convivência e de organização social ali existentes. Mais do que uma biografia do líder, o livro conta "de dentro", isto é do ponto de vista dos revoltosos, boa parte da história do quilombo mais famoso de nossa história, que resistiu por quase um século aos ataques das forças coloniais. É tocante a cena que precede à batalha final, em que um pequeno descuido na vigilância decretou a derrota final do quilombo:

O general Zumbi acordou o sentinela:
— E tu deixaste os brancos fazerem esta cerca?
Esperou um instante:
— Amanhã seremos entrados e mortos, nossas mulheres e nossos filhos se tornarão cativos.
Seriam duas da manhã de 6 de fevereiro de 1694.
À primeira claridade, baixando o nevoeiro, os canhões começariam seu serviço.
Zumbi dos Palmares mandou executar o sentinela.
(Santos, 1985, p. 26)

Esta pequena amostra dá uma ideia do trabalho deste intelectual preocupado em trazer ao leitor contemporâneo dados e ocorrências de nossa história em grande medida dispersas em meio à preocupação exclusiva com os "grandes feitos" e os "grandes homens". Nessa linha, seu romance mais recente, *Bichos da terra tão pequenos*, constrói a "história ficcional" do "Morro do Urubu", no Rio de Janeiro, a partir de um lugar de enunciação marcado pelo compromisso com os subalternos cujos dramas serviram de argamassa para a constituição da comunidade. Do quilombo à favela, passando pela história e pela literatura, a obra de Joel Rufino dos Santos traz a público uma visão específica do universo afrodescendente, pautada por um projeto estético e ideológico de resgate da dignidade do povo negro.

Fontes de consulta: COUTINHO, Afrânio. *Enciclopédia de Literatura Brasileira*: Oficina Literária Afrânio Coutinho /OLAC e ME/FAE. São Paulo: Global Editora, 2001; FONSECA, Maria Nazareth Soares. Poesia Afro-brasileira – vertentes e feições. *O eixo e a roda*, v. 15, jul.-dez. 2007; LOPES, Nei. *Dicionário literário afro-brasileiro*. Rio de Janeiro: Pallas, 2007; OLIVEIRA, Eduardo de. *Quem é quem na negritude brasileira*. São Paulo: Ed. do Autor, 1998; DUARTE, Eduardo de Assis. Joel Rufino dos Santos. In: DUARTE, Eduardo de Assis. *Literatura e afrodescendência no Brasil*: antologia crítica. Belo Horizonte: Editora UFMG, 2011. v. 2: Consolidação; <www.letras.ufmg.br/literafro>.

Oliveira Silveira
Elisângela Aparecida Lopes

Oliveira Ferreira da Silveira nasceu em Touro Passo, distrito de Rosário do Sul (RS), em 1941. Formou-se em Letras, tendo exercido o magistério por muitos anos em Porto Alegre, onde faleceu, no dia 1º de janeiro de 2009. Foi um dos intelectuais afrodescendentes de maior destaque em seu estado e também em nível nacional, participando ativamente de debates, encontros e mobilizações do movimento negro. No período de 1971 a 1978, participou do Grupo Palmares e esteve entre os que propuseram a data da morte de Zumbi como o "Dia Nacional da Consciência Negra". Tal inserção alcançou posteriormente repercussão nacional e o dia 20 de novembro passou a fazer parte do calendário cívico e cultural do país.

Oliveira Silveira, ao falar de sua relação com a escrita, confessa que a literatura surgiu em sua vida quando ainda residia em Touro Passo, onde vivenciou uma infância e juventude marcadas pela poesia popular, pelos "causos", pelas quadrinhas e pelos versos de polca. Tais elementos viriam a constituir o substrato de seus escritos. Em 1958, publicou seu primeiro poema no jornal de Rosário do Sul. Já a conscientização a respeito da cor da pele e da condição de afrodescendente se consolidou na universidade, pela participação na política estudantil e pelo contato com os escritos dos poetas da *Négritude* de língua francesa e com o "Orfeu negro", de Jean-Paul Sartre. No período mais ativo do Grupo Palmares, participou do corpo editorial da revista *Tição*, hoje fora do circuito literário sulino. Em 1978, quando

PRINCIPAIS PUBLICAÇÕES

Germinou. Porto Alegre: Ed. do Autor, 1962.

Poemas regionais. Porto Alegre: Ed. do Autor, 1968.

Banzo, saudade negra. Porto Alegre: Ed. do autor, 1970.

Décima do negro peão. Porto Alegre: Ed. do Autor, 1974.

Praça da palavra. Porto Alegre: Ed. do Autor, 1976.

Pêlo escuro. Porto Alegre: Ed. do Autor, 1977.

Roteiro dos tantãs. Porto Alegre: Ed. do Autor, 1981.

Poema sobre Palmares. Porto Alegre: Ed. do Autor, 1987.

Anotações à margem. Porto Alegre: Secretaria Municipal de Cultura, 1994.

Poemas. Sel. e pref. de Oswaldo de Camargo. Porto Alegre: Edição dos Vinte, 2009.

Antologia poética de Oliveira Silveira. Porto Alegre: Evangraf; Rosário do Sul: VCS, 2010.

Oliveira Silveira: obra reunida. Organização de Ronald Augusto. Porto Alegre: Instituto Estadual do Livro, CORAG, 2012.

o grupo se extingue por divergências ideológicas, Oliveira segue militando pela melhoria das condições do negro no Brasil.

Seu primeiro livro — *Germinou* — foi publicado em 1962. Nele, as referências aos aspectos que perpassam os processos de produção do ambiente rural são construídas por meio de uma linguagem metafórica que nos permite compreender a ideia da frutificação, já mencionada no título, seja enquanto processo da natureza, seja como espaço de construção literária. Sendo assim, germinar cabe às sementes e às palavras.

Já em *Poemas regionais*, de 1968, é possível ao leitor conhecer e até mesmo visualizar o retrato da região sul brasileira, por meio de descrições que se assentam tanto no aspecto físico-geográfico — a restinga, o vento, os campos — quanto em um de seus produtos culturais mais requisitados: o mate. Em "Gaúcho negro mateando", a marca da regionalidade — a erva-mate — se associa à condição étnica do sujeito lírico: "Cada gole, cada gota/ tem o sabor de dois mundos./ E vou bebendo a cicuta/ de um banzo que vem do fundo" (2010, p. 43). Assim, o texto supera o tom folclórico inerente ao regionalismo e evoca o mate não apenas como a bebida típica. Remete também ao trabalho de cultivo da erva, no passado feito pela mão de obra escravizada e, daí, ao banzo do negro deprimido e à cicuta — um dos mais antigos venenos conhecidos. Desse modo, interfere no campo semântico de um símbolo do regionalismo sulino a fim de politizá-lo, suplementando seu sentido com o *banzo* e a *cicuta* — que implicam *sofrimento* e podem levar à *morte*.

E é justamente em *Banzo, saudade negra*, de 1970, que a mobilidade espacial do sujeito afrodescendente aparece de modo mais incisivo, especialmente no poema intitulado "Parte da crônica". Nele, há um processo de personificação, já que a história dos negros escravizados, transportados, comercializados, explorados é contada por vozes-testemunhas dessa "parte" da história brasileira: as costas d'África; o Oceano Atlântico; o rio Mississipi; os cais, portos e logradouros; as lavouras ianques, antilhanas e brasileiras.

O livro *Pêlo escuro*, datado de 1977, associa a condição étnica às questões regionais ao apontar ao leitor as ações dos negros no Rio Grande de Sul, o que engloba tanto o trabalho braçal na lavoura quanto o posicionamento e a luta política na Guerra dos Farroupilhas. Ainda nessa publicação, chama a atenção a reincidência da analogia entre os desígnios do sujeito negro sulista e do boi, nos vários poemas que tematizam ou referenciam a charqueada. E, mais uma vez, o poeta se apropria de um signo cultural cultivado na região — a charqueada —, a fim de inserir criticamente em seu campo de sentido a exploração do trabalho servil.

Em *Roteiro dos tantãs*, publicado em 1981, Oliveira Silveira parece passear/rastrear os espaços habitados pelos sujeitos advindos da diáspora negra, o que nos indica um percurso não só geográfico, mas também de formação da consciência. Estados Unidos, Brasil e África se aproximam pelas águas do Atlântico Negro, se irmanam e juntam suas vozes num clamor por justiça. Essa atitude pode ser reconhecida nos poemas que retratam os deslocamentos dos africanos, agora em busca da liberdade, como em "Let my people go" (deixe o meu povo passar) — célebre verso da música negra norte-americana, reapropriado tanto pela poeta moçambicana Noêmia de Souza quanto por Oliveira Silveira. Assim, as vozes negras dialogam e fazem ouvir em três continentes a consciência do eu lírico em busca de superar a desterritorialização por meio do resgate da "mãe África". Tal identificação revela o desejo de promover associações ancoradas nas lutas do passado, tanto aqui como lá, como forma e fundamento das demandas do presente. Essa busca percorre os versos de um dos poemas:

> Encontrei minhas origens/ em velhos arquivos/ livros/ encontrei/ em malditos objetos/ troncos e grilhetas/ encontrei minhas origens/ no leste/ no mar em imundos tumbeiros/ encontrei/ em doces palavras/ cantos/ em furiosos tambores/ ritos/ encontrei minhas origens/ na cor da minha pele/ nos lanhos de minha alma/ em mim/ em minha gente escura/ em meus heróis altivos/ encontrei/ encontrei-as enfim me encontrei. (2010, p. 118-119)

Nesses versos, é possível ao leitor acompanhar o processo de formação identitária que perpassa o conhecimento histórico, a reflexão sobre a escravidão por meio de seus aparelhos, o reconhecimento da cultura afro-brasileira e de seus instrumentos, o reconhecimento do Outro e a apreensão disso tudo dentro de um "eu" fortalecido e identificado. Oliveira Silveira deixou um conjunto de escritos que indica de forma explícita os rumos de seu projeto literário, voltado para as questões que sempre o vincularam à comunidade negra e a seus clamores por reconhecimento e cidadania. Após sua morte, seus poemas vêm sendo reeditados e novamente disponibilizados ao leitor contemporâneo.

Fontes de consulta: BERND, Zilá. Negritude e gauchidade: Oliveira Silveira. In: *Negritude e literatura na América Latina*. Porto Alegre: Mercado Aberto, 1987; BERND, Zilá. *Introdução à literatura negra*. São Paulo: Brasiliense, 1988; BERND, Zilá. Oliveira Silveira. In: DUARTE, Eduardo de Assis (Org.). *Literatura e afrodescendência no Brasil*: antologia crítica. Belo Horizonte: Editora UFMG, 2011. v. 2:

Consolidação; BERND, Zilá. Zumbi dos Palmares na poesia negra brasileira. In: *Presença negra no RS, Cadernos Porto&Vírgula*. Porto Alegre: SMC, n. 11, 1994; GONÇALVES, Ana Beatriz. *Do outro ao eu: elementos de reculturação na poesia do brasileiro Oliveira Silveira e do dominicano Blas Jimenes*. Tese (Doutorado) – University of Texas, Austin, 1996; GONÇALVES, Ana Beatriz. Vozes negras do sul: o caso de Oliveira Silveira. In: PEREIRA, Edimilson de Almeida (Org.). *Um tigre na floresta de signos*. Belo Horizonte: Mazza, 2010; PEREIRA, Edimilson de Almeida. *Malungos na escola*: questões sobre culturas afrodescendentes e educação. São Paulo: Paulinas, 2007; SANTOS, Luiz de Melo. *Sons e ritmos do tantã na poética de Oliveira Silveira*. Dissertação (Mestrado) – UEL, Londrina, 1997; SILVA, Jônatas Conceição da. *Vozes quilombolas*: uma poética brasileira. Salvador: EDUFBA/ILÊ AYÊ, 2004; <www.letras.ufmg.br/literafro>.

Muniz Sodré
Rodrigo Pires Paula

Um dos grandes pensadores contemporâneos sobre identidades, identificações, raça e etnia no Brasil, Muniz Sodré de Araújo Cabral nasceu em São Gonçalo dos Campos (BA), em 1942. É mestre em Sociologia da Informação e Comunicação, doutor em Letras e professor universitário. Estudioso das línguas iorubá (nagô) e do crioulo de Cabo Verde, é Obá Xangô do terreiro baiano de Axé Opô Afonjá. Tem uma obra que é um importante referencial para os estudos sobre comunicação, cultura brasileira e, em especial, sobre a condição da população afrodescendente.

Como teórico, é autor de A *verdade seduzida* (1983), no qual problematiza as relações entre o conceito ocidental de cultura, com a pretensão de verdade universal, suas implicações, em decorrência dos efeitos de poder, e o de cultura negro-brasileira, com as suas formas de sedução e a consagração dos mitos, no contexto da sociedade nacional. Já em O *terreiro e a cidade* (1988), apresenta as configurações sociais negro-brasileiras marcadas pelo trânsito

PRINCIPAIS PUBLICAÇÕES

Santugri: histórias de mandinga e capoeiragem.
Rio de Janeiro: José Olympio, 1988.

O bicho que chegou à feira. Rio de Janeiro: Francisco Alves, 1991.

Bola da vez.
Rio de Janeiro: Notyra, 1994.

Rio, Rio.
Rio de Janeiro: Relume Dumará, 1995.

A lei do santo.
Rio de Janeiro: Bluhm, 2000.

entre o lugar de poder e o de subordinação; entre a manifestação da diferença e a do seu apagamento. Para ele, o terreiro de Umbanda implica um *continuum* cultural, na relação com o passado histórico, um impulso de resistência e alternativa para a lógica vigente de poder. Em *Claros e escuros* (1999), procura explorar as vísceras da sociedade global e de seus núcleos sociais locais e regionais, analisando a máquina dos discursos do poder, estabelecidos pelo capitalismo e pela globalização, em que esses são delimitadores dos espaços públicos e dos diversos lugares de enunciação, mitificando os juízos de valor, apresentando as armadilhas dos critérios de exclusão, *raça* e *identidade*.

Seus livros de contos *Santugri* (1988), *Rio, Rio* (1995) e *A lei do santo* (2000) reúnem textos que expressam a afro-brasilidade na forma — pela ginga verbal que encanta e surpreende — e no conteúdo — ao opor a ordem cultural do Outro à verdade judaico-cristã ocidental. As narrativas surgem como possibilidade de repensar o local em que vive o negro em nossa sociedade, numa forma de demarcar e legitimar o território de atuação do pensamento, da religiosidade e da cultura afro-brasileira, aos olhos de um sujeito enunciador comprometido com a afirmação de sua identidade. Os lugares de enunciação em que se constroem essas histórias permitem a transcendência dos elementos cotidianos e buscam uma linha de trânsito entre o que é sagrado e os fatos da realidade convencional, em que o primeiro se afirma. Tanto em *Santugri* quanto em *A lei do santo* um conjunto de textos apresenta unicidade ao promover uma tessitura de significados, em que uma história se une a outra, por meio do mesmo elemento articulador: "a lei do santo".

A lei do santo inicia-se com o conto "Purificação", pelo qual o leitor penetra num ambiente de pesadelo: numa favela sendo invadida e destruída a fim de exterminar com a população pobre e de maioria negra, a personagem está sitiada em meio aos escombros e vê os vizinhos serem caçados por homens brancos acompanhados de pit bulls. Por sua vez, em "Tengo Lemba" e outros, o autor traz a força do imaginário afro-brasileiro para a sua ficção, povoando-a com os orixás e com todo um universo em que o sagrado se manifesta no inusitado do cotidiano. Surge daí todo um clima surreal, com o imprevisto arrematando os enredos. É o que se vê no conto "Diferença", pequena obra-prima de um longo e único parágrafo, em que os acontecimentos se precipitam rumo a um epílogo absolutamente surpreendente.

Outro exemplo de ficcionalização do sagrado de origem africana em diálogo com a memória popular ocorre em *O bicho que chegou a feira* (1991), romance que traz como cenário a cidade baiana de Feira de Santana de tempos idos e enovela histórias como a de Vô Alípio, figuração de *griot*, místico e sábio, ou a de Lucas da Feira — o temido Demônio Negro —, quilombola que já havia passado por lá e infernizado a vida dos escravocratas. Os contos do volume *Rio, Rio*, por sua vez, localizam-se na paisagem carioca, mas o deslocamento espacial apenas emoldura sob novas histórias o mesmo olhar atento às atualizações e à presença da ancestralidade sob o burburinho da megalópole. A ficção de Muniz Sodré transita, pois, entre o resgate da oralidade que permeia a memória afrodescendente e ousados experimentos narrativos em que se rompem os limites entre realidade e sonho, natural e sobrenatural.

Fontes de consulta: DUARTE, Eduardo de Assis; PAULA, Rodrigo Pires. Muniz Sodré. In: DUARTE, Eduardo de Assis (Org.). *Literatura e afrodescendência no Brasil*: antologia crítica. Belo Horizonte: Editora UFMG, 2011. v. 2: Consolidação; PAULA. Rodrigo Pires. *A construção das afro-identificações na ficção de Muniz Sodré*. Dissertação (Mestrado) – UFMG, Belo Horizonte, 2009; *Enciclopédia de literatura brasileira*. Direção de A. Coutinho e J. Galante de Sousa. 2ª ed. rev., ampl., il., sob coordenação de Graça Coutinho e Rita Moutinho. São Paulo: Global Editora; Rio de Janeiro: Fundação Biblioteca Nacional/DNL: Academia Brasileira de Letras, 2001. v. II; <www.letras.ufmg.br/literafro>.

Nei Lopes
Eduardo de Assis Duarte

PRINCIPAIS PUBLICAÇÕES

Casos crioulos. Rio de Janeiro: CCM Editora, 1987.

Incursões sobre a pele. Rio de Janeiro: Artium, 1996.

171, Lapa-Irajá — casos e enredos do samba. Rio de Janeiro: Folha Seca, 1999.

Guimbaustrilho e outros mistérios suburbanos. Rio de Janeiro: Dantes; Rioarte, 2001.

Vinte contos e uns trocados. Rio de Janeiro: Record, 2006.

Histórias do Tio Jimbo. Belo Horizonte: Mazza, 2007.

Mandingas da mulata velha na cidade nova. Rio de Janeiro: Língua Geral, 2009.

Oiobomé — a epopeia de uma nação. Rio de Janeiro: Agir, 2010.

Esta árvore dourada que supomos. São Paulo: Babel, 2011.

A lua triste descamba. Rio de Janeiro: Pallas, 2012.

Poétnica. Rio de Janeiro: Mórula, 2014.

Carioca de Irajá, Nei Lopes nasceu em 9 de maio de 1942. Formou-se em Direito na antiga Universidade do Brasil, atual UFRJ, em 1966, mas não seguiu a carreira. Adotou a arte, a criação e a pesquisa como projeto de vida. Muitas são as faces deste intelectual produtivo e criativo: músico desde jovem sintonizado com o carnaval e com o rico universo do samba carioca, compositor de peças hoje clássicas, como "Senhora Liberdade", entre outras; poeta inspirado e comprometido com a trajetória de lutas, resistência e conquistas do povo negro brasileiro, autor de "Canto para ninar Kassul Buanga", entre outros poemas já célebres na contemporaneidade; ficcionista prolífico, autor de romances instigantes, em que o passado se faz presente, e as heranças da escravização surgem traduzidas na violência dos tempos de hoje, o mesmo acontecendo nas narrativas breves reunidas no volume *Vinte contos e uns trocados* (2006); filólogo, estudioso das línguas africanas e de sua aclimatação do lado de cá do Atlântico, autor do *Novo dicionário banto do Brasil* (2003), referência obrigatória a todos os que estudam a questão; pesquisador das religiões e culturas disseminadas entre nós durante e depois da colonização, escreveu também o *Dicionário da antiguidade africana* (2011) e a portentosa *Enciclopédia brasileira da diáspora africana* (2004), entre várias outras contribuições à cultura e à história dos afro-brasileiros.

Não se pretende aqui dissertar sobre a contribuição do autor no campo da história da África e da diáspora africana nas Américas. Tampouco sobre seus estudos envolvendo idiomas africanos para cá transplantados ou ainda sobre o vasto universo da religiosidade ancestral africana igualmente presente entre nós. São tópicos de grande relevância, mas que escapam aos objetivos da presente publicação. Sendo assim, faremos a seguir uma breve apresentação de alguns escritos em prosa e poesia, que colocam Nei Lopes como um dos mais destacados autores da literatura afro-brasileira contemporânea.

Sua estreia como ficcionista se dá com o livro *Casos crioulos*, lançado em 1987, com prefácio de Antônio Houaiss. São oito contos marcados por um ponto de vista explicitamente afro-brasileiro, a tratar de temas pertencentes a este universo. "Criado com a madrinha" conta a história de um jovem negro acolhido por uma rica família branca da Zona Sul carioca. Ao longo do enredo, o rapaz vai progressivamente se afastando do mundo dos brancos e assumindo sua condição de afrodescendente, mesmo que isto implique uma passagem pela marginalidade. Mas tudo é tratado num tom leve e bem-humorado: enquanto o jovem sai de casa e vai preso por delitos miúdos, seu padrinho se envolve num grande escândalo financeiro, mas nada sofre, pois se refugia no Caribe.

Já em *Vinte contos e uns trocados*, de 2006, o mesmo estilo coloquial e saboroso emoldura narrativas em que o morro e o universo do samba figuram como temas obrigatórios. Outra constante é a presença do passado, pela qual o escritor constrói vínculos históricos entre a escravização e sua pesada herança sobre as classes populares e mais fortemente sobre os negros. Temas como a ocupação dos morros cariocas pelos sobreviventes do cativeiro se mesclam com abordagens críticas do abandono a que estão relegados os moradores submetidos à pobreza, à falta de saneamento e à violência do banditismo:

> Mas Tia Bilina nunca olha lá pra baixo. Nem pra frente. Nem pros lados. Passa o bêbado falando doideira, passa o moleque trepado na Uzi israelense, passa a menina de 12 anos exibindo o barrigão lustroso... e nem é com ela. Seus olhos olham pra dentro do tempo, pra dentro da mina de onde brotava aquela água. (Lopes, 2006, p. 11)

A citação exemplifica o tom predominante na linguagem dos contos de Nei Lopes, marcado pela alternância de leveza, humor, dramaticidade e lirismo. É como se o poeta e o letrista nunca abandonassem o narrador nos momentos mais intensos de sua ficção, gerando uma prosa marcada por construções imagéticas de fina elaboração.

Em *Incursões sobre a pele* (1996), a poesia se faz intensa e recobre com versos de rara beleza a representação da história de lutas e da cultura dos afrodescendentes, como se pode ler em "Capoeira": "Calar meu braço, como?/ Se o músculo/ É tão maiúsculo?/ Calar meu peito/ Como?/ Se a voz é antiga/ E esta cantiga/ É de antes do tempo?" (LOPES, 1996, p. 27). O poema toma como mote uma cantiga de capoeira que diz "— Cala a boca, muleque!/ — Muleque é tu", e incorpora vários termos de origem africana presentes no português do Brasil.

Lopes publica seu primeiro romance em 2009. *Mandingas da mulata velha na cidade nova* é uma recuperação bem-humorada da história do samba, do carnaval carioca e dos cultos afro-brasileiros. O enredo gira em torno de Tia Amina, mãe de santo e referência obrigatória no universo do carnaval. A personagem remete de imediato à célebre Tia Ciata, mas o autor faz questão de ressaltar ser ela uma soma de características de diversas yalorixás baianas que, ao migrarem para o Rio de Janeiro desde a segunda metade do século XIX, fizeram história na região central da cidade, logo batizada de "Pequena África".

Já em *Oiobomé* (2010), o romancista volta novamente ao passado, desta vez para dar asas à fantasia da criação, no norte do país, de um Estado negro independente. Autointitulada "rapsódia", a narrativa remete ao *Macunaíma*, de Mario de Andrade, com o propósito de narrar pelo avesso a história do negro no Brasil. Nesse sentido, sobressai o tom de sátira e paródia, em que o autor mistura figuras históricas com seres de ficção. Lugar utópico, um Estado perfeito, formado por quilombolas e indígenas revoltados com a dominação portuguesa, em Oiobomé não há analfabetismo nem criminalidade.

Por fim, em seu romance *Esta árvore dourada que supomos* (2011), Nei Lopes mergulha no tenso universo das relações entre brancos e negros no Brasil urbano e contemporâneo. O protagonista Vagner Adriano — negro, 52 anos, vindo do subúrbio, professor universitário, casado com Maura, branca e loura — narra em primeira pessoa sua trajetória de difícil adaptação à sociedade de "racismo cordial" existente no Brasil. Ao final, os mistérios se resolvem de modo a exibir a falsidade de proposições como a superioridade da cultura europeia e ocidental sobre as culturas africanas.

Assim, a obra poética e ficcional de Nei Lopes se junta a sua vasta produção musical e à portentosa contribuição em termos de pesquisa histórica, filológica, linguística, religiosa e cultural, num esforço de falar de dentro os dramas que afetam o cotidiano do povo negro brasileiro, movimento ao qual se agrega a valorização da imensa contribuição afrodescendente à nossa diversidade cultural de país multiétnico.

Fontes de consulta: BECHARA, Evanildo. Prefácio. In: *Novo Dicionário Banto do Brasil, op. cit.*; BROOKSHAW, David. *Raça & cor na literatura brasileira*. Porto Alegre: Mercado Aberto, 1983; EVARISTO, Conceição. *Literatura negra*: uma poética de nossa afro-brasilidade. Dissertação de Mestrado. Rio de Janeiro: PUC, 1996; EVARISTO, Conceição. *Poemas malungos, cânticos irmãos*. Tese de Doutorado. Niterói-RJ: UFF, 2011; FAUSTINO, Oswaldo. *Nei Lopes*. São Paulo: Selo Negro, 2009, Coleção Retratos do Brasil Negro; NASCIMENTO. Elisa Larkin. Apresentação. In: *Enciclopédia brasileira da diáspora Africana, op. cit.*; SODRÉ, Muniz. Prefácio. In: *Kitabu: o livro do saber e do espírito negro-africanos, op. cit.*; NASCIMENTO, Giselda Melo do. A representação do negro na literatura brasileira. In: NASCIMENTO, Elisa Larkin (Org.). *Sankofa*: resgate da cultura afro-brasileira. Rio de Janeiro: Seafro, 1994; <www.letras.ufmg.br/literafro>.

Estevão Maya-Maya
Maria do Rosário A. Pereira

PRINCIPAIS PUBLICAÇÕES

Regresso triunfal de Cruz e Sousa e Os segredos de seu Bita dá-nó-em-pingo-d'água. São Paulo: Kikulakaji, 1982.

Cantiga pra gente de casa, chegada em cima da hora. São Paulo: Kikulakaji, 1981. (Em parceria com Vilmar Alves Ribeiro).

O maestro Estevão Maya-Maya nasceu em Pano Grosso Viana (MA), em 1943, transferindo-se mais tarde para São Paulo. Em sua trajetória combina a arte da palavra com a música: dramaturgo, compositor, poeta e cantor. Em 1980, compôs, em coautoria com Antônio de Pádua, e levou ao palco a ópera afro-brasileira *Ongira: grito africano*. No ano seguinte, foi a vez do musical *Terra nossa ou Dama-valete-rei d'espadas* e da peça teatral *Do país do saque tudo à terra onde os mortos falam*, traduzida para o espanhol.

Em 1982, publicou *Regresso triunfal de Cruz e Sousa e Os segredos de seu Bita dá-nó-em-pingo-d'água*, livro dividido em duas partes, como o próprio título indica. A primeira é composta de um poema narrativo que põe em cena o mágico retorno do poeta simbolista Cruz e Sousa, invocado pela memória do autor. E a segunda, também subdividida, narra a trajetória do menino Bita. A estas se soma ainda o "Poema desgarrado", intitulado "Musical". O autor situa os afrodescendentes entre passado e presente, entre a tradição e a renovação. Segundo Edmilson de Almeida Pereira, "a originalidade do extenso poema começa por esse retorno de Cruz e Sousa (1861-1898): o vate simbolista regressa em espírito, invocado pela memória de Maya-Maya e cercado pela atmosfera ritual dos cultos religiosos afro-brasileiros" (2011, p. 153). As qualidades literárias do simbolista são apontadas por Maya-Maya, que alerta para a necessidade de se reinterpretarem os fatos históricos sob o ponto de vista dos afrodescendentes.

Seu outro livro, *Cantiga pra gente de casa, chegada em cima da hora* (1981), em coautoria com o poeta Vilmar Alves Ribeiro, constitui-se de relatos do dia a dia, sob a forma de cantigas populares. Como se vê, uma das propostas centrais do autor é a busca por uma linguagem própria e um pluralismo estético, em que diversos discursos e gêneros textuais se articulam na criação do texto literário.

Fontes de consulta: PEREIRA, Edmilson de Almeida. Estevão Maya-Maya. In: DUARTE, Eduardo de Assis (Org.). *Literatura e afrodescendência no Brasil*: antologia crítica. Belo Horizonte: Editora UFMG, 2011. v. 2: Consolidação; <www.letras.ufmg.br/literafro>.

Waldemar Euzébio Pereira
Aline Alves Arruda

Waldemar Euzébio Pereira nasceu em Montes Claros (MG), em 25 de junho de 1946. Lá, estudou até o Ensino Médio e se iniciou na música aos 15 anos de idade, compondo e tocando violão. Como bolsista, concluiu a classe de violino pelo Conservatório Estadual Lorenzo Fernandes. Em 1971, muda-se para Belo Horizonte, onde reside até hoje. Em 1977, casa-se com Maria Regina Pilati Pereira e no ano seguinte inicia o curso de Direito na UFMG. Nesse período, conviveu com escritores e artistas mineiros, como Henry Correa de Araújo e Antônio Barreto, além de Roberto Drummond e Oswaldo França Júnior, com quem dividia os espaços culturais nos quais se discutia a literatura da época.

Estreia na literatura com *Prosoema*, de 1976. *Do cinza ao negro* é o segundo livro, marcado por te-

PRINCIPAIS PUBLICAÇÕES

Prosoema.
Belo Horizonte:
Ed. do Autor, 1976.

Do cinza ao negro.
Belo Horizonte:
Mazza, 1993.

Achados.
Belo Horizonte:
Mazza, 2004.

mas memorialísticos e lançado em 1993. Publicou também poemas e contos nos *Cadernos Negros 19, de 1996, Cadernos Negros: os melhores poemas*, de 1998, e *Cadernos Negros/Black Notebooks/Contemporary Afro-Brazilian Literature & Literary Movement*, de 2008. Foi cronista do jornal *Edição do Brasil*, de Belo Horizonte, na coluna "À Sombra do Jatobá", e participou da coletânea de contos da tradição oral *Uma História para Contar*, editada pelo Tribunal de Justiça do Estado de Minas Gerais. Tem também poemas publicados no *Livro da Tribo 2002*. Como músico, assina a trilha sonora da peça *Histórias da Gente*, que reúne textos seus, de Oduvaldo Viana Filho, Fernando Sabino, João Antônio, Graciliano Ramos, entre outros, com montagem e direção da atriz Mercedes Pilati, em cartaz há 13 anos. É ela também que encena, em 2008, a adaptação para o teatro do seu terceiro livro, *Achados*, reunião de contos publicada em 2004, indicado ao vestibular seriado 2005 da Universidade Estadual de Montes Claros. A trilha sonora desta peça é igualmente do autor. Participou ainda do coletivo de poetas *Exposição "Aspectos Urbanos"*, da artista plástica Iara Abreu, outubro de 2008.

Desde *Prosoema*, a escrita de Waldemar Euzébio Pereira se mostra carregada de memória. E, para trabalhar o tema, o escritor lança mão de um brilhante trabalho com as palavras, exaltando e exalando musicalidade. Nos textos numerados desse primeiro livro, percebemos já no primeiro as marcas memorialísticas que perpassam sua literatura: "Em breve estarei retornando dessas idades que a pedra conservou intactas a marca de nossos pés, as falas de nossos avós e os restos de nossas salobras lágrimas" (1976, s/p.).

Em *Do cinza ao negro*, seu segundo livro, percebemos essa exaltação da voz afro-brasileira que "canta" a história da escravidão: "denunciar as denúncias/ que o peito nos acusa é/ não deixar que o corpo/ ao tombar na tumba/ responda apenas/ com um surdo baque" (1993, p. 24). A necessidade da denúncia eterna é aqui enfatizada em versos por aliterações. A ideia de morte, entretanto, é abordada através da sonoridade do "batuque" de palavras ao fim do poema: "batuque peito/batuque atabaque/quero acabar dançando" (*Idem*).

Em seus contos de *Achados* a linguagem é novamente um recurso memorialístico que adentra o leitor no tempo, especialmente da infância. Das múltiplas vozes exibidas nos contos, o ponto de vista do menino negro mineiro do interior é privilegiado. No primeiro texto é ela que nos apresenta a história de mesmo nome do livro: "Tava já passando a vez do engraxate. Aquele ofício dava pra nadinha mesmo. Rendia uns trocados que mal acudiam o picolé, o aluguel da bicicleta e outras bobaginhas de economia rasa" (2004, p. 23). E prossegue:

> Estes são os achados. As lacunas entre uma coisa e outra, não iluminadas pela luz da memória, são os perdidos..., que poderão ser achados, se me faço entender. Donde os criados, recriados e mal criados. Cabe a cada um escolher. O propósito não é "unir uma ponta à outra", como pretendeu o Bruxo do Cosme Velho, mas confesso que me atrai o sabor em reatar, urdindo, invencionando e confundindo o real com o idealizado, os fatos com as pessoas. (2004, p. 28)

Assim, entre os guardados na memória, Waldemar Euzébio preenche com a inventividade de sua ficção as lacunas do passado que se faz presente.

Fontes de consulta: ARRUDA, Aline Alves. Waldemar Euzébio Pereira. In: DUARTE, Eduardo de Assis (Org.). *Literatura e afrodescendência no Brasil*: antologia crítica. Belo Horizonte: Editora UFMG, 2011. v. 2: Consolidação; ARAÚJO, Henry Correa de. Prefácio. In: *Prosoema*. Belo Horizonte: Ed. do Autor, 1976; CINTRA, Benedito. Prefácio. In: *Cadernos Negros*: os melhores poemas, op. cit.; DIAS, Marcos. Antes, uma palavra. In: PEREIRA, Waldemar Euzébio. *Achados*, cit; EVARISTO, Conceição. *Literatura negra*: uma poética de nossa afro-brasilidade. 1996. Dissertação (Mestrado em Literatura Brasileira) – Departamento de Letras, Pontifícia Universidade Católica, Rio de Janeiro; PILATI, Alexandre. Prefácio. In: *Achados*. Belo Horizonte: Mazza, 2004; SOUZA, Marco Antônio de. Prefácio. In: *Do cinza ao negro*. Belo Horizonte: Mazza, 1993; <www.letras.ufmg.br/literafro>.

Adão Ventura

Elisângela Aparecida Lopes
Maria do Rosário A. Pereira

PRINCIPAIS PUBLICAÇÕES

Abrir-se um abutre ou mesmo depois de deduzir dele o azul. Belo Horizonte: Oficina, 1970.

As musculaturas do arco do triunfo. Belo Horizonte: Comunicação, 1976.

Jequitinhonha. Belo Horizonte: Coordenadoria de Cultura do Estado de Minas Gerais, 1980a.

A cor da pele. Belo Horizonte: Ed. do Autor, 1980b.

Pó-de-mico de macaco de circo. Belo Horizonte: Ed. do Autor, 1985. (infantil)

Textura afro. Belo Horizonte: Lê, 1992.

Litanias de cão. Belo Horizonte: Ed. do Autor, 2002.

Costura de nuvens. Sabará: Edições Dubolsinho, 2006.

Adão Ventura Ferreira dos Reis nasceu em Santo Antônio do Itambé, antigo distrito do Serro (MG), em 1946. Cursou Direito na UFMG, concluindo o curso em 1971. Em 1970, publicou *Abrir-se um abutre ou mesmo depois de deduzir dele o azul*, poema em prosa marcado pelo fantástico, de grande repercussão no meio literário pela sobrecarga metafórica, fragmentação e ênfase no onírico, o que levou a crítica da época a aproximá-lo do surrealismo. A partir de 1973, residiu nos Estados Unidos, lecionou na Universidade do Novo México e pesquisou as relações do *jazz* com a literatura afro-americana. É um dos fundadores do *Suplemento Literário de Minas Gerais*. Seus poemas constam em diversas antologias, tanto brasileiras quanto internacionais. Foi roteirista e participante do filme *Chapada do Norte* (1979). Na década de 1990, presidiu a Fundação Cultural Palmares. Faleceu prematuramente em 2004.

Em conferência realizada na Faculdade de Letras da UFMG, em 2001, o poeta relatou que, quando da publicação do seu primeiro livro, fora instigado por um conhecido a escrever uma obra que fosse "a cor de sua pele". Assim, viu surgir o embrião do livro homônimo de 1980. *A cor da pele* viria a ser sua publicação mais reconhecida, com o poema "negro forro" selecionado pelo crítico Ítalo Moriconi para a antologia *Os cem melhores poemas do século*. O texto trata de uma nova forma de escravidão — o racismo — que, embora velado, mitificado, negado, do qual quase nunca se fala, é muitas vezes "inconscientemente" praticado: "minha carta de alforria/ costurou meus passos/ aos corredores da noite/ de minha pele". Assim, o próprio título ganha um sentido irônico: remete ao negro alforriado, mas o poema aponta para uma situação oposta à de liberdade.

Na primeira subdivisão do livro A cor da pele, denominada "Livro 1 — Das biografias", encontramos o indício de um conceito que se faz presente durante toda a obra, e que acreditamos ser fundamental para o seu entendimento: o enclausuramento do sujeito em si mesmo. O eu lírico encontra-se preso em uma memória traumática, teoricamente superada, mas que, na prática, deixou marcas e cicatrizes que se presentificam: o passado escravocrata. No poema "UM" podemos ler: "em negro/ teceram-me a pele/ enormes correntes/ amarraram-me ao tronco/ de uma Nova África". A pele tecida e indissociável do corpo do eu lírico é a metáfora que remonta ao mesmo tempo ao passado escravocrata e à nova escravidão de uma "Nova África". A "sombra" também é outra metáfora muito utilizada por Adão Ventura para fazer menção às marcas do passado repressivo, que remetem ao preconceito e aos estereótipos "colados" aos negros, pelas conotações de trevas, ignorância e enclausuramento.

Em "Flash back", o passado se faz presente: "áfricas noites viajadas em navios/ e correntes,/ imprimem porões de amargo sal/ no meu rosto" (1980b, s/p). E o imaginário do navio negreiro permite ao eu enunciador resgatar suas perdas em relação à ancestralidade. Já a ação heroica nos quilombos é retratada em "Eu pássaro-preto", no qual há uma clara inversão de papéis, já que o negro escravo é o guardião dos seus, não mais submetido às leis do senhor: "pássaro preto" remete à ave que ficava no alto das palmeiras na porta dos quilombos e avisava sobre a aproximação de algum estranho. Metaforiza, pois, o negro em busca da liberdade. O signo é ressignificado, o território cultural a que ele pertence não é o mesmo do branco, no qual assume uma carga semântica negativa. Ao contrário, a simbologia aqui é de resistência, pois o pássaro preto "fecha o corpo" e dá proteção ("monto guarda na porta dos quilombos"). Emblemático também é o *ferro em brasa* que aparece no poema: utilizado para ferir e marcar (ou melhor, estigmatizar) os negros, esse instrumento simboliza sua subjugação. No poema ocorre o oposto, o ferro cicatriza as queimaduras do pássaro preto.

Os livros *A cor da pele* e *Textura afro* apontam para uma negritude encarnada no eu poético, que o leva a assumir o lugar de fala de quem deseja abalar conceitos estabelecidos quanto às relações entre brancos e negros, como o da democracia racial.

Fontes de consulta: MOURÃO, Rui. "O poeta se renova" – prefácio. In: VENTURA, Adão. *A cor da pele*. Belo Horizonte: Ed. do Autor, 1980; SANTIAGO, Silviano. "A cor da pele". In:___. *Vale quanto pesa: ensaios sobre questões político-sociais*. Rio de Janeiro: Paz e Terra, 1982; BASTIDE, Roger. *A poesia afro-brasileira*. São Paulo, 1943; PEREIRA, Edgard. Adão Ventura. In: DUARTE, Eduardo de Assis. (Org.). *Literatura e afrodescendência no Brasil*: antologia crítica. Belo Horizonte: Editora UFMG, 2011. v. 2: Consolidação; PEREIRA, Maria do Rosário A. A poesia de Adão Ventura. In: MARRECO, Maria Inês de Moraes; PEREIRA, Maria do Rosário A. *Linhas cruzadas*: literatura, arte, gênero e etnicidade. Rio de Janeiro: Edições Galo Branco, 2011; SANTOS, Jussara. *Afrodiccções*: identidade e alteridade na construção poética de três escritores negros brasileiros. Dissertação (Mestrado) – PUC Minas, Belo Horizonte, 1998; <www.letras.ufmg.br/literafro>.

Conceição Evaristo
Aline Alves Arruda

PRINCIPAIS PUBLICAÇÕES

Ponciá Vicêncio.
Belo Horizonte: Mazza, 2003.

Becos da memória.
Belo Horizonte: Mazza, 2006. 2ª ed. Florianópolis: Mulheres, 2013.

Poemas da recordação e outros movimentos.
Belo Horizonte: Nandyala, 2008.

Conceição Evaristo nasceu em Belo Horizonte, em 1946, no Morro do Pindura Saia, favela situada na zona sul da capital e removida durante a ditadura militar. Na adolescência, trabalhou como doméstica. Concluiu o antigo Curso Normal em 1971, mudando-se em seguida para o Rio de Janeiro, onde cursou Letras na UFRJ e atuou como professora. Na década de 1980, participou do coletivo de escritores negros do Rio de Janeiro e se aproximou do grupo Quilombhoje, com sede em São Paulo. Sua estreia como autora se dá no número 14 de *Cadernos Negros*, com os contos "Di Lixão" e "Maria", que já anunciam o estilo marcado pelo "brutalismo poético", forma em que mescla violência e ternura, e destaca a humanidade pulsante sob as agruras de um cotidiano opressivo. Desde então, publica contos e poemas na série e em inúmeras antologias brasileiras e estrangeiras. Conceição Evaristo é mestre em Letras pela PUC do Rio de Janeiro, com a dissertação *Literatura negra, uma poética de nossa afro-brasilidade*, defendida em 1996, e doutora em Literatura Comparada pela UFF, com a tese *Poemas malungos — cânticos irmãos*, defendida em 2011. Tem, portanto, uma trajetória de pesquisadora que lhe confere repertório teórico para refletir criticamente sobre a própria escritura, bem como sobre os trabalhos de outros autores e autoras. Neste sentido, suas investigações e textos acadêmicos vêm contribuindo para o estudo das características da literatura negra ou afro-brasileira. Como exemplo deste esforço, pode-se citar o conceito de *escrevivência*, para ela uma das marcas específicas desta produção.

Seu romance *Ponciá Vicêncio*, já traduzido para o inglês, vem sendo tema de discussões e trabalhos acadêmicos desde a publicação, em 2003. A narrativa adota um ponto de vista feminino e negro ao trazer à tona os dramas que permeiam o cotidiano dos excluídos. Nascida em uma cidade do interior, não nomeada, Ponciá descende de negros escravizados e carrega no sobrenome o "Vicêncio", que remete ao antigo coronel dono da terra, e, também, dos corpos dos antepassados de Ponciá. Já de pronto entende-se o nome

Insubmissas lágrimas de mulheres. Belo Horizonte: Nandyala, 2011.

Ponciá Vicêncio. Trad. Paloma Martinez Cruz. Austin-TX: Host Publications, 2007. (Tradução)

da personagem como indicador de sua condição social e metáfora de todo um passado de traumas cuja memória se atualiza ao longo do enredo. Passado e presente se cruzam na meditação paralisante de Ponciá e o resultado indica o quanto a escravidão e seus resquícios surgem personificados no nome que ela carrega como se fosse uma cruz. Com sua anti-heroína, Conceição Evaristo se apropria parodicamente do modelo do romance de formação ocidental, pois em lugar da trajetória ascendente que marca as aventuras dos heróis da tradição europeia, o que resulta dos deslocamentos de Ponciá rumo a uma vida digna na cidade grande nada mais é do que um conjunto de perdas e derrotas. Ao final, a personagem reencontra a mãe e o irmão e fica no ar a possibilidade de mais um recomeço, desta vez para reatar laços e refazer a vida.

Em 2006, Evaristo publicou novo romance: *Becos da memória*. Narrativa de coletividade, o livro tem como centro os dramas dos moradores de uma favela que está para acabar. A convivência com os tratores dos supostos donos da terra se mistura com as mudanças das famílias carregadas de saudosismo, indignação e receio do que a vida se transformará após o desfavelamento. Nesse cenário, conhecemos histórias tocantes como a de Vó Rita, parteira e mulher respeitada por sua sabedoria e experiência, que agora cuida da misteriosa personagem Outra, que não recebe nome, mas é muito citada na narrativa da menina Maria Nova, curiosa adolescente negra que adora ouvir histórias. Personagens como Bondade, Tio Totó, Maria Velha e Ditinha vão surgindo da memória de Maria Nova e trazendo para o leitor um conjunto de narrativas sutis e, ao mesmo tempo, de um realismo realçado cada vez mais pela violência. Outra característica importante do romance está justamente na não localização espacial. Apesar dos nomes em português, o texto não explicita em que cidade e em que país se localiza a favela que está sendo removida, o que amplia seu simbolismo. Como em *Ponciá Vicêncio*, a linguagem do romance ultrapassa o tom prosaico para se avizinhar da poesia e construir cenas tocantes e sublimes por entre as vielas opressivas da comunidade não nomeada.

Já *Poemas de recordação e outros movimentos*, de 2008, compõe-se de inéditos e de textos conhecidos através dos *Cadernos Negros*, como "Vozes Mulheres", em que o eu lírico feminino tece a memória individual e comunitária em versos como "A voz de minha bisavó ecoou/ criança/ nos porões do navio./ Ecoou lamentos/ de uma infância perdida./ A voz de minha avó/ ecoou obediência/ aos brancos donos de tudo" (2008, p. 10). Nesta linha, em "Malungo, broder, irmão", dialoga com o *rap* contemporâneo e, ao mesmo tempo, com o passado de escravização, ao evocar a figura do "malungo", termo banto utilizado pelos prisioneiros traficados para se referirem aos companheiros de infortúnio no porão do navio negreiro. O poema se reveste de historicidade para lembrar que "nossas mãos ainda/ espalmam cascalhos" e clama pela coletividade expressa na primeira pessoa do plural — em que o *eu* se expande rumo ao *nós* e assume as demandas sociais e políticas dos afrodescendentes: "Um dia antes/ um dia avante/ a dívida acumula/ e fere o tempo tenso/ da paciência gasta/ de quem há muito espera" (*Idem*, p. 39).

Em 2011, vem a público *Insubmissas lágrimas de mulheres*, com treze narrativas curtas, que trazem nos títulos os nomes de suas protagonistas. E, mais uma vez, o universo feminino afrodescendente emerge como núcleo dramático das ações. Figuras como "Adelha Santana Limoeiro", "Shirley Paixão", "Rose Dusreis" ou "Mirtes Aparecida Daluz" emprestam seus singelos nomes aos títulos dos contos que protagonizam. A arquitetura empregada na nomeação faz com que o nome seja índice preciso da condição social e da própria identidade das personagens, via de regra apartadas da cidadania e de condições mínimas de realização pessoal e humana. O resultado é pungente e conduz ao entrelaçamento das histórias, conduzidas por uma narradora-pesquisadora, que se põe a gravar vozes e falas destas mulheres a fim de reunir suas experiências de vida. É, pois, uma ouvinte e contadora de histórias, também ela uma figura de ficção, a encenar para o leitor, sobretudo para as leitoras, tramas em que a cor da pele traz consigo as marcas do trauma. As narrativas reunidas nesse livro confirmam a contundência da escrita feminina e negra de Conceição Evaristo.

Fontes de consulta: ALEXANDRE, Marcos Antonio (Org.). *Representações performáticas brasileiras*. Belo Horizonte: Mazza, 2007; ARRUDA, Aline Alves. *O bildungsroman feminino e negro de Conceição Evaristo*. Dissertação (Mestrado) – UFMG, Belo Horizonte, 2007; BARBOSA, Maria José Somerlate. Prefácio. In: EVARISTO, C. *Ponciá Vicêncio*, op. cit.; BEZERRA, Kátia da Costa. *Vozes em dissonância* – Mulheres, memória e nação. Ilha de Santa Catarina: Editora Mulheres, 2007; CAMPOS, Cecy Barbosa. A poética de Conceição Evaristo. In: PEREIRA, Edimilson de Almeida (Org.). *Um tigre na floresta de signos*. Belo Horizonte: Mazza, 2010; CAMPOS, Consuelo, DUARTE, Eduardo de Assis. Conceição Evaristo. In: DUARTE, Eduardo de Assis. *Literatura e afrodescendência no Brasil*: antologia crítica. Belo Horizonte: Editora UFMG, 2011. v. 2: Consolidação; DANTAS, Elisalva M. A mulher negra na poesia afro-brasileira. In: MOREIRA, Nadilza Barros; SCHNEIDER, Liane (Org.). *Mulheres no mundo – etnia, marginalidade, diáspora*. João Pessoa: Ideia/UFPB, 2005; DUARTE, Constância Lima (Org.). *Mulheres em Letras* – Antologia de Escritoras Mineiras. Ilha de Santa Catarina: Mulheres, 2008; DUARTE, Eduardo de Assis. O Bildungsroman afro-brasileiro de Conceição Evaristo. *Revista Estudos Feministas*, v. 14, n. 1, 2006; LIMA, Omar da Silva. *Literatura afro-brasileira em Conceição Evaristo & Geni Guimarães*. Brasília: Ex Libris, 2010; GONÇALVES, Ana Beatriz R. Preta, pobre, mulher: as muitas caras de Conceição Evaristo. In: ROCHA, Enilce A. et al. (Org.). *Culturas e diásporas africanas*. Juiz de Fora: Editora UFJF, 2009; LAJOLO, Marisa. *Como e por que ler o romance brasileiro*. São Paulo: Objetiva, 2004; RUFFATO, Luiz (Org.). *Questão de pele*. Rio de Janeiro: Língua Geral, 2009; SALGUEIRO, Maria Aparecida Andrade. *Escritoras negras contemporâneas*. Rio de Janeiro: Editora Caetés, 2004; SOUZA, Florentina da Silva Souza, *Afrodescendência em Cadernos Negros e Jornal do MNU*. Belo Horizonte: Autêntica, 2005; <www.letras.ufmg.br/literafro>.

Jamu Minka
Aline Alves Arruda

PRINCIPAL PUBLICAÇÃO

Teclas de ébano.
São Paulo:
Ed. do Autor, 1986.

Jamu Minka, pseudônimo de José Carlos de Andrade, nascido em 1946, é natural de Varginha (MG) e, desde jovem, residente em São Paulo. Jornalista, possui, desde os anos 1970, uma história de envolvimento com a imprensa alternativa e com o trabalho político-cultural de militância antirracista. Integrou o grupo que, em 1978, publicou o primeiro número da série *Cadernos Negros*. Participou da fundação do Quilombhoje, no início dos anos 1980, e dos Encontros de Escritores Negros realizados no período. Integra a coletânea teórica *Reflexões sobre a literatura afro-brasileira*, editada em 1985, com o ensaio "Literatura e consciência".

Em 1984, ganhou o Prêmio Zumbi dos Palmares, da Secretaria Municipal de Cultura de São Paulo, com o poema "Ser na Serra". Está presente em diversos números de poesia dos *Cadernos*, além de antologias e publicações coletivas.

Seus escritos explicitam o engajamento do cidadão subjacente ao labor criativo do poeta. Em "Revolução", ele avisa: "meu texto é conflito" e, assim, notamos como se utiliza das palavras para revelar suas "vivências escritas", que estão na "contramão do shownalismo" (*Cadernos Negros* 31, p. 71). O trabalho com a linguagem é outra marca de sua poesia, que apresenta neologismos e jogos de palavras, como explicitado metalinguisticamente em "Muleta verbal": "Letras, sílabas e/ sentidos da diversidade/ pretoexpressar-se é atitude" (*Cadernos Negros* 29, p. 140). Essa "pretoexpressão" surge em sua plenitude já na abertura do livro *Teclas de ébano*: "Na brancura imposta ao céu de todos/ gotas humanas/ estrelas pretas no amanhã feliz" (1986, p. 9). Como muitos de seus pares, Jamu Minka reverte a semântica negativa com que a cultura ocidental estigmatiza o negro e a África. Como poeta que quer falar pelos seus, celebra o heroísmo dos quilombolas na Serra da Barriga: "Serra/ antes de território/ é instrumento que corta/ rompe/ rasga grilhões/ é passaporte pra sorte/ pro heroísmo vizinho da morte" (*Idem*, p. 27).

Fontes de consulta: BARBOSA, Márcio. *Cadernos Negros* e Quilombhoje: algumas páginas de história. In: *Thoth, escriba dos deuses, pensamento dos povos africanos e afrodescendentes*. Brasília: Secretaria Especial de Editoração e Publicações, n. 2, maio/ag. 1997; BERND, Zilá (Org.) *Poesia negra brasileira*. Antologia. Porto Alegre: AGE: IEL: IGEL, 1992; CAMARGO, Oswaldo de. *O negro escrito*: apontamentos sobre a presença do negro na Literatura Brasileira. São Paulo: Secretaria de Estado da Cultura/Imesp, 1987; CUTI. Poesia erótica nos *Cadernos*

Negros. In: FONSECA, Maria Nazareth Soares (Org.). *Brasil afro-brasileiro*. Belo Horizonte: Autêntica, 2000; DAMÁSIO, Márcio. Apresentação. In: *Teclas de ébano*, op. cit.; GOMES, Heloísa Toller. Jamu Minka. In: DUARTE, Eduardo de Assis (Org.). *Literatura e afrodescendência no Brasil*: antologia crítica. Belo Horizonte: Editora UFMG, 2011. v. 2: Consolidação; <www.letras.ufmg.br/literafro>.

Lourdes Teodoro
Cristiane Côrtes

PRINCIPAIS PUBLICAÇÕES

Água marinha, ou tempo sem palavra. Brasília: Ed. da Autora, 1978.

Fabiano teimosia. Brasília: Ed. da Autora, 1978. (cordel)

A história de Zé da Bóia. In: Revista CIMI — Conselho Indigenista Missionário. 1979. (cordel)

Canções do mais belo incesto e poemas antigos. [S.l.]: [s.n.], [s.d.].

Flores de Goiás, Brasília: Ed. da Autora, 1994.

Paysage em attente. Brasília: Ed. da Autora, 1995.

Poemas antigos. Brasília: Ed. da Autora, 1996.

Maria de Lourdes Teodoro nasceu em Formosa, Goiás, em 1946. Doutora em Letras e professora universitária com carreira no Brasil e no exterior, tem presença ativa em vários órgãos ligados às questões raciais. Estreou como poeta em 1978, com *Água marinha, ou o tempo sem palavras*. Sua obra reflete a consciência da intelectual engajada, que percorre o caminho das lutas étnicas e sociais transitando entre a academia e a militância, entre o esmero da poesia e a forma popular de seus folhetos de cordel, a exemplo de *A história do Zé da Bóia*, de 1979.

De acordo com Fernanda Felisberto (2011), é a sua trajetória por diferentes culturas que proporcionará uma poética de bases cosmopolitas, que leva o leitor a refletir sobre problemas locais e universais, como em "Epopeia latino-americana". Os deslocamentos espaciais se repetem em "Europa, França e Bahia", numa postura mais intimista, em que o eu lírico divaga entre o perto e o longe, metafórica e literalmente.

Noutro extremo, no poema "Quilombhoje" — homenagem ao coletivo de escritores que publica a série *Cadernos Negros* —, Lourdes Teodoro parodia o conhecido "Procura da poesia", de Drummond, ao defender o engajamento: "penetra calmamente nas ruas mais distantes/ Lá estão as emoções que precisam ser escritas", ensina, apontando o caminho oposto ao da arte pela arte. E conclui: "Engravide tua palavra com a fome do teu povo/ Oxigene tua palavra com a coragem de teu povo" (2011, p. 247-8). Já em "Negrícia", provoca a reflexão e discute o distanciamento entre o discurso e a prática de alguns militantes: "os elegantes gritam negritude/ com suas estratégias de sobrevivência a tiracolo/[...] E não sei a quantas andamos/ tentando dar as mãos/ às mãos que não se dão". Por esta pequena amostra, pode-se perceber o quanto a escrita de Lourdes Teodoro é marcada por sua vivência histórica, política, étnica e social.

Fontes de consulta: FELISBERTO, Fernanda. Lourdes Teodoro. In: DUARTE, Eduardo de Assis (Org.). *Literatura e afrodescendência no Brasil:* antologia crítica. Belo Horizonte: Editora UFMG, 2011. v. 2: Consolidação; <www.letras.ufmg.br/literafro>.

Eustáquio José Rodrigues
Luiz Henrique Silva de Oliveira

Eustáquio José Rodrigues nasceu em Ponte Nova (MG), em 1946. Com formação acadêmica diversificada, é especialista em Políticas Públicas e Gestão Governamental. Ficcionista voltado para o conto, publicou *Cauterizai o meu umbigo*, em 1986, e *Flor de sangue*, em 1990. Seus escritos se localizam num espaço intercontinental, a contemplar o Brasil e a África, talvez refletindo a experiência do autor nos anos em que viveu no Zaire. *Cauterizai o meu umbigo* já anuncia suas opções narrativas, entre elas, a linguagem enxuta, sem pudor, inspira-

PRINCIPAIS PUBLICAÇÕES

Cauterizai o meu umbigo. Rio de Janeiro: Anima, 1986.

Flor de sangue. Belo Horizonte: Mazza, 1990.

Além das águas de cor. São Paulo: Biblioteca 24horas, 2014.

da nas relações cotidianas, como a grande responsável por sustentar enredos dinâmicos e por dar vida a personagens de diversos estratos sociais. Assim, loucos e figuras comuns se misturam a empresários e políticos.

A violência — física e simbólica — perpassa os dois livros e ganha contornos máximos em *Flor de sangue*. O conto "Pão da Inocência" tem na fome o tema principal: narra a história de Adônis, menino negro cuja família vivia na mais plena miséria. Os pais, não nomeados, são alcoólatras e ausentes, denunciando a vulnerabilidade que acomete muitas crianças brasileiras. A total ausência de alimento é uma situação vivenciada diariamente pelo garoto. Agredido pelo pai por desobediência, Adônis busca apoio na Igreja. Pergunta ao padre se ele tinha pecado e obtém resposta afirmativa. Tempos depois, em mais um acesso de fome, encontra uma lata de formicida. Abre-a, mistura o conteúdo à água e sorve lentamente a porção. Os vizinhos logo acodem ao ver a chegada da polícia. O acontecimento gera indignação, mas nada que altere o estado contemplativo daquela comunidade: "Adônis morreu. O Adônis se suicidou!" (1990, p. 12). Embora tenha o nome do deus grego que simboliza a beleza — logo, o êxito —, o final do personagem é trágico como em outros escritos do autor, o que confere à trama um forte sentido paródico: negro e miserável, o Adônis brasileiro sofre até morrer, mesmo estando ainda na infância. O conto sintetiza de forma crua e direta o olhar crítico do autor frente às mazelas sociais.

Fontes de consulta: AUGEL, Moema Parente. Eustáquio José Rodrigues. In: DUARTE, Eduardo de Assis (Org.). *Literatura e afrodescendência no Brasil*: antologia crítica. Belo Horizonte: Editora UFMG, 2011. v. 2: Consolidação; ANTONIO, Carlindo Fausto. *Cadernos Negros*: esboço de análise. Tese, (Doutorado) – Unicamp, Campinas, 2005; <www.letras.ufmg.br/literafro>.

Inaldete Pinheiro de Andrade
Elisângela Aparecida Lopes

Graduada em Enfermagem e mestre em Serviço Social, a escritora Inaldete Pinheiro destaca-se como militante das questões relacionadas à negritude. Nascida em Parnamirim (RN), em 1946, mudou-se para Recife aos 20 anos, com o objetivo de se tornar enfermeira, projeto ao qual associou a construção de um percurso em defesa do ensino da cultura africana e afro-pernambucana. No fim dos anos 1970, foi uma das fundadoras do Movimento Negro da cidade; em 1980, do Fórum das Mulheres de Pernambuco; e nove anos depois, do Centro Solano Trindade.

Inaldete é autora de publicações que abordam assuntos relacionados à cultura afro-brasileira, as quais, inclusive, são utilizadas pela autora nas atividades escolares que realiza em Recife e em outros municípios do Estado. A maioria dos seus livros é voltada para crianças; nessa vertente, publicou ainda *Racismo e anti-racismo na literatura infanto-juvenil*, em 2001. É autora da coleção Velhas histórias, novas leituras, lançada em 2010, que ilustra a presença da tradição cultural africana em Pernambuco.

Em *A barriguda que é um baobá* (2010), a narradora conta a história da árvore de origem africana que sobrevive à expansão urbana e que se tornou não só referência espacial para vizinhança, como também, remontando à tradição, símbolo do pertencimento mútuo: África/Brasil. Em Recife, o reconhecimento e tombamento da árvore como patrimônio histórico alcançou a "Barriguda do

PRINCIPAIS PUBLICAÇÕES

Cinco cantigas para você contar. Recife: Produção Alternativa, 1989.

Pai Adão era nagô. Recife: Produção Alternativa, 1989.

A calunga e o maracatu. Recife: Prefeitura. Secretaria de Cultura, 2007.

Baobás de Ipojuca. Recife: Bagaço, 2008.

A barriguda que é um baobá. Recife: Ed. do Autor, 2010. [Col. Velhas história, novas leitura; 1]

Eu, o coco. Recife: Ed. do Autor, 2010. [Coleção Velhas história, novas leitura; 2]

A menina capoeira. Recife: Ed. do Autor, 2010. [Coleção Velhas história, novas leitura; 3]

Maracatu de real realeza. Recife: Ed. do Autor, 2010. [Col. Velhas história, novas leitura; 4]

Biriba Berimbau. Recife: Ed. do Autor, 2010. [Coleção Velhas história, novas leitura; 5]

Fundão", espécie que inspirou Inaldete a escrever a história desse livro. O Baobá também é o centro temático das várias histórias que compõem Baobás de Ipojuca (2008).

Em Eu, o coco, há a personificação da voz narrativa, que se corporifica na árvore/fruto: "mesmo sendo uma árvore estrangeira, gozei de plena adaptação aos diversos solos sem me incompatibilizar com as palmeiras nativas" (2010, p. 5, v. 2). Refazendo o percurso cultural, chega-se à voz da dança: "em cada lugar apareço de uma forma diferente: aqui é uma batida dos pés, ali é outra, noutra mudam os instrumentos, acolá é o volteio, enfim nada disso incomoda o meu ego, o importante é que eu sou patrimônio de tantos quilombos, até perdi a conta" (2010, p. 13, v. 2).

A personificação e o percurso temático marcado pela dupla significação também estão presentes em Biriba Berimbau. Berimbau, na roda de capoeira, percebe a desafinação de seu vizinho: "vara cabisbaixa, o arme torto, a cabaça e o caxixi em graça" (2010, 4, vol. 5), descrição constitutiva do estado da alma da personagem. Os problemas enfrentados pelo amigo se devem a sua constituição, pois havia sido feito de madeira imprópria, devido à ausência de biriba na região. A narrativa se desenrola em torno da constatação do desgaste florestal e da necessidade de preservação ambiental.

Já o volume A menina capoeira conta a história de Soraia e as transformações por ela vivenciadas. De heroína do time de futebol, passa a jogar capoeira. A menina enfrenta o preconceito dos pais, dos colegas de sala, devido a essa escolha feita com o intuito de aprender e praticar a dança/luta de origem africana. Assim, ela se torna: "menina-capoeira. E seguirá capoeira, menina-moça, moça feita, camará" (2010, p. 19, v. 3).

No volume Maracatu de real realeza, conta-se a história de uma menina que se depara com um verso: "— A boneca é de cera/ — É de madeira". Na juventude, ouve novamente esses versos em um cortejo de maracatu, do qual passam, ela e os jovens leitores, a conhecerem a história: forma de organização entre os escravizados, símbolo da união; simbologia da transplantação do Reino de Angola, chegando à fundação dos primeiros maracatus de Recife — representação de "realezas africanas no exílio forçado" (2010, p. 14, v. 4). A jovem se identifica com Calunga, a boneca de cera, de madeira, responsável pela ligação entre o meio externo e o divino, que pede licença para o cortejo passar. A tradição do maracatu também é tema de A calunga e o maracatu, publicado em 2008.

Fontes de consulta: ANDRADE, Inaldete Pinheiro de. *Racismo e anti-racismo na literatura infanto-juvenil.* Recife: Etnia Produções Editoriais, 2011; _____ "Haja Zuada". In: *A calunga e o maracatu.* Recife: Prefeitura. Secretaria de Cultura, 2007. MELO, Jamildo. Homenagem a uma guerreira. Disponível em: <http://jc3.uol.com.br/blogs/blogjamildo/canais/noticias/2010/11/30/homenagem_a_uma_guerreira_85047.php>; <www.letras.ufmg.br/literafro>.

Ricardo Dias
Maria do Rosário A. Pereira

Ricardo Aparecido Dias nasceu no dia 30 de abril de 1947 na cidade de São Paulo, mas desde a década de 1960 vive em Osasco (SP). É professor, jornalista, escritor, ator e pesquisador. Em 1995, se pós-graduou em Administração de Museus; cursou também mestrado em Administração com ênfase em Marketing. Atuou, a partir de 1980, como repórter e editor dos periódicos *Primeira Hora*, *Diário de Osasco* e *Jornal do Conselho da Comunidade Negra*. Em 1970, lançou o I e o II Cursos de Teatro de Osasco. Sua carreira teatral é marcada pela composição de diversos trabalhos, como *Consumo e incomunicabilidade* (1980) e *Osasco dos meus amores* (1988). Atuou também no filme *O homem que virou suco*, de João Batista de Andra-

PRINCIPAIS PUBLICAÇÕES

Balanço de vida. São Paulo: João Scortecci, 1986.

Jugo suave. São Paulo: João Scortecci, 1992.

de. Na televisão, compôs o elenco de novelas como *Seu Quequé* (TV Cultura) e *O Todo Poderoso* (TV Bandeirantes). Em 1985, organizou a antologia *Poesia negra em Osasco*.

Além dos textos teatrais, Ricardo Dias é autor de poesias e contos. Participou de publicações coletivas e está presente nos volumes 10 e 22 dos *Cadernos Negros*. No ensaio intitulado *Memória da cultura negra em Osasco*, de 1985, trata do resgate da cultura afro-brasileira na sua cidade do coração. Essa tendência se faz presente também em seus contos, como uma forma de conscientização capaz de combater o preconceito racial que ainda se faz presente na sociedade brasileira. Em geral, predominam os ambientes urbanos e a problematização do lugar subalterno ocupado pelo negro. A prosa de Ricardo Dias, ao mesmo tempo que trata da pobreza vivenciada por boa parte dos afrodescendentes, indica também o conhecimento e a conscientização como chaves para o resgate da cidadania.

Nesta linha, os poemas de *Balanço de vida*, de 1986, e *Jugo suave*, de 1992, trazem a marca do projeto literário afro-brasileiro:

> vá bantu, vá/ levante o rosto, empine o peito/ [...]/ somos maioria/ esse chão que você pisa/ é nosso também, sabia?/ vá bantu/ abra bem os olhos, aguce a visão/ somos nosso próprio tesouro/ há muito o que vigiar/ e de quando em vez mostre os dentes/ mesmo que já não sadios/ de modo a deixar em dúvida/ se sorri ou vai dar o bote/ [...]. (1986, p. 29)

Fontes de consulta: *Cadernos Negros 10*. (Org. Quilombhoje). São Paulo: Ed. dos Autores, 1987; *Cadernos Negros*: os melhores contos. São Paulo: Quilombhoje, 1998; <www.letras.ufmg.br/literafro>.

Geni Guimarães
Aline Alves Arruda

A escritora e professora Geni Mariano Guimarães nasceu na área rural do município de São Manoel (SP), em 8 de setembro de 1947. Ainda criança, muda-se com seus pais para outra fazenda, em Barra Bonita (SP). Lá publicou seus primeiros escritos no *Jornal da Barra* e no *Debate Regional*. Seu primeiro livro de poemas, *Terceiro filho*, data de 1979. Em 1981, publica seus primeiros contos na série *Cadernos Negros* e, também, seu segundo livro de poemas — *Da flor o afeto, da pedra o protesto* — com versos marcados pela afirmação identitária afro-brasileira. Em 1988, participa da IV Bienal Nestlé de Literatura dedicada ao Centenário da Abolição. Neste mesmo ano, a Fundação Nestlé patrocina seu volume de contos *Leite do peito*. E, em 1989, sua novela *A cor da ternura* recebe os prêmios Jabuti e Adolfo Aisen.

Terceiro filho nos apresenta uma poeta de escrita densa e intimista, como podemos perceber em "Verso nu": "Gosto e quero/ o sutil da palavra/ entrincheirada e viva/ no corpo do poema necessário". Essa força poética vai se confirmar também em *Balé das emoções*, de 1993, cujo título já nos adianta que o ritmo poético vai seguir a intensidade dos versos. O tema afro pode ser encontrado em vários textos dessa obra, como em: "Não sou racista./ Sou doída, é verdade,/ tenho choros, confesso./ Não vos alerto por represália/ nem vos cobro meus direitos por vingança" (1993, p. 74).

É na prosa de traços autobiográficos, porém, que Geni fará sucesso no mundo editorial. Seu livro *Leite do peito* revela a vivência da autora na infân-

PRINCIPAIS PUBLICAÇÕES

Terceiro filho.
Bauru: Jalovi, 1979.

Da flor o afeto, da pedra o protesto.
Barra Bonita: Ed. da Autora, 1981.

Leite do peito.
São Paulo: Fundação Nestlé de Cultura, 1988. 3ª ed. B. Horizonte: Mazza, 2001.

A cor da ternura.
São Paulo: FTD, 1989. 12ª ed. 1998.

Balé das emoções.
Barra Bonita: Ed. da Autora, 1993.

A dona das folhas.
Aparecida: Santuário, 1995.

O rádio de Gabriel.
Aparecida: Santuário, 1995.

Aquilo que a mãe não quer.
Barra Bonita: Ed. da Autora, 1998.

cia, seus traumas, preconceitos vividos na escola, as dores e as alegrias de uma forma única e marcante. Esta tendência prossegue em *A cor da ternura*, que é uma ampliação do volume anterior. Na edição 2001 de *Leite do peito*, os dois livros se fundem. Desde então, recebe vários prêmios e é adotado em escolas de todo o país. As mais distantes lembranças da menina protagonista são ao mesmo tempo sutis e fortes. Desde os conflitos vividos, como o do ciúme pelo nascimento do irmãozinho, até os traumas sofridos na escola por ser negra, o livro desfila um fio de memória lírico e pulsante. Geni Guimarães, que se consagrou desde então com a literatura voltada para esse público (embora seus livros possam perfeitamente ser apreciados por adultos), é autora ainda de *A dona das folhas* (1995), *O rádio de Gabriel* (1995) e *Aquilo que a mãe não quer* (1998), destinados a leitores iniciantes.

Leite do peito traz um conjunto de narrativas curtas que vão se somando e ganhando unidade, o que não impede que cada conto tenha sua dinâmica própria, com princípio, meio e fim. A voz que narra encarna a menina negra e pobre cuja infância vai sendo "encurtada" pelos dissabores da discriminação racial. O texto resgata elementos da memória infantil marcados pelo trauma da rejeição e os articula de forma a dotá-los de tocante dramaticidade. No conto "Fim dos meus natais de macarronadas", a voz narrativa fala da distribuição de brinquedos a crianças carentes, mas a filantropia é desmascarada quando o texto revela a verdadeira face dos doadores:

> A madame alisava as cabecinhas suadas, fazia uma forcinha, rasgava um riso, enfiava a mão no saco e entregava o esperado presente. Lascava um beijo nas bochechas da criançada, que saía doida, rasgando o plástico que envolvia o objeto. [...]
>
> Daí a madame enfiou a mão esguia no saco e, quando foi entregar o presente, parou e olhou na carinha negra e boba de minha irmã. Fitou-a com nojo, medo, repúdio, ódio, sei lá. Deu um passo para trás e quase jogou o pacote na cara da Cema. Virou-se apressadamente, sem ao menos o riso fabricado. Sem ao menos atirar-lhe o beijo hipócrita, frio, triste. (2001, p. 30)

O realismo do tratamento permite discutir as relações entre brancos e negros, ricos e pobres no Brasil. Até que ponto os preconceitos não se ocultam sob a postura de "tolerância" para com o Outro, o diferente? E quando teremos a verdadeira aceitação e o respeito às diferenças étnicas, de gênero e de classe social? Os escritos de Geni Guimarães nos ensinam que a literatura pode ser também uma forma de resistência cultural e política. E, como outros autores negros, a escritora vale-se da própria memória para representar na ficção os dramas e os sonhos de toda uma coletividade.

Fontes de consulta: AUGEL, Moema Parente. Geni Mariano Guimarães. In: DUARTE, Eduardo de Assis (Org.). *Literatura e afrodescendência no Brasil*: antologia crítica. Belo Horizonte: Editora UFMG, 2011. v. 2: Consolidação; COLINA, Paulo. (Org.). Axé – Antologia contemporânea da poesia negra brasileira. São Paulo: Global, 1982; LOBO, Luíza. *Crítica sem juízo*. 2ª ed. Rio de Janeiro: Garamond, 2007; LIMA, Omar da Silva. *Literatura afro-brasileira em Conceição Evaristo e Geni Guimarães*. Brasília: Ex Libris, 2010; JOVINO, Ione. Resenha de A cor da ternura. Revista Palmares – Cultura Afro-Brasileira, Brasília, Ministério da Cultura/Fundação Cultural Palmares, Ano 1, n. 1, ago. 2005; OLIVEIRA, Eduardo de. *Quem é quem na negritude brasileira*. São Paulo: CNAB, 1998. v. 1; OLIVEIRA, Maria Anória. Literatura infantojuvenil brasileira: Tecendo fios para o fortalecimento de nossa identidade étnico-racial? In: *Lugares dos discursos*. X Congresso Internacional da ABRALIC. Simpósio Afrodescendências. Rio de Janeiro, 31/7-4/8 de 2006; SOUZA, Neusa Santos. *Tornar-se negro*, As vicissitudes da identidade do negrobrasileiro em ascensão social. Rio de Janeiro: Graal, 1983; SOUSA, Andréia Lisboa de. Representação afro-brasileira em livros paradidáticos. In: *Lugares dos discursos*. X Congresso Internacional da ABRALIC. Simpósio Afrodescendências. Rio de Janeiro, 31/7- 4/8 de 2006. CD-ROM. ISBN: 978-85-98402-04-8; <www.letras.ufmg.br/literafro>.

Rogério Andrade Barbosa
Elisângela Aparecida Lopes

PRINCIPAIS PUBLICAÇÕES

Bichos da África. Volume I, II, III e IV. São Paulo: Melhoramentos, 1987/88.

O rei do mamulengo. São Paulo: FTD, 2003. (Altamente Recomendado para Crianças — Fundação Nacional do Livro Infantil e Juvenil.)

Contos africanos para crianças brasileiras. São Paulo: Paulinas, 2004. (Altamente recomendado para Crianças — Fundação Nacional do Livro Infantil e Juvenil, 2004; Prêmio da Academia Brasileira de Letras, 2005.)

O guardião da folia. São Paulo: FTD, 2007.

Outros contos africanos. São Paulo: Paulinas, 2007.

ABC do continente africano. São Paulo: Larousse, 2007.

Kalahari — uma aventura no deserto africano. São Paulo: Melhoramentos, 2009.

Contos africanos de adivinhação. São Paulo: Paulinas, 2009.

Nascido em Campo Belo (MG), em 1947, Rogério Andrade Barbosa é um dos nomes de destaque no cenário nacional no que se refere à produção de literatura infantil. Graduado em Letras pela Universidade Federal Fluminense e pós-graduado em literatura infantojuvenil pela Universidade Federal do Rio de Janeiro, é contador de história e ex-voluntário da ONU em Guiné-Bissau. O autor tem uma produção marcada pela tradução da oralidade da tradição africana para a escrita e o faz de maneira exímia, tanto quantitativamente — são mais de 70 livros publicados desde 1987 — quanto no que se refere à qualidade estética, literária e imagética dos seus trabalhos.

O autor recebeu, em 2005, o Prêmio Literatura Infantojuvenil da Academia Brasileira de Letras, pelo livro *Contos africanos para crianças brasileiras*; e o Prêmio ORI, em 2007, da Secretaria das Culturas do Rio de Janeiro. A série *Bichos da África*, composta por quatro volumes, traduzida e publicada na Argentina, México, Alemanha e Estados Unidos, recebeu vários prêmios, entre eles: Prêmio Jabuti de Melhor de Ilustração (1988) e White Ravens (Acervo da Biblioteca Infantil de Munique — Alemanha).

Em *Madiba, o menino africano* (2011), Barbosa constrói uma narrativa que aborda a história de Rolihlahla — "o encrenqueiro" —, um menino predestinado a ser líder de seu povo. Das brincadeiras de infância, passando pela prisão, à Presidência da República da África do Sul, as crianças leitoras tomam contato com o processo de formação de um dos grandes homens da história: Nelson Mandela, que, ao final da narrativa, é retratado ainda como Madiba, o menino "encrenqueiro" do início da história.

Assim, passado e presente africanos se concretizam perante o leitor ao assinalar a existência de culturas milenares com as quais temos muito que aprender, para além da história social e política marcada pela dominação colonial. Os escritos de Rogério Andrade Barbosa ilustram uma África inteiramente diferente das imagens estereotipadas divulgadas no Ocidente, voltadas para o reforço dos sentidos de selvageria e de atraso. Tais sentidos foram construídos pelo pensamento ocidental até como forma de justificar a escravização e o tráfico negreiro largamente empregado durante a colonização das três Américas. Os contos resgatados da oralidade africana e traduzidos para o público infantojuvenil brasileiro revelam a riqueza de pensamento e das heranças gravadas na memória coletiva de civilizações tão antigas quanto as europeias, e que deixaram seus ensinamentos e lições de vida gravados em histórias cheias de sentimento. Os contos africanos, presentes em *Histórias que nos contaram em Angola* (2009), *Contos africanos de adivinhação* (2009), entre outros, trazem para o jovem leitor exemplos de como as culturas instaladas há tanto tempo naquele continente produziram literatura com a mesma qualidade das fábulas e das lendas populares europeias recolhidas ao longo dos séculos e hoje consideradas textos clássicos.

Já em *O guardião da folia* (2007), um livro colorido, ilustrado de maneira cuidadosa por Jô Oliveira, o autor conta a história da perpetuação da cultura

O protetor da natureza (peça teatral). São Paulo: Larousse, 2009.

Histórias que nos contaram em Angola. São Paulo: FTD, 2009.

O menino que sonhava transformar o mundo. Rio de Janeiro, 2009.

Em Angola tem? No Brasil também. FTD, 2010.

Jambo! Uma manhã com os bichos da África. São Paulo: Melhoramentos, 2010.

Ndule Ndule. São Paulo: Melhoramentos, 2011.

Madiba, o menino africano. São Paulo: Cortez, 2011.

afro-brasileira, a partir de Seu Libério, o guardião da tradição da folia, na Mangueira, Rio de Janeiro. Nesse livro, cujo foco é a representação cultural, Barbosa mescla temas atuais e cotidianos, como a violência, a inserção do tráfico e a presença da polícia no morro; e relembra fatos históricos como a escravidão e a abolição. A tradição da oralidade é mantida na narrativa por meio da transcrição de versos cantados pelos foliões, os quais Seu Libério, como um *griot*, repassa às crianças da folia mirim.

Fontes de consulta: DEBUS, Eliane Santana Dias. A cultura africana e afro-brasileira na literatura de Joel Rufino dos Santos, Júlio Emílio Braz e Rogério Andrade Barbosa: Interações possíveis. In: NOGUEIRA, João Carlos (Org.). *Negros no Brasil*: política, cultura e pedagogias. Florianópolis: Atilèndi, 2010; OLIVEIRA, Maria Anória Jesus de. *Negros personagens nas narrativas literárias infantojuvenis brasileiras*: 1979-1989. Salvador, 2003. Dissertação (Mestrado em Educação) – Departamento de Educação, Universidade Estadual da Bahia; SOUSA, Andréia Lisboa de. Rogério Andrade Barbosa. In: DUARTE, Eduardo de Assis (Org.). *Literatura e afrodescendência no Brasil*: antologia crítica. Belo Horizonte: Editora UFMG, 2011. v. 2: Consolidação; <www.letras.ufmg.br/literafro>; site do autor: <http://www.rogerioandradebarbosa.com/index.asp>.

Jaime Sodré
Gustavo de Oliveira Bicalho

PRINCIPAIS PUBLICAÇÕES

As histórias de Lokoirotempo: candomblé, uma história para qualquer idade. Salvador: Ed. do Autor, 1995.

Da cor da noite. Coautoria com Nivalda Costa. Salvador: UFBA, 1983.

O dia em que mataram Papai Noel. [s. n. t.].

Jaime Sodré nasceu em Salvador (BA), em 1947. Valeu-se, desde muito cedo, do contato com as tradições artísticas, culturais e religiosas dos afro-brasileiros, realizando, em sua arte, a atualização do imaginário presente em tais práticas. Assinou, inicialmente, letras de música, gravadas por cantores de renome. A canção "Machado de Xangô", por exemplo, em parceria com Saul Barbosa, foi lançada por este no CD *Bahia, cidade aberta*, em 1995, e gravada por Caetano Veloso. A escolha de linguagens distintas como forma de produção artística é uma das mais salientes características de Sodré. Já o interesse pelo conhecimento histórico das tradições afro-brasileiras está sempre presente em suas pesquisas: na dissertação de mestrado estuda a influência da religião afro-brasileira nas esculturas de Mestre Didi, e na tese de doutorado discute as relações entre candomblé e imprensa. Sodré é também autor do ensaio *Manuel Querino: um herói da raça e classe*, de 2001, em que reflete sobre a trajetória do intelectual baiano que desafiou o discurso cientificista e racialista do século XIX.

É autor, ainda, de contos, poemas e textos dramáticos, como *Alufá Licutan confessa*, sobre a Revolta dos Malês em 1835. O poema "Ilê Iyê — Casa da Memória", publicado em 2000 na antologia *Quilombo de Palavras*, não é exceção. Dividido em três partes e um epílogo, o poema abraça o universo mítico de tradição iorubá atualizado no Brasil e coteja o tema da criação do mundo e dos orixás: "O nada/ era tudo/ Todos nadavam/ No tudo do nada/ Em algum lugar/ meditava Olorum". Desse nada-tudo, surgem, na palavra poética, os seres e as coisas: "São mares/ São terras/ São Damião/ Doum e Alabá/ Oduduwa e Obatalá". Na composição do poema, também composição do mundo, a tradição do candomblé é apresentada junto a outras tradições, por um movimento de gênese. Por tais meios, temos contato, nos textos de Jaime Sodré, com uma visão privilegiada da cultura afro-baiana como lugar de convívio da diversidade cultural e de vivência continuada da memória ancestral dos afro-brasileiros.

Fontes de consulta: CONCEIÇÃO, Jônatas, BARBOSA, Lindinalva (Org.). *Quilombo de palavras*. 2ª ed. Salvador: CEAO, 2000; SOUZA, Florentina da Silva. Jaime Sodré. In: DUARTE, Eduardo de Assis (Org.). *Literatura e Afrodescendência no Brasil*: antologia crítica. Belo Horizonte: Editora UFMG, 2011. v. 2: Consolidação; <www.letras.ufmg.br/literafro>.

Aline França
Aline Alves Arruda

PRINCIPAIS PUBLICAÇÕES

Negão Dony. Salvador: Prefeitura de Salvador, 1978.

A mulher de Aleduma. Salvador: Clarindo Silva, Tip. S. Judas Tadeu, 1981. 2ª ed. Salvador: Ianamá, 1985.

Os estandartes. Salvador: Littera, 1993. 2ª ed. Salvador: BDA, 1995.

Aline dos Santos França nasceu em 15 de fevereiro de 1948, em Teodoro Sampaio (BA). É filha de Bento Ramos França, ferreiro e conhecido contador de estórias. Começou a escrever desde criança, quando trabalhava com os pais na agricultura. Na década de 1970, passa a residir em Salvador e participa da efervescência cultural que marcou a Bahia na época. Nesse contexto, publica a novela *Negão Dony*, seu livro de estreia, que põe em cena a cultura afro-baiana e o universo do candomblé.

A mulher de Aleduma é seu trabalho mais conhecido. Narra a história de uma ilha onde vivem os negros descendentes do velho Aleduma, vindo do planeta IGNUM, governado pela deusa Salópia. Nele, configura-se um universo sem discriminação, no qual os negros vivem em perfeita harmonia e simplicidade até que ambiciosos brancos tentam transformar o lugar em um paraíso turístico. O enredo dialoga parodicamente com a ilha criada por Thomas Morus no clássico *Utopia* — lugar de perfeição e sonho de futuro. A novela conferiu à autora reconhecimento crítico no meio literário baiano e foi tema de artigos em diversos países. Essa repercussão fez com que a revista nigeriana *Ophelia*, publicada em língua inglesa e de circulação internacional, colocasse Aline França entre os destaques da literatura contemporânea, no gênero "ficção em estilo surrealista".

Em 1993, a autora traz a público *Os estandartes*,

ficção em que entroniza o povo "fortiafri" — comunidade que tem a missão de alertar o mundo sobre a espiritualidade e a preservação da natureza. A obra foi adaptada para o teatro e integrou as comemorações pelos trezentos anos de Zumbi dos Palmares. Já *Emoções das águas*, de 2005, também se transformou em peça teatral, apresentando como tema central a integração de arte, educação ambiental e cultura. A peça dá continuidade ao espetáculo *As fontes antigas de Salvador e seus convidados*, também escrito pela autora.

Fontes de consulta: AUGEL, Moema Parente. Aline França. In: DUARTE, Eduardo de Assis (Org.). *Literatura e afrodescendência no Brasil:* antologia crítica. Belo Horizonte: Editora UFMG, 2011. v. 2: Consolidação; COELHO, Nelly Novaes. *Dicionário crítico de escritoras brasileiras (1711-2001).* São Paulo: Escrituras, 2002; *Dicionário de escritores baianos.* Salvador: Governo do Estado. Secretaria de Cultura e Turismo, 2006.

Arnaldo Xavier
Eduardo de Assis Duarte

Paraibano de Campina Grande, Arnaldo de França Xavier nasceu em 19 de novembro de 1948, tendo residido em São Paulo desde a juventude. Em sua autoapresentação na antologia *Contra mão* (1978), afirma: "A poesia nascendo com a fome e a sede. De um lado, a preocupação paterna em me alfabetizar para ler cordéis para a vizinhança sem eira nem beira; do outro a necessidade de falar e fazer as coisas" (1978, p. 19). Sua produção dialoga com o experimentalismo oriundo do Poema-processo e demais correntes vanguardistas surgidas na segunda metade do século XX. Nos anos 1980, participou dos encontros de escritores negros brasileiros e publicou em diversas antolo-

PRINCIPAIS PUBLICAÇÕES

Pablo. São Paulo: Pindaíba, 1974. (Poemas, coautoria Aristides Klafke)

Rosa da recusa. São Paulo: Pindaíba; Debates, 1982. (Poesia)

Eis a Rosa-Cruz e outras ilusões ou fama libertatis. Belo Horizonte: G. Holman, s/d.

Terramara. São Paulo:

<aside>
Ed. dos Autores, 1988. (Peça teatral, coautoria Cuti e Miriam Alves)

Manual de sobrevivência do negro no Brasil. São Paulo: Nova Estampa, 1993. (Prosa, edição bilíngue, com charges de Maurício Pestana)

Ludlud. São Paulo: Casa Pindahyba, 1997. (Poesia)
</aside>

gias, inclusive no exterior. Poeta e teatrólogo, fez também incursões pela prosa de ficção, escrevendo contos para a série *Cadernos Negros*.

Em seu ensaio-manifesto "Dha lamba à qvizila — a busca de hvma expressão literária negra", apresentado no I Encontro de Poetas e Ficcionistas Negros Brasileiros, realizado em São Paulo em 1985, e publicado no ano seguinte no livro *Criação crioula, nu elefante branco*, Arnaldo Xavier assume uma postura polêmica. Advoga a construção de uma expressão literária genuinamente negra e ataca o conceito de cultura brasileira, a seu ver comprometido com a absorção de padrões europeus e com o permanente apagamento dos negros e de sua contribuição, no âmbito do processo homogeneizador de configuração da unidade nacional. Após afirmar que a literatura brasileira, "marcada pela índole branca" (apesar de ter em Machado de Assis "seu grande momento"), "vive profunda crise [...] não só de criatividade, mas principalmente de impopularidade", advoga a "contraposição estética" e a "traição de todos os sentidos de brasilidade", a partir do que denomina "Coexistência Crítica a esboçar a busca de um caminho independente, uma opção ideológica, um projeto político-cultural, baseados numa autonomia de pensamento" (1986, p. 90-5). Renega igualmente o "discurso do autoflagelo" e acrescenta: "O Negro não é feio nem Bonito. O Negro contraria pelo Seu Não Alinhamento. Pela sua Não Permissão. O Negro contraria e esta contrariedade é a expressão de incorrespondência às significações adversas manifestadas pelo mundo branco" (1986, p. 96).

A poesia de Arnaldo Xavier explora até as últimas consequências as relações entre a palavra escrita e o espaço branco da página. O resultado aparece em textos que devem não apenas ser "lidos", mas também, "vistos": poemas visuais, que experimentam novos procedimentos e desafiam a imaginação do leitor. Um exemplo é o poema "Sem título", alusivo ao centenário da Abolição da escravatura, no qual o poeta, sem usar uma palavra sequer, constrói uma grande cruz com a data 1888 várias vezes repetida até completar a imagem da cruz que o negro brasileiro tem que carregar. Nesta linha, no poema "BORDANDO O MUNDO DE NEGRO)SEM PAINEL(e)SEM PINCEL (", pode-se ler:

> AQUI
> debaixo destas Cinco Estrelas
>)agonia(
>)Grito(
>)Fome(
>)Medo(
>)Tristeza(
> Ei-la aqui
> Ei-la aqui!
> Ei-la aqui?
> Ei-la AQUI.
> — Não há mais como camuflar a Dor
> (In: *Colina*, 1982, p. 19).

Já em outro texto, intitulado "São Pálido", ele afirma: "um dia no rio/ tietê correu sangue/ como correu no rio volga/ como correu nos esgotos de varsóvia/ como correu nos vales de áfricas" (1978, p. 27). Além de transgredir as normas gramaticais colocando os nomes próprios com letra minúscula, o poeta relaciona a cidade de São Paulo com locais marcados pela violência, seja das guerras ocorridas na Rússia e na Polônia, seja nas guerras para a escravização dos negros na África. Arnaldo Xavier faleceu prematuramente aos 55 anos, em 26 de janeiro de 2004.

Fontes de consulta: ALVES, Miriam, CUTI, Luiz Silva, XAVIER, Arnaldo (Org.). *Criação crioula, nu elefante branco*. São Paulo: Secretaria do Estado da Cultura/Imprensa Oficial, 1986; ALVES, Ana Cristina Tannús; FEITOSA, Susanna Busato. Marginália e Contracultura: em busca do discurso poético de Aristides Klafke no controvertido contexto de 1970. *Estudos Linguísticos* XXXIV, 2005; AUGUSTO, Ronald. Transnegressão. In: AFOLABI, Niyi; BARBOSA, Márcio, RIBEIRO, Esmeralda (Org.) *A mente afro-brasileira*. Trenton-EUA/Asmara-Eritreia: Africa World Press, 2007; CAMARGO, Oswaldo de. *O negro escrito*. São Paulo: Secretaria de Estado da Cultura, 1987; COLINA, Paulo (Org.). *Axé – Antologia contemporânea da poesia negra brasileira*. São Paulo: Global, 1982; SOUSA, Luiz Carlos de. Arnaldo Xavier. In: DUARTE, Eduardo de Assis (Org.). *Literatura e afrodescendência no Brasil*: antologia crítica. Belo Horizonte: Editora UFMG, 2011. v. 2, Consolidação; SANTILLI, Maria Aparecida. *Africanidade*. São Paulo, Ática, 1984; *Enciclopédia de literatura brasileira*. Direção de A. Coutinho e J. Galante de Sousa. 2a ed. rev., ampl., sob coordenação de Graça Coutinho e Rita Moutinho. São Paulo: Global Editora; Rio de Janeiro: Fundação Biblioteca Nacional/DNL: Academia Brasileira de Letras, 2001; <www.letras.ufmg.br/literafro>.

José Endoença Martins

Marina Luiza Horta

PRINCIPAIS PUBLICAÇÕES

Me pagam pra Kaput. Blumenau: Fundação Casa Dr. Blumenau, 1986.

Me tomam pra Doryl. Blumenau: Fundação Casa Dr. Blumenau, 1987.

Me vestem pra Dujon. Belo Horizonte: Nova Safra, 1988.

Traseiro de brasileiro. Blumenau: Fundação Casa Dr. Blumenau, 1992.

Enquanto isso em Dom Casmurro. Florianópolis: Paralelo 27, 1993. 2ª ed., Edifurb, 2009.

José Endoença Martins nasceu em Blumenau, Santa Catarina, em 25 de março de 1948. É autor de várias publicações entre ficção, poesia, teatro e ensaio. Doutor em Letras pela UFSC, é professor da Universidade Regional de Blumenau. Estudioso da literatura dos afrodescendentes, em 2010, publicou o ensaio *Pós-negro: negrice, negritude, negritice e os estudos da ficção de Toni Morrison*.

O escritor se define como um experimentalista por natureza e transita pela poesia, ficção, dramaturgia e crítica literária. A temática afro ganha espaço no romance *Enquanto isso em Dom Casmurro*, publicado em 1993. Escrito em um tom bem-humorado, o livro ambienta uma continuação do texto de Machado de Assis na Blumenau do século XX, cidade marcada por forte presença alemã. Na prosa pós-moderna de Martins, Capitu vive uma afrodescendente que experimenta uma relação homoafetiva com sua criada alemã e vem ao encontro do autor para lhe pedir que redija uma trama em que ela seja a personagem principal. O clima de *nonsense*, em que nada é sério, é mesclado a elementos de romance policial, surpreendendo o leitor a cada página.

Já *O olho da cor* (2003), também ambientado em Blumenau, apresenta a personagem Bertília, que, no primeiro ato, é uma costureira humilde e negra e uma admiradora da literatura de Tony Morrison; no segundo ato, encarna uma professora branca e loira, também apaixonada por romances; e, no terceiro ato, assume sua pluralidade racial e tem que se decidir em meio a um cenário marcado pela escuridão.

Poelítica. Blumenau: Letra Viva, 1996.

Nisso Ele é Poeta. Eu não. Florianópolis: Letras Contemporâneas, 1996.

O olho da cor. Blumenau: Ed. do Autor, 2003.

A vizinha de Bell, Drummond e Whitman. Blumenau: Ed. do Autor, 2004.

A cor errada de Shakespeare. Blumenau: Odorizzi, 2006.

Martins ao cubo. Blumenau: Odorizzi, 2008.

Fontes de consulta: *Enciclopédia de literatura brasileira.* Direção de A. Coutinho e J. Galante de Sousa. 2ª ed. rev., ampl., il., sob coordenação de Graça Coutinho e Rita Moutinho. v. II. São Paulo: Global Editora; Rio de Janeiro: FBN/DNL: ABL, 2001; KAMITA, Rosana Cássia. José Endoença Martins. In: DUARTE, Eduardo de Assis (Org.). *Literatura e afrodescendência no Brasil*: antologia crítica. Belo Horizonte: Editora UFMG, 2011. v. 2: Consolidação; RISTOFF, Dilvo. Apresentação. In: MARTINS, José Endoença. *O olho da cor, op. cit.*; <www.letras.ufmg.br/literafro>.

Alzira Rufino
Maria do Rosário A. Pereira

PRINCIPAIS PUBLICAÇÕES

Eu, mulher negra, resisto. Santos: Ed. da Autora, 1988.

Muriquinho, piquininho. Santos: Ed. da Autora, 1989.

Qual o quê. Santos: Ed. da Autora, 2006.

A mulata do sapato lilás. Santos: Ed. da Autora, 2007.

Bolsa poética. Santos: Demar, 2010.

Alzira dos Santos Rufino, nascida em 1949, é graduada em Enfermagem e se autointitula "batalhadora incansável pelos direitos da mulher, sobretudo da mulher negra". Em Santos (SP), dirige a "Casa de Cultura da Mulher Negra", ONG criada em 1990, com atividades de assistência jurídica e psicossocial à mulher negra. É também editora da revista *Eparrei*, publicação feminista voltada para os afrodescendentes.

Mulher negra: uma perspectiva histórica (1987) é um ensaio que recupera a trajetória da mulher negra e sua contribuição para a cultura brasileira e *A mulher negra tem história* (1987), elaborado com Nilza Iraci e Maria Rosa Pereira, traz biografias de figuras relevantes, como a escrava Anastácia e a escritora Carolina Maria de Jesus. Ainda na área ensaística, *O poder muda de mãos, não de cor* (1996), faz um estudo social comparativo entre a mulher negra e a branca. Nesta linha se encontram seus textos publicados na *Eparrei* e reunidos no volume *Alzira Rufino, uma ativista feminegra*, de 2008.

Como poeta e ficcionista, Alzira Rufino está nos *Cadernos Negros* e em outras antologias brasileiras e estrangeiras. É autora do romance *A mulata do sapato lilás* (2007) e do volume de contos *Qual o quê* (2006). *Eu, mulher negra, resisto* (1988) é um livro de poemas em que o eu lírico é feminino, negro e capaz de engendrar um discurso de resistência. E os textos de *Bolsa poética* seguem na mesma direção: "Mulher gritou/ ninguém acudiu/ desenho impreciso na face/ nos olhos, neblina/ Pancada de amor dói e muito!" (2010, p. 14). E não esquecem a questão racial: "Sabe o que queria ver/ nesse pós abolição?/ A figura de Zumbi com Dandara/ numa nota de 1.000 reais" (*Idem*, p. 16).

Já *Muriquinho Piquininho* (1989) reflete as experiências da autora com o público infantojuvenil e conta em versos de intenso lirismo o percurso do tráfico negreiro, sem deixar de pontuar a história de crueldade e resistência que muitos querem esquecer.

Fontes de consulta: SCHMIDT, Simone Pereira. Alzira Rufino. In: DUARTE, Eduardo de Assis (Org.). *Literatura e afrodescendência no Brasil: antologia crítica*. Belo Horizonte: Editora UFMG, 2011. v. 2: Consolidação; <www.letras.ufmg.br/literafro>; <www.casadeculturadamulhernegra.org.br>; <www.portalfeminista.org.br>.

Ubiratan Castro de Araújo
Rodrigo Pires Paula

Nascido em Salvador em 1949, cursou mestrado e doutorado em História pela Universidade de Paris. Professor da UFBA, foi diretor do Centro de Estudos Afro-Orientais desta instituição, presidente da Fundação Cultural Palmares e presidente do Conselho para o Desenvolvimento das Comunidades Negras de Salvador, além de diretor-geral da Fundação Pedro Calmon — Centro de Memória e Arquivo Público da Bahia. Publicou estudos relevantes para a historiografia baiana, tais como *A guerra da Bahia* e *Salvador era assim* — memórias da cidade. Faleceu em 3 de janeiro de 2013.

PRINCIPAIS PUBLICAÇÕES

Sete histórias de negro. Salvador: EDUFBA, 2006. [Republicado em edição ampliada com o título *Histórias de negro.* Salvador: EDUFBA, 2009].

Em sua obra *Histórias de negro* (2009), apresenta, numa linguagem marcada pela oralidade, narrativas em que sujeitos subalternizados surgem como protagonistas de enredos contados sob o ponto de vista de quem sentiu a dor do "cipó-caboclo" batendo no "lombo". Nessa linha, a criatividade do autor rega as histórias com um vocabulário rico em sonoridade e significação, chegando por momentos a simular o ritmo e o gingado da música de capoeira. Já em "Conta de Somar", é ressaltada a inteligência e astúcia dos escravizados para que driblar a esperteza de seus senhores a fim de conseguirem a tão sonhada carta de alforria. Por intermédio do personagem Satu, o texto narra os obstáculos enfrentados e a "ginga" empregada para superá-los.

No conto "O protesto do poeta", a ironia é marcante. O enredo se baseia numa "conversa" ocorrida numa sessão espírita entre o poeta Castro Alves e um grupo de pessoas. Por intermédio desse diálogo, abre-se uma discussão sobre a histórica trajetória de luta e resistência em prol da liberdade. A narrativa conjuga experiências do passado com as do presente. Assim, contrapõem-se relatos sobre a luta dos negros para a conquista de seu próprio espaço e de sua atuação como sujeitos, em especial no século XIX, àqueles dos representantes da luta antirracista nos dias atuais. O confronto explicitado no conto alerta para a questão de que o anseio pela liberdade não foi abandonado no passado, mas ainda prevalece no século XXI, tempo este no qual, se esperava, esta luta não precisasse acontecer. A obra de Ubiratan Araújo reterritorializa a ancestralidade e a memória coletiva negra, situando-as na contemporaneidade.

Fonte de consulta: <www.letras.ufmg.br/literafro>.

Francisco Maciel
Marcos Fabrício Lopes da Silva

Escritor e jornalista, Francisco Maciel nasceu em São Gonçalo (RJ), em 1950. O encontro com a escrita literária, segundo ele, se deu pelo afã de "tentar interpretar metamorfoses". Premiações em concursos literários marcam a carreira do autor. Em 1990, Maciel vence o concurso "Carlos Drummond de Andrade", com o livro *Beirute e outros poemas capitais*, que acabou não sendo publicado. Esta obra, ao longo dos anos, foi modificada pelo autor até chegar ao formato do livro *Cavalos & Santos*, publicado em 2007 e com segunda edição em 2012. Em 1995, sua novela *Na beira do Rio* é premiada pela Secretaria Municipal de Cultura do Rio de Janeiro. Em 1997, seu conto "Entre dois mundos" foi um dos vencedores do Prêmio Julia Mann de Literatura, sendo publicado pela Estação Liberdade, quatro anos mais tarde. Na dramaturgia, Maciel escreveu a peça *Flutuando*, que foi levada ao palco em 1997 pelo projeto Fábrica de *Dramaturgia*, de Domingos de Oliveira.

Enquanto estudante, Maciel viajou pela América Latina, fato que se constitui em divisor de águas na vida do escritor, por conta do conhecimento *in loco* da realidade complexa e conturbada do

PRINCIPAIS PUBLICAÇÕES

O primeiro dia do ano da peste. São Paulo: Estação Liberdade, 2001.

Cavalos & Santos. Rio de Janeiro: Menthor Textual, 2012.

continente. O ativismo literário e jornalístico de Maciel foi se expandindo e ganhando espaço no campo problematizador da condição humana. Seu romance, *O primeiro dia do ano da peste*, publicado em 2001, é prova cabal da destreza do autor no tratamento ficcional da temática da alteridade. Trata-se de uma obra que aborda o drama étnico-racial do personagem Aloísio Cesário, em uma realidade conflitante, na qual o negro se encontra em uma espécie de "não lugar", tanto no aspecto existencial como na ordem social.

Na abertura da obra, Maciel afirma o princípio da "transpiração inspirada" buscada por ele em "canções de derrota e vitória, cantos de trabalho, pontos, partidos altos, sambas-enredos, choros, blues" (2001, p. 12). Para ele, o livro é resultado de "restos do naufrágio de um homem, que vieram dar nesta praia onde você (leitor) começa a caminhar, a partir de agora" (2001, p. 12). Fracassos, restos, fraturas — é deste material que Maciel vai tecer a rede de significados das identidades afrodescendentes perante o cenário pós-moderno contemporâneo.

Em viagem ao redor do seu mundo, Aloísio Cesário chega a conclusões dolorosas: "o homem é o homem e não tem a saída; a vida é a vida e não tem mensagem ou sentido; o negro é o negro e não tem cura" (2001, p. 21). Outro personagem, Quirino Também, serve de parâmetro para balizar estas afirmações. Aos 20 anos, conclui que deveria se assumir como "negro integral". Resolve então acessar a história da origem do mundo, segundo o ponto de vista da etnia que reconhecia fazer parte. Diz a narrativa que "no princípio era a escravidão". Oxalá oferece então conselhos para que os negros, diante daquele fundamento, não se apequenem enquanto seres objetificados pelo regime:

> O negro está encurralado na autenticidade: insultado, avassalado, ele se reergue, apanha a palavra *negro* que lhe atiram como uma pedra e dela faz a sua morada, a morada do seu ser. Ele se reivindica negro diante do mundo. Não é a fundação de um mundo: é um reencontro com seu próprio mundo. (2001, p. 22)

Este reencontro é retratado por Oxalá como "uma descida aos infernos". O negro não deveria se acomodar com o papel de esforçado, já que não colhia o resultado do seu trabalho. Contrariando o modelo grego do mito de Sísifo, o negro não merecia levar a pedra até o pico do monte e depois, ao sopro dos deuses, vê-la rolando ladeira abaixo. Para Oxalá, descer aos infernos significava "vomitar a sujeição branca", trazendo de lá "a própria alma lazarenta brilhando como uma luz negra" (2001, p. 22). Na referência à África, sobressai o realismo em que o horizonte utópico se esvai na travessia oceânica a que foram submetidos os escravizados: "a África até podia não ser um inferno, mas certamente era um céu saqueado" (2001, p. 32).

No romance de Francisco Maciel, a consciência étnica representada em Aloísio Cesário expõe formulações identitárias que vão desde a busca por uma "negritude integral", balizada pela memória coletiva africana, até os dilemas da invisibilidade social sofrida pelos afrodescendentes ao longo da história, graças à lógica branqueadora construída pelo paradigma falacioso do "defeito de cor". Assim, a loucura vivida pelo protagonista deve ser compreendida como manifestação de ruptura frente a uma forma histórica de contrato social caracterizada pela desumanização.

Fontes de consulta: BROOKSHAW, David. Race relations in Brazil from the perspective of a Brazilian African and an African Brazilian: José Eduardo Agualusa's O Ano em que Zumbi Tomou o Rio and Francisco Maciel's O Primeiro Dia do Ano da Peste. In: *Research in African Literatures,* v. 38, n. 1, Spring 2007; SILVA, Marcos Fabrício Lopes da. Francisco Maciel. In: DUARTE, Eduardo de Assis (Org.) *Literatura e afrodescendência no Brasil: antologia crítica.* Belo Horizonte: Editora UFMG, 2011. v. 2: Consolidação; <www.letras.ufmg.br/literafro>.

Cyana Leahy
Marina Luiza Horta

PRINCIPAIS PUBLICAÇÕES

Biombo.
Niterói: Cromos, 1989.

Íntima Paisagem.
Rio de Janeiro: 7Letras, 1997.

Livro das Horas do Meio.
Rio de Janeiro: 7Letras, 1999.

Seminovos em bom estado. Rio de Janeiro: CL Edições, 2003.

(re)confesso poesia.
Rio de Janeiro: 7Letras, 2009.

Escritora, tradutora e professora, Cyana Leahy-Dios nasceu em Salvador (BA), em 24 de novembro de 1950. Filha de mãe baiana e pai irlandês, é autora bilíngue em poesia, prosa e ensaio, com publicações no Brasil e no exterior. Ainda jovem, mudou-se para o Rio de Janeiro, onde se graduou em Letras pela UFF, instituição em que também conclui o mestrado em Educação e onde, mais tarde, lecionou, após concluir seu doutorado em Educação Literária na Universidade de Londres.

Sua estreia como poeta ocorre em 1989, com *Biombo*, livro que versa sobre a angústia vivida pela mulher desdobrável da modernidade, além de romper com tabus como a expressão da sexualidade em mulheres mais velhas. Entre várias iniciativas, organiza, em 2004, a publicação *Todos os sentidos: contos eróticos de mulheres*, contemplada pela União Brasileira de Escritores como melhor obra de contos do ano.

Já a questão da afrodescendência é tratada com maior destaque no livro *Seminovos em bom estado*, de 2003, como no poema "Senhores, eu vi":

> Eu vi um homem negro e sujo/ de pé na esquina/dizendo coisas desconexas/olhos fechados/repetia a cantilena/a novena a novela o responso/ olhos fechados mãos trêmulas/em movimento/um semi-homem imundo/ recitava a oração/ *gnocchi macarrão nescau com leite/ cafezinho abacate com leite filé/ com fritas chopp gelado sorvete/ canelloni pizza*/desordenado o menu//Era um *alien*

parado ali/de pé na esquina/por onde passávamos todos/os bem alimentados os de bem/os de olhos abertos passo firme/mãos nos bolsos. (2003, p. 70)

Nesse mesmo tom, outros poemas da autora discutem a questão do corpo negro como objeto sexual e a tensão existente nos relacionamentos amorosos entre negros e brancos.

Fontes de consulta: BEZERRA, Kátia da Costa. *Poetas brasileiras nos anos oitenta: a heterogeneidade como lócus de resistência e construção.* (Ph.D. Thesis), University of Minnesota, 1999; LOWER, Patricia. Múltipla jornada. In: *Biombo*, op. cit.; BEZERRA, Kátia da Costa. Cyana Leahy-Dios. In: DUARTE, Eduardo de Assis (Org.). *Literatura e afrodescendência no Brasil: antologia crítica.* Belo Horizonte: Editora UFMG, 2011. v. 2: Consolidação; COELHO, Nelly Novaes. Cyana Leahy-Dios. In: *Dicionário crítico de escritoras brasileiras (1711-2001).* São Paulo: Escrituras, 2002; GONÇALVES, Francisco Igreja. *Dicionário de poetas contemporâneos.* 2ª ed. Rio de Janeiro: Ed. Oficina Cadernos de Poesia/Oficina Letras e Artes, 1991; <www.letras.ufmg.br/literafro>.

Paulo Colina
Gustavo de Oliveira Bicalho

Paulo Colina (Paulo Eduardo de Oliveira) é figura de central importância na geração de escritores afro-brasileiros das décadas de 1970 e 1980. Nascido em 1950 na cidade de Colina (SP), mudou-se para a capital onde conheceu os escritores Oswaldo de Camargo, Cuti (Luiz Silva), Abelardo Rodrigues e Mário Jorge Lescano. Desta interlocução nasce a ideia do coletivo de escritores que resulta na criação da série *Cadernos Negros* e do Quilombhoje, responsável por grande parte da difusão da literatura afro-brasileira da época. Junto ao grupo, colaborou com textos para os volumes 2 (1979) e 3 (1980) da série, fato que marca o início de sua carreira literária.

PRINCIPAIS PUBLICAÇÕES

Fogo cruzado.
São Paulo: Edições Populares, 1980.

Plano de vôo.
São Paulo: Roswitha Kempf, 1984.

A noite não pede licença.
São Paulo: Roswitha Kempf, 1987.

Todo o fogo da luta.
São Paulo: João Scortecci, 1989.

Paulo Colina publicou um livro de contos (*Fogo cruzado*, 1980) e três de poemas (*Plano de vôo*, 1984; *A noite não pede licença*, 1987; e *Todo o fogo da luta*, 1989). No terreno da ficção, a literatura de Colina caracteriza-se especialmente pela caracterização realista da condição marginalizada de suas personagens, em sua maioria negras. O que diferencia sua prosa, nesse sentido, é o tratamento não determinista, tampouco fatalista, que dá à trama e aos personagens, como é o caso do conto "Fogo Cruzado", do livro homônimo. Nele, acompanhamos a história de um fugitivo que, desde o início da narrativa, encontra-se cercado por policiais armados em um barraco de condições precárias. Retratando o emparedamento como condição máxima de marginalização, o narrador busca reconstituir a trajetória que levara o personagem a tal situação. Como resultado, é oferecida ao leitor uma narrativa arrebatadora, focada na elaboração crítica do caráter absurdo e angustiante da marginalização e do emparedamento frente à condição humana. Assim, quando, ao fim do conto, a personagem recusa-se a se entregar à polícia e sai do barraco atirando, o texto ultrapassa o retrato romântico do suicídio — como forma de evitar a morte pelas mãos do inimigo — e atinge a significação de revide por parte do marginalizado, mesmo que delineado na forma de um desejo e de uma necessidade que custe a própria vida.

Também na poesia de Colina encontramos a ânsia insaciável de superação da condição marginal do negro, agora aliada à consciência de sua intrínseca relação com uma linguagem contaminada por um imaginário racista. O poeta utiliza-se de imagens carregadas de significação, quando associadas ao sujeito afrodescendente, para buscar a reconstituição de uma subjetividade negra legítima e não menos poética. Destaca-se o trabalho com as imagens da noite e do fogo, tornando-as capazes de denunciar a herança racista de um imaginário da branquitude, que associa a escuridão à cor da pele do negro de maneira negativa, em oposição à positividade da luz branca. Partindo da denúncia, a imagem da noite tem seu campo de significação ampliado, como no poema "Branco":

> O esquecimento tem a face branca
> como uma página nua.
> Arde minha sombra concreta
> na noite da memória (Colina, 1989, p. 39).

Neste poema, como em outros do autor, noite e fogo são convocados para comporem uma poesia em que a presença da sombra questiona a luz. O caráter antitético do par luz/sombra, branco/negro, de grande ocorrência na poesia ocidental, é, assim, abalado pela coexistência de fogo e noite no mesmo campo de sentidos, ligados à memória: "contra qualquer prognóstico/ minha negrícia e querer/ seguirão ardendo/ no fim de toda memória" ("Espiritual". In: *Todo fogo da luta*, 1989, p. 61). A "negrícia", na poesia de Colina, arde como fogo e pode iluminar a memória da noite, sem destruí-la. A oposição de tais imagens em sua poesia fica, portanto, por conta da necessidade da denúncia do racismo e da marginalização do afrodescendente.

Paulo Colina foi ainda tradutor da poesia japonesa e de língua inglesa, além de membro da União Brasileira de Escritores. Em 1982, organizou o volume AXÉ — *Antologia contemporânea de poesia negra brasileira*, que vence o Prêmio da Associação Paulista de Críticos de Arte (APCA) daquele ano. A obra contém importante registro histórico e é frequentemente destacada pelos estudiosos do assunto, devido à relevância e abrangência de seu tratamento do tema. O autor faleceu em 1999, deixando vários trabalhos inéditos e uma contribuição substancial para o reconhecimento e consolidação da literatura afro-brasileira.

Fontes de consulta: ALVES, Miriam; SILVA, Luiz (Cuti); XAVIER, Arnaldo (Org.). *Criação crioula nu elefante branco*. São Paulo: Imesp, 1986; BERND, Zilá. *Antologia de poesia afro-brasileira:* 150 anos de consciência negra no Brasil. Belo Horizonte: Mazza, 2011; CAMARGO, Oswaldo de. *O negro escrito:* apontamentos sobre a presença do negro na literatura brasileira. São Paulo: Imprensa Oficial, 1987; DUARTE, Eduardo de Assis. Paulo Colina. In: DUARTE, Eduardo de Assis. (Org.). *Literatura e afrodescendência no Brasil:* antologia crítica. Belo Horizonte: Editora UFMG, 2011. v. 2: Consolidação; LUCAS, Fábio. *Crítica sem dogma*. Belo Horizonte: Imprensa Oficial do Estado de Minas Gerais, 1983; MOURA, Clovis. Apresentação. In: COLINA, Paulo, *Plano de voo*, op. cit.; WILLER, Cláudio. Prefácio. In: COLINA, Paulo. *Plano de voo*, op. cit.; <www.letras.ufmg.br/literafro>.

Cuti
Luiz Henrique Silva Oliveira

PRINCIPAIS PUBLICAÇÕES

Poemas da carapinha.
São Paulo:
Ed. do Autor, 1978.

Batuque de tocaia.
São Paulo:
Ed. do Autor, 1982.

Suspensão.
São Paulo:
Ed. do Autor, 1983.

Flash crioulo sobre o sangue e o sonho.
Belo Horizonte:
Mazza, 1987.

Quizila.
São Paulo:
Quilombhoje, 1987.

A pelada peluda no Largo da Bola.
São Paulo:
Editora do Brasil, 1988.

Dois nós na noite e outras peças de teatro negro-brasileiro. São Paulo: Eboh, 1991. 2ª ed. Belo Horizonte: Mazza, 2009.

Negros em contos.
Belo Horizonte:
Mazza, 1996.

Sanga.
Belo Horizonte:
Mazza, 2002.

Negroesia — Antologia poética.
Belo Horizonte:
Mazza, 2007.

Um dos mais destacados intelectuais negros contemporâneos — poeta, ficcionista, dramaturgo e ensaísta —, Luiz Silva (Cuti) nasceu em Ourinhos, São Paulo, em 31 de outubro de 1951. Doutor em Letras pela Unicamp e militante da causa negra, foi um dos fundadores e mantenedores da série *Cadernos Negros*, a qual dirigiu entre 1978 e 1993. É também um dos fundadores e membro atuante do *Quilombhoje*.

O autor se enquadra no perfil do intelectual moderno, atuando na criação, na crítica e no trabalho de reflexão política e cultural junto à comunidade e este empenho marca sensivelmente a sua escrita. Nesta linha, volta-se igualmente para o resgate da memória do movimento negro. Em 1992, traz a público o volume *...E disse o velho militante José Correia Leite*, fruto de um paciente trabalho de pesquisa em parceria com o biografado, o emblemático batalhador da Frente Negra Brasileira dos anos 1930 e de tantas outras iniciativas de combate ao racismo. Estudioso dos precursores da literatura afro-brasileira contemporânea, é autor dos ensaios críticos *A consciência do impacto nas obras de Cruz e Sousa e Lima Barreto*, fruto de suas pesquisas no mestrado e no doutorado, e *Moreninho, neguinho, pretinho*, ambos de 2009, além de uma biografia de Lima Barreto (2011), e do volume teórico *Literatura negro-brasileira* (2010).

Os textos de Cuti pretendem operar a desconstrução dos discursos, representações e pontos de vista instituídos, pois explicitam os seus mecanismos de funcionamento, apontam seus interesses e objetivos, expõem suas hierarquias e valores, como forma de contestá-los e disputar-lhes o poder de persuasão. Cuti insere-se em um vasto e diverso conjunto de iniciativas de produções culturais e de ações políticas explícitas de combate ao racismo que se manifestam por via de uma multiplicidade de organizações em diferentes instâncias de atuação, com diferentes linguagens e estratégias.

Moreninho, neguinho, pretinho. São Paulo: Terceira Margem, 2009.

Poemaryprosa. Belo Horizonte: Mazza, 2009.

Contos crespos. Belo Horizonte: Mazza, 2009.

Assim, temas como identidade, tradição cultural, discriminação racial, diáspora africana, movimentos negros, desigualdades sociais, desemprego e marginalidade são abordados predominantemente — mas não exclusivamente — nessa escritura em que o negro é tema e, *sobretudo*, voz autoral. Sob muitos enfoques, ele é o padrão, o paradigma social, cultural e artístico, o *um*. Os escritos de Cuti convidam o leitor a repensar a escravatura, a época colonial, o período monárquico, as várias repúblicas, as várias ditaduras, o processo de urbanização, de industrialização, as formas de trabalho e vida no Brasil. Trata-se de uma literatura que representa em seu conteúdo contextos em que os personagens ou fatos se desenvolvem segundo princípios/fins estéticos e políticos, porque dizem respeito, no tempo e no espaço, às relações conhecidas ou decodificáveis, que concernem tanto ao indivíduo negro quanto à sua coletividade, imersos que estão na sociedade brasileira.

Nota-se na escrita de Cuti uma urgência em compor uma textualidade outra por dentro e por fora da instituída, que tenha como princípios a trajetória do descendente de escravo no Brasil, bem como a fabricação de significados outros e positivos para o signo "negro" e afins, além do estabelecimento de vínculos com a tradição africana e tradições diaspóricas negras. Isto sem contar a rediscussão do estatuto identitário do país e a inserção do afro-brasileiro no contexto nacional enquanto sujeito, intencionalidades que se podem ver em *Poemas da carapinha* (1978), *Batuque de tocaia* (1982), *Flash crioulo sobre o sangue e o sonho* (1987), *Sanga* (2002), *Negroesia* (2007), *Poemaryprosa* (2009), isto sem contar com suas inúmeras publicações nos *Cadernos Negros*. Vejamos "Sou negro":

> Sou negro
> Negro sou sem mas ou reticências
> Negro e pronto!
> Negro pronto contra o preconceito branco
> O relacionamento manco
> Negro no ódio com que retranco
> Negro no meu riso branco
> Negro no meu pranto
> Negro e pronto!
> Beiço
> Pixaim
> Abas largas meu nariz tudo isso sim
> — Negro e pronto —
> Batuca em mim
> Meu rosto
> Belo novo contra o velho belo imposto. (Cuti, 1978, p. 9)

A redundância afirmativa identitária ("sou negro", "negro sou", "negro") será transformada em recurso tanto estético quanto político, pois a "eficácia do discurso estará mais garantida se o leitor for bem conduzido e sempre lembrado dos objetivos do texto" (Souza, 2005, p. 64). A recorrência constante a determinadas palavras, expressões ou afins e a contraimagem faz com que o leitor não apenas leia, mas se detenha no que foi repetido, atentando-se para a razão/significado da insistência, atitude que inviabiliza de pronto uma leitura desatenta. Pensamos que a reiteração do signo "negro" e variantes indica a necessidade de conviver e de circular em um espaço diversificado e de trânsito entre culturas diversas. Esse espaço coloca os sujeitos empírico e textual, assim como o leitor/interlocutor, sempre na obrigação de aprender a manejar uma cultura racista, eurocêntrica, pretensamente universal e absoluta, que tende a representar o descendente de escravos de modo não raro depreciativo.

O mesmo projeto pode ser detectado nas narrativas de ficção, seja nos volumes de contos *Quizila* (1987), *Negros em contos* (1996) ou *Contos crespos* (2009), seja em seus textos teatrais ou infantojuvenis, como *A pelada peluda no Largo da Bola* (1988).

A literatura de Cuti, portanto, pretende marcar posições para além do campo artístico, visando atuar na construção psicológica e cultural do leitor, trazendo à cena a celebração do orgulho étnico, de modo a destacar as demandas do presente e reivindicar novos padrões de relacionamento e representação. O papel da linguagem literária, para o autor, é principalmente desconstruir estereótipos, além de captar e apontar as sutilezas da ideologia racista nas suas mais variadas manifestações. Quer-se ainda debater ideias, representações e vivências geradas, herdadas e mantidas no inconsciente coletivo. Assim, traz à baila a subjetividade do oprimido e o rompimento com o silêncio ideológico do racismo, em suas mais variadas formas de aparição.

Fontes de consulta: ALMEIDA, Maria Cândida Ferreira de. *Cadernos Negros*: repensando o leitor e a leitura através do texto afro-brasileiro. In: BARBOSA, Márcio; RIBEIRO, Esmeralda (Org.). *Cadernos Negros*: três décadas. São Paulo: Quilombhoje/SEPPIR, 2008; ANTÔNIO, Carlindo Fausto. *Cadernos Negros*: esboço de análise. Tese (Doutorado) – Unicamp, 2005; FONSECA, Maria Nazareth Soares. Cuti. In: DUARTE, Eduardo de Assis (Org.). *Literatura e afrodescendência no Brasil*: antologia crítica. Belo Horizonte: Editora UFMG, 2011. v. 3: Contemporaneidade; OLIVEIRA, Luiz Henrique Silva de. *Poéticas negras*: imagens de negros em Castro Alves e Cuti. Belo Horizonte: Nandyala, 2010; PIRES, Rosane de Almeida. *Narrativas quilombolas*: Negros em contos, de Cuti e Mayombe, de Pepetela. Dissertação (Mestrado) – UFMG, 1998; SOUZA, Florentina da Silva. *Afrodescendência em Cadernos Negros e Jornal do MNU*. Belo Horizonte: Autêntica, 2005; <www.cuti.com.br>; <www.letras.ufmg.br/literafro>.

José Carlos Limeira
Eduardo de Assis Duarte

PRINCIPAIS PUBLICAÇÕES

Lembranças.
Rio de Janeiro:
Ed. do Autor, 1971.

Zumbi... dos.
Rio de Janeiro:
Ed. do Autor, 1972.

O arco-íris negro (com Éle Semog). Rio de Janeiro:
Ed. dos Autores, 1979.

Atabaques
(com Éle Semog). Rio de Janeiro:
Ed. dos Autores, 1983.

Black intentions/ Negras intenções.
Salvador. Ed. do Autor, 2003.

José Carlos Limeira Marinho Santos nasceu em Salvador (BA), em 1º de maio de 1951. Passou a infância e a adolescência nos bairros da Lapinha e da Liberdade, quando toma contato com a força da cultura popular afro-baiana. Ainda jovem transfere-se para o Rio de Janeiro a fim de prosseguir seus estudos. Nesse tempo, mergulha na leitura dos clássicos e participa de atividades literárias estudantis. Estreia como autor aos 20 anos, com o livro de poemas *Lembranças* (1971). No ano seguinte, traz a público *Zumbi...dos*, em que fica patente a alusão ao quilombo de Palmares e a presença de uma poesia comprometida com as condições históricas do negro no Brasil. Mais tarde, forma-se em Engenharia e trava contato com o poeta Éle Semog, com quem publica dois livros em parceria: *O arco-íris negro* (1979) e *Atabaques* (1983). Nas décadas de 1970 e 1980, participa do Coletivo de Escritores Negros Brasileiros e dos primeiros números da série *Cadernos Negros*. Retorna à Bahia e, juntamente com Jônatas Conceição, Nivalda Costa, Edu Omo Oguiã e Valdina Pinto, funda em 1985 o Grupo de Escritores Negros de Salvador (Gens), que publica em edições artesanais a antologia *Capoeirando*. Desde então desenvolve intensa atividade de agitação cultural e tem contos e poemas publicados em diversas antologias no Brasil e no exterior.

A poesia de José Carlos Limeira apresenta como marca principal a expressão do *existir* e do *ser* negros, o que dá a ela um sentido político e até mesmo militante, em um contexto de racismo dissimulado como o brasileiro. Já pelos próprios títulos dos livros, pode-se constatar o empenho de afirmação da identidade afrodescendente, de valorização da cultura e da participação dos afro-brasileiros na formação do país, e ainda o intuito de ter o negro como leitor. No poema "Trem das seis", Limeira afirma o projeto de "criar o certo/ que contenha mais que a pura/ beleza do verso/ e que assimilável seja/ por um outro negro/ que se pendura no trem das seis" (1983, p. 14). Além de inscrever seu pertencimento étnico e racial, o eu poético busca no "outro negro" um leitor e, quiçá, interlocutor. Descarta desta forma a "poesia pura" e a "arte pela arte". Para ele, a beleza da palavra — o componente propriamente estético do texto — deve vir em companhia da consciência ética que leva o poeta a se envolver com o mundo que o cerca e o faz voltar sua atenção ao seu semelhante, no caso, o trabalhador pobre e negro que se locomove de trem para o subúrbio da metrópole. Esta identificação expressa a crença no papel social exercido pela literatura, que é uma constante na produção dos afrodescendentes. Em seu conhecido poema "Quilombos", compara a situação vivida nos tempos da escravidão com o cotidiano de miséria e preconceito que ainda oprime muitos brasileiros unicamente pela cor de sua pele. E lembra as fugas e revoltas dos que buscavam a liberdade perdida diante do chicote do feitor, colocando-as como exemplo de resistência: "negro correndo livre/ colhendo, plantando por lá/ se Palmares ainda vivesse/ em Palmares queria ficar." (1983, p. 20). No texto, desenha-se um novo cativeiro, vivido no presente de exclusão e subalternidade:

> morro subindo morro
> rolo ladeira cada dia
> com decidido ar de
> defunto novo
> quando desce a noite
> vejo em cada fundo de prato
> o reflexo da luz da vela
> e sonhos para devorar. (Limeira, 1983, p. 21)

O poema segue lembrando os feitos dos quilombolas — "Palmares, Estado Negro.../ (vivo pensando em ti)" — para mais adiante inscrever o refrão que ainda hoje se faz presente em várias manifestações contra o racismo:

> por menos que conte a história
> não te esqueço meu povo
> se Palmares não vive mais
> faremos Palmares de novo.
> (Limeira, 1983, p. 22)

Mas a literatura de José Carlos Limeira não se restringe ao texto de crítica e conscientização étnica e social. Estão presentes também o amor, a mulher, o carnaval, a alegria. E ainda a grande riqueza da cultura religiosa de matriz africana presente no dia a dia do nosso povo.

Fontes de consulta: BERND, Zilá. *Negritude e literatura na América Latina*. Porto Alegre: Mercado Aberto, 1987; CAMARGO, Oswaldo. Apresentação. In: *O arco-íris negro, op. cit.*; CAMARGO, Oswaldo. *O negro escrito*. São Paulo: Secretaria de Estado da Cultura, 1984; COSTA, Haroldo. *Fala crioulo*. Rio de Janeiro: Record, 1982; LEITE, Sebastião Uchoa. Presença negra na poesia brasileira Moderna. *Revista do Patrimônio Histórico e Artístico Nacional*, n. 25, 1997; SOUZA, Florentina da Silva. *Afrodescendência em Cadernos Negros e Jornal do MNU*. Belo Horizonte: Autêntica, 2005; SOUZA, Florentina da Silva. José Carlos Limeira. In: DUARTE, Eduardo de Assis (Org.). *Literatura e afrodescendência no Brasil*: antologia crítica. Belo Horizonte: Editora UFMG, 2011. v. 3: Contemporaneidade; TAVARES, Ildásio. *Nossos colonizadores africanos*. Salvador: UFBa, 1996; <www.letras.ufmg.br/literafro>.

Sônia Fátima da Conceição
Marina Luiza Horta

PRINCIPAL PUBLICAÇÃO

Marcas, sonhos e raízes. São Paulo: Ed. da Autora, 1991.

Nascida na cidade de Araraquara (SP), em 1951, a escritora Sônia Fátima da Conceição formou-se em Ciências Sociais pela Faculdade de Ciências e Letras de Araraquara. É militante do Movimento Negro desde 1973 e, desde 1979, atua na Fundação Estadual do Menor, onde participa de projetos que objetivam recuperar a autoestima da criança e do adolescente negros.

A escritora inicia a carreira literária em 1972 com poemas e contos publicados nos *Cadernos Negros*

2, antologia da qual ainda participaria nos volumes 4 (1981), 6 (1983), 8 (1985), 9 (1986), 11 (1988), 12 (1989), 16 (1993), 17 (1994), 18 (1995), 19 (1996) e também na compilação dos melhores contos, de 1998. Tem ainda contos publicados na Inglaterra e nos Estados Unidos.

Os versos da autora trazem, como grande temática, os dramas dos afrodescendentes em uma sociedade, tradicionalmente, construída a partir de referenciais brancos. Não somente em sua poesia, mas também pode ser percebida nos contos a preocupação em denunciar a permanência do preconceito racial e o consequente rebaixamento dos negros a cidadãos de segunda classe. No poema "Branca história", a escritora rompe com a falsa ideia de harmonia racial existente no Brasil e busca reconstituir a identidade negra: "Hoje num esforço sobre-humano/ lutamos pela integridade do Ser/ que a branca história/ covardemente esfacelou" (*Cadernos Negros 9*, 1986).

Outra característica marcante da obra de Sônia Fátima da Conceição é a presença de personagens femininas negras, que reforçam a discussão sobre o papel da mulher na sociedade e procuram desconstruir estigmas e estereótipos. A junção entre a questão social e a literatura culmina na novela *Marcas, sonhos e raízes* (1991), em que Fátima traz para o texto literário uma reflexão sobre a condição do negro na contemporaneidade, mostrando como o passado escravocrata ainda ecoa na sociedade brasileira.

Fontes de consulta: GONÇALVES, Ana Beatriz Rodrigues. Sônia Fátima da Conceição. In: DUARTE, Eduardo de Assis (Org.). *Literatura e afrodescendência no Brasil*: antologia crítica. Belo Horizonte: Editora UFMG, 2011. v. 3: Contemporaneidade; <www.letras.ufmg.br/literafro>.

Éle Semog
Adélcio de Sousa Cruz

PRINCIPAL PUBLICAÇÃO

O arco-íris negro.
Coautoria José Carlos Limeira.
Rio de Janeiro: Ed. dos Autores, 1979.

Atabaques. Coautoria José Carlos Limeira.
Rio de Janeiro: Ed. dos Autores, 1984.

Curetagem: poemas doloridos. Rio de Janeiro: Ed. do Autor, 1986.

A cor da demanda.
Rio de Janeiro: Letra Capital, 1997.

Tudo que está solto.
Rio de Janeiro: Letra Capital, 2010.

Éle Semog, pseudônimo de Luiz Carlos Amaral Gomes, nasceu em 7 de dezembro de 1952, na cidade de Nova Iguaçu (RJ). É graduado em Análise de Sistemas e pós-graduado em Administração de Empresas (PUC-Rio). Na juventude, integrou o grupo Garra Suburbana, sendo um dos autores da publicação *Incidente normal*, de 1977. Em 1978, ano em quem surgem em São Paulo os *Cadernos Negros*, figura entre os "treze poetas impossíveis", subtítulo da antologia *Ebulição da escrivatura*, publicada pela editora Civilização Brasileira e de grande repercussão na época. Em 1979, publica *O arco-íris negro*, em coautoria com o poeta José Carlos Limeira, parceria repetida em 1984 com a edição do volume *Atabaques*. Militante histórico do movimento negro, participa em 1984 da fundação do grupo Negrícia — Poesia e Arte de Criolo, que reuniu um coletivo de escritores negros residentes no Rio de Janeiro, a exemplo de grupos como o Gens, da Bahia, Palmares, do Rio Grande do Sul, e Quilombhoje, de São Paulo. Neste contexto de mobilização da intelectualidade negra, Semog coordena o Segundo e o Terceiro Encontro de Ficcionistas e Poetas Negros, realizados no contexto de redemocratização do país, em meados da década de 1980. Mais tarde, atua como assessor do senador Abdias Nascimento, sendo também conselheiro executivo do Instituto Palmares. O poeta figura entre os fundadores do jornal *Maioria falante*, no qual trabalhou até 1991. Sempre vinculado a projetos de promoção da igualdade e de valorização identitária dos afrodescendentes, tem atuação de relevo no Centro de Articulação de Populações Marginalizadas (Ceap), com sede no Rio de Janeiro. Em 2006, trouxe a público a biografia *Abdias do Nascimento: o griot e as muralhas*, escrita em parceria com o histórico militante da causa negra no Brasil.

No artigo "A intervenção dos poetas e ficcionistas negros no processo de participação política" o escritor afirma: "Por mais que o fazer literário implique um tempo de estar sozinhos, não podemos nos viciar na solidão" (Semog, 1986). A reflexão aponta para o dilema dos integrantes da combativa porção literária do movimento negro exposto ao céu e ao mar aberto. Nada de biombos... A arte negra possui, como uma de suas características, ser coletiva em determinada medida. Há a produção do indivíduo e esta não se encontra totalmente isolada da comunidade à qual pertence: "Não vou às rimas como esses poetas/ que salivam por qualquer osso./ Rimar Ipanema com morena/ é moleza/ quero ver combinar prosaicamente/ flor do campo com Vigário Geral/ ternura com Carandiru/ ou menina carinhosa/ trem pra Japeri" (*Cadernos Negros, os melhores poemas*, p. 58). O texto poético produzido por Éle Semog possui carga de alta tensão, expõe a visão crítica de temas caros à sociedade brasileira, mas que ainda permanecem como temas de quarto ou quinto plano, apesar de avanços consideráveis já notados no país. Destacaremos apenas quatro versos que, no nosso entender, servem de alegoria à questão racial no Brasil:

> Nem ouro, nem dinheiro
> Só cheiro e pelos compondo
> O nosso tempo de transformação.
> Amor, nossos corpos são o nosso capital.
> (*Cadernos Negros 7*, p. 49)

Estes versos são parte de um longo poema intitulado "Variáveis de um estudo poético sobre fenômenos e/ou transformações decorrentes do trabalho humano". O título do poema já antecipa em parte o tom narrativo que estará presente durante o percurso da leitura. A questão central é a transformação imposta aos africanos escravizados e aos seus descendentes, nascidos aqui no Brasil: rebaixados à condição de "peça", tendo na força de trabalho braçal seu único bem. Desde o início, pois, a produção poética do autor tem como tema recorrente a questão racial, como podemos ler em *Atabaques*: "A treze de maio/ Fica decretado/ Luto oficial na/ Comunidade negra. [...] E fica o lembrete:/ Liberdade se toma/ Não se recebe/ Dignidade se adquire/ Não se concede" (1984, p. 110). Como se vê, o poema propõe de forma incisiva a revisão do passado a fim de contestar a versão oficial de uma liberdade concedida de cima para baixo. E fiel à imagem do atabaque, faz da poesia um canto de convocação.

Fontes de consulta: BICALHO, Gustavo. Éle Semog: incursões poéticas no tempo. In: <www.letras.ufmg.br/literafro>; *Cadernos Negros 7*. Quilombhoje (Org.). São Paulo: Quilombhoje, 1984; *Cadernos Negros, os melhores poemas*. Quilombhoje (Org.). São Paulo: Quilombhoje, 1998; CAMARGO, Oswaldo de. *O negro escrito*: apontamentos sobre a presença do negro na literatura brasileira. São Paulo: Secretaria de Estado da Cultura, 1987; COLINA, Paulo (Org.). *AXÉ – Antologia contemporânea da poesia negra brasileira*. São Paulo: Global, 1982; CRUZ, Adélcio de Sousa. Éle Semog: lirismo anti-purpurina. In: *Seleta Literafro*. Belo Horizonte: Tavares, 2007. CD-ROM; FONSECA, Maria Nazareth Soares. Éle Semog. In: DUARTE, Eduardo de Assis (Org.). *Literatura e afrodescendência no Brasil*: antologia crítica, Belo Horizonte: Editora UFMG, 2011. v. 3: Contemporaneidade; INOCÊNCIO, Nelson Olokofá. Afirmando outras versões da história. In: SEMOG, Éle. *Tudo o que está solto*, op. cit.; LOBO, Luisa. *Crítica sem juízo*. 2ª ed. Rio de Janeiro: Garamond, 2007; SEMOG, Éle. A intervenção dos poetas e ficcionistas negros no processo de participação política. In: ALVES, Miriam; SILVA, Luiz (Cuti); XAVIER, Arnaldo (Org.). *Criação criola nu elefante branco*. São Paulo: Imprensa Oficial, 1986; <www.letras.ufmg.br/literafro>.

Henrique Cunha Jr.
Luiz Henrique Silva de Oliveira

PRINCIPAIS PUBLICAÇÕES

Negros na noite. São Paulo: Edicon, 1987.

Tear africano: contos afrodescendentes. São Paulo: Selo Negro, 2004.

Henrique Cunha Jr. nasceu na cidade de São Paulo em 1952. É mestre em História, doutor em Engenharia Elétrica, livre-docente pela Universidade de São Paulo e professor titular da Universidade Federal do Ceará. Filho do ativista Henrique Cunha, foi criado no ambiente da militância antirracista. Dirigiu grupos de teatro amador na década de 1970, tendo escrito a peça

Negros que riem, encenada na época. Em 1978, estreia na literatura com poemas no número 1 dos *Cadernos Negros*. Desde então, publica contos e poemas, além de ensaios e dos escritos políticos reunidos em *Textos para o movimento negro*, de 1992. Participa da Associação Brasileira de Pesquisadores Negros (ABPN), tendo sido seu primeiro presidente.

O posicionamento militante do autor perpassa o universo da poesia através da afirmação de sua identidade e de valorização do coletivo afrodescendente. Os traços físicos são privilegiados e diferenciados. Chama a atenção o tom carinhoso com o qual o enunciador se refere ao corpo negro, como no poema "Cabelos": "Cabelos enroladinhos enroladinhos/ Cabelos de caracóis pequeninos/ Cabelos que a natureza se deu ao luxo/ de trabalhá-los e não simplesmente deixá-los/ esticados ao acaso/ Cabelo pixaim/ Cabelo de negro" (*Cadernos Negros* 1, p. 9). O texto busca reverter a dicotomia "cabelo bom" × "cabelo ruim", pois o poeta realça a valorização do pixaim e se opõe à mística dos cabelos lisos. Assim, relativiza o conceito imperante de beleza ao colocá-lo como produto de um ponto de vista específico, agregado a uma determinada formação cultural. Além disso, o eu poético afirma esta valorização através de sua própria diferença, ou seja, partindo de seus próprios caracteres.

No universo do conto, a postura do escritor é tipicamente filosófica e empenhada em demonstrar a ascensão social do negro, quase sempre em estilo descritivo e leve, próximo da reportagem. Relativizam-se dicotomias e maniqueísmos reinantes em nossa sociedade, conforme se percebe em *Negros na noite* (1987) e em *Tear africano* (2004).

Neste último livro, por exemplo, Cunha Jr. visa apresentar/rememorar outras versões sobre a trajetória afrodescendente no Brasil, revertendo imagens e conceitos preestabelecidos pelos ditames da "cordialidade racial" amplamente propagada em nossa terra. O autor escreve, (re)funda africanidades múltiplas, variadas, no tempo e no espaço, rompendo com as fixações culturais outorgadas aos negros pelos brancos. O tear de Cunha Jr. constrói ainda imagens positivas de negros, ao passo que relativiza as aparições dos brancos enquanto paradigma cultural. O conto "O escravizado que tocava piano", ambienta-se em finais do século XVIII, em pleno sertão mineiro, "nas serras onde a riqueza do ouro e da prata, das terras, das mãos e do conhecimento africano fizeram a abundância da distante Portugal" (Cunha Jr., 2004, p. 36). Na fazenda onde se passa a história, "chacoalha deselegante a impaciência de uma senhorinha" (Idem). Ela está irritada, pois seu professor de piano e canto não viera. Logo, um escravo se oferece para tocar o instrumento, de modo que a donzela pudesse cantar. A sinhazinha se irrita e agride com o "relho" a mão do escravo: "— Onde já se viu um negro tocando piano. Lá sabe ele o que é um piano?" (Ibidem, p. 38). Mas, logo depois, ela mesma manda o cativo sentar-se junto ao instrumento, descrendo de que ele pudesse dominá-lo:

> — Sabe tocar? — um sorriso de desdenho brilhou no rosto da senhorinha.
> O relho se aproximou, mandante e reinante na tonalidade do relho ameaçador.
> — Pois toque!
> O rapaz olha com olhar cruzado, vai ao instrumento, espia em torno, prepara e toca. Mal começa a tocar, um grito interrompe a mal começada audição.
> — Diabo! Coisa do diabo! Somente o diabo pode fazer um negro tocar piano!
> A senhorinha sai correndo à procura de ajuda, de crucifixo, e sempre gritando:
> — Diabo! Diabo! Diabo! O diabo apareceu e fez o negro tocar piano. Só pode ser coisa do diabo. (Cunha Jr., 2004, p. 39).

Desesperada, a personagem enlouquece e morre dois anos mais tarde, sempre repetindo que um negro não poderia ter tocado o piano, e sim o demônio. O narrador ironiza tanto as atitudes da senhorinha quanto as particularidades culturais do estamento dominante. E o tom se aproxima do sarcasmo na fala final do escravo, quando, depois de vendido, despreza o português: "— Como pode este povo primitivo, cruel e violento pretender ser civilizado, pretender nos escravizar? Nascemos livres, vivemos livres e morremos livres. Como pode gente tão ignorante querer nos dominar?" (Cunha Jr., 2004, p. 40). Assim, a representação do negro enquanto fonte de inteligência e cultura atravessa não apenas os escritos políticos e os ensaios do intelectual. É também característica relevante da poesia e da narrativa ficcional de Henrique Cunha Jr.

Fontes de consulta: ALVES, Henrique L. Prefácio. In: *Negros na noite, op. cit.*; BERND, Zilá. *Negritude e literatura na América Latina*. Porto Alegre: Mercado Aberto, 1987; DUARTE, Eduardo de Assis; OLIVEIRA, Luiz Henrique Silva de. Henrique Cunha Jr. In: DUARTE, Eduardo de Assis (Org.). *Literatura e afrodescendência no Brasil*: antologia crítica. Belo Horizonte: Editora UFMG, 2011. v. 3: Contemporaneidade; MOURA, Clovis. Prefácio. In: CUNHA JR., Henrique. *Textos para o movimento negro*. São Paulo: EDICON, 1992; <www.letras.ufmg.br/literafro>.

Miriam Alves
Maria do Rosário A. Pereira

Miriam Aparecida Alves nasceu em São Paulo em 1952. É assistente social e professora. Começou a escrever ainda jovem, aos 11 anos, mas só conseguiu publicar seus textos a partir da década de 1980, quando se integra ao Quilombhoje Literatura — coletivo de escritores sediado na capital paulista. Pode-se dizer que é uma legítima representante da geração de autores negros que adota o projeto de edição coletiva como alternativa ao mercado controlado pela branquitude. Apesar de poucas publicações individuais, a autora está presente com poemas e contos de sua autoria em três décadas sucessivas da série *Cadernos Negros* e em dezenas de antologias brasileiras e estrangeiras. Neste sentido, organizou e coeditou duas antologias bilíngues português/inglês: *Finally...us Contemporary Black Brazilian Women Writers* (1995), nos Estados Unidos; e *Women Righting — Afro-Brasilian Women's Short Fiction* (2005), na Inglaterra.

PRINCIPAIS PUBLICAÇÕES

Momentos de busca.
São Paulo:
Ed. da Autora,
1983.

Estrelas no dedo.
São Paulo:
Ed. da Autora,
1985.

Terramara.
São Paulo:
Ed. dos Autores,
1988 (coautoria).

Mulher mat(r)iz.
Belo Horizonte:
Nandyala, 2011.

A postura de Miriam Alves se coaduna com o perfil do intelectual moderno — ao mesmo tempo sujeito de *criação* e de *crítica*, voltado para a linguagem sem deixar de lado a metalinguagem. No entanto, uma característica contemporânea (ou pós-moderna) se agrega a esse perfil e suplementa o conceito de autor/leitor consagrado pela estética da modernidade: o *ativismo* em prol de uma comunidade subalternizada perante o poder cultural. Neste sentido, participou ativamente dos encontros de escritores negros promovidos na década de 1980, que reuniram integrantes de várias regiões brasileiras. Destes eventos surgiram dois livros teóricos reunindo os trabalhos então apresentados: *Reflexões sobre a literatura afro-brasileira* (1985) e *Criação crioula, nu elefante branco* (1986). Em ambos estão inseridos artigos críticos de Miriam Alves, sendo que neste último participa também como uma das organizadoras. É autora ainda do volume teórico *Brasil Afro autorrevelado* (2010), em que reúne materiais utilizados nos cursos e palestras que vem ministrando em universidades brasileiras e estrangeiras.

No ensaio "O discurso temerário", publicado na coletânea *Criação Crioula, nu elefante branco*, a autora ressalta o caráter político presente na escritura dos afrodescendentes, mas não utiliza o termo "para designar passeatas de ficcionistas e poetas negros", e sim: "[...] falo do ato político que praticamos, escrevendo-nos em nossa visão de mundo. Quando digo nossa, falo Brasil e toda questão econômico-político-histórico-cultural e relacionamentos plurirraciais que permeiam. Nossa produção reflete isso." Antenada com seu tempo, a escritora confere à política o mesmo significado atribuído na pós-modernidade por Stuart Hall: o de ser "política de identidade". Deste modo, a questão identitária figura como projeto que aproxima muitos escritores afro-brasileiros, e Miriam Alves está inserida nesse contexto.

Seu primeiro livro, *Momentos de busca* (1983), resulta, portanto, de todo um trajeto de experimentos com a escrita vindos desde a adolescência. Em seus poemas torna-se pungente o caráter de busca de uma escrita vinculada a valores identitários bem como a uma autoafirmação: é o negro que reconhece sua cultura, enxerga os problemas oriundos do alijamento social, mas ao mesmo tempo vislumbra novas possibilidades. Paralelamente à abordagem da condição que permeia o universo de grande parte dos afrodescendentes, Miriam Alves também trabalha com a condição feminina, seja para mostrar o servilismo a que muitas mulheres ainda se submetem, seja para celebrar a busca de liberdade: "Quero correr em desafio/ soltar meu corpo/ lamber sem sentido/ as verdades/ as mentiras/ não ditas/ não ditas/ verdades escritas/ que não posso entender" (1983, p. 25). E o amadurecimento intelectual da autora não interfere no ímpeto militante de sua poesia, presente também em seu segundo livro, *Estrelas no dedo*: "Carregamos nos ombros/ feito fardos/ a luta, a dor dum passado/ Carregamos nos ombros/ feito dardo/ a vergonha que não é nossa/ Carregamos nos ombros/ feito carga/ o ferro da marca do feitor/ Carregamos na mão/ feito lança/ a esperança do que virá" (1985, p. 29).

Em 1988, Miriam Alves escreveu em parceria com Cuti e Arnaldo Xavier a peça teatral *Terramara*. E somente em 2011, depois de muitos "saraus afro" e "rodas de poemas", e após dezenas de inserções em antologias e publicações coletivas, a autora concordou em reunir alguns contos de sua autoria no volume *Mulher mat(r)iz*.

Fontes de consulta: AUGEL, Moema. Prefácio. In: ALVES, M. *Mulher mat(r)iz*, op. cit.; BERND, Zilá. *Antologia de poesia afro-brasileira*: 150 anos de consciência negra no Brasil. Belo Horizonte: Mazza, 2011; BEZERRA, Kátia da Costa. Miriam Alves. In: DUARTE, Eduardo de Assis (Org.). *Literatura e afrodescendência no Brasil*: antologia crítica. Belo Horizonte: Editora UFMG, 2011. v. 3: Contemporaneidade; BEZERRA, Kátia da Costa. *Vozes em dissonância*: mulheres, memória e nação. Florianópolis: Editora Mulheres, 2007; BEZERRA, Kátia da Costa. Rompendo os grilhões: poetas negras nos anos oitenta. Revista *Letras e Letras*, v. 1, n. 15, 1999; CAMARGO, Oswaldo de. *O negro escrito*. São Paulo: Imprensa Oficial, 1987; <www.letras.ufmg.br/literafro>; <www.writermiriamalves.webs.com>; <eventosmiriamalvesescritora.blogspot.com>.

Jônatas Conceição
Eduardo de Assis Duarte

PRINCIPAIS PUBLICAÇÕES

Miragem de engenho. Salvador: Instituto de Radiodifusão Educativa da Bahia, 1984.

Outras miragens. São Paulo: Confraria do Livro, 1989.

Jônatas Conceição nasceu em Salvador, em 8 de dezembro de 1952. Graduou-se em Letras pela UFBA e cursou mestrado em Linguística e Literatura. Além de professor e militante do movimento negro, trabalhou como radialista e esteve à frente de iniciativas educacionais voltadas para os afrodescendentes, como o projeto de Extensão Pedagógica do Bloco Ilê Aiyê, do qual foi também um dos diretores. Nesta linha, publicou em 1991 o livro *Reflexões para o ensino de Português para a escola comunitária*. Intelectual orgânico empenhado em resgatar a cultura e a memória de lutas do povo negro, muitas vezes distorcidas e, mesmo, apagadas pela história oficial, dedicou sua vida ao trabalho de pesquisa, criação e ensino a partir de uma visão de mundo informada pela diversificada herança africana presente no Brasil.

Como poeta e ficcionista, participou de diversas publicações coletivas, no país e no exterior, como *O negro escrito*, *Callaloo* e *Cadernos Negros*. Em 2000, organizou juntamente com Lindinalva Barbosa, a antologia *Quilombo de palavras*, reunindo poetas da Bahia e de outros Estados. O próprio título já anuncia uma de suas principais preocupações como intelectual — o resgate da memória de Zumbi e do Quilombo de Palmares. Em seus dois livros de poesia, o passado e o presente dos descendentes de africanos é traduzido em imagens de grande força poética. Em "Zumbi é senhor dos caminhos", podemos ler: "retomar toda história/ de todos os fatos/ contar todas as verdades/ para todas as idades/

do teu mito que/ para sempre se refaz em/ liberdade liberdade liberdade" (1989, p. 64). Já no livro resultante de sua dissertação de mestrado — *Vozes quilombolas, uma poética brasileira*, publicado em 2004 —, estuda a imagem do quilombo na música popular e na literatura afro-brasileira. Jônatas Conceição faleceu prematuramente em 3 de abril de 2009, aos 56 anos. Deixou inédito o volume de poemas *Domínio das pedras*.

Fontes de consulta: CAMARGO, Oswaldo de. *O negro escrito*: apontamentos sobre a presença do negro na literatura brasileira. São Paulo: Secretaria de Estado da Cultura/Imprensa Oficial, 1987; CONCEIÇÃO, Jônatas. *Vozes quilombolas* – uma poética brasileira. Salvador: EDUFBA; ILÊ AIYÊ, 2004; DANTAS, Anamélia de Araújo. Apresentação. In: *Miragem de engenho*, op. cit.; FONSECA, Maria Nazareth Soares. Jônatas Conceição. In: DUARTE, Eduardo de Assis (Org.). *Literatura e afrodescendência no Brasil*: antologia crítica. v. 3: Contemporaneidade. Belo Horizonte: Editora UFMG, 2011; SILVEIRA, Oliveira. Imagens e miragens: poéticas. In: *Outras miragens*, op. cit.; <www.letras.ufmg.br/literafro>.

Abelardo Rodrigues
Luiz Henrique Silva de Oliveira

Abelardo Rodrigues nasceu em Monte Azul Paulista (SP), em 10 de outubro de 1952. Integrou o coletivo de escritores Quilombhoje, além de publicar poemas e contos nos *Cadernos Negros*. Nos poemas de *Memória da noite* (1978) e *Poê...poemar* (1982), bem como nos contos reunidos no volume *Enterro* (1982), destacam-se a consciência de pertencimento étnico e a focalização do universo afrodescendente. A reconstrução da memória e da identidade opera no sentido de procurar rastros e resíduos da atuação de personagens negros negligenciados na história do Brasil. As-

PRINCIPAIS PUBLICAÇÕES

Memória da noite. São José dos Campos: Ed. do Autor, 1978.

Poê...poemar. São Paulo: Ed. do Autor, 1982.

Enterro. São Paulo: Ed. do Autor, 1982.

Memória da noite revisitada & outros poemas. São Paulo: Ciclo Contínuo, 2013.

sim, a memória coletiva torna-se elemento de resistência cultural, informando o olhar crítico sobre o processo histórico e instigando a reflexão e o questionamento.

"O último trem" é um conto que bem exemplifica os procedimentos literários de Abelardo Rodrigues. A trama centra-se na figura do narrador-personagem, um homem negro que relata situações vividas por ele mesmo e por seus antepassados, como se atualizasse o papel do *griot*. O personagem encontra-se à espera de seu transporte para casa e resgata a tradição pelo ensinamento oral, transmitido dos mais velhos para os mais jovens. Como sua identidade não é revelada, pode-se interpretar que fala por si e por seu coletivo, evocando a experiência como alerta contra a exploração e a subalternidade.

O texto conduz o leitor à realidade do negro oprimido no cotidiano das grandes cidades: "o meu compadre Antônio acha que nós devemos nos contentar com as coisas da vida que só acontecem aos pobres como nós" (*Cadernos Negros 2*, 1979, p. 10). A escolha lexical "aos pobres como nós" conduz o leitor para a inexorável realidade que exclui não só pela condição socioeconômica, mas também pela cor da pele: não se trata no conto de quaisquer pobres, porém de "pobres como nós", ou seja, negros, já que é este o lugar de fala do narrador-personagem. Abelardo Rodrigues tem poemas traduzidos na Alemanha e nos Estados Unidos.

Fontes de consulta: CAMARGO, Oswaldo de. Apresentação. In: RODRIGUES, Abelardo. *Memória da noite*, op. cit.; COLINA, Paulo (Org.). *Antologia contemporânea da poesia negra brasileira*. São Paulo: Global, 1982; DAMACENO, Benedita Gouveia. *Poesia negra no modernismo brasileiro*. Campinas: Fontes Editores, 1988; DUARTE, Eduardo de Assis; OLIVEIRA, Luiz Henrique Silva de. Abelardo Rodrigues. In: DUARTE, Eduardo de Assis (Org.). *Literatura e afrodescendência no Brasil*: antologia crítica. Belo Horizonte: Editora UFMG, 2011. v. 3: Contemporaneidade; <www.letras.ufmg.br/literafro>.

Lepê Correia
Luiz Henrique Silva de Oliveira

Dono de muitos talentos, Severino Lepê Correia nasceu em Recife, em 21 de dezembro de 1952. Além de ativista e pesquisador da cultura afro, é psicólogo, jornalista, mestre em Letras e Filosofia e professor universitário. Estreou em 1993, com o livro de poemas *Caxinguelê*. A obra é um reflexo do comprometimento do autor com sua cultura, com seu povo e com sua história. Através de sua poesia, Lepê reverencia os seus ancestrais, divide as dores e as alegrias com os de sua geração e contribui com a formação dos mais novos. Em 2006, lança *Canoeiros e curandeiros: resistência negro-urbana em Pernambuco, século XIX*, que analisa a história política e econômica do Estado e reflete sobre as tradições locais, ao recriar a vida do negro naquele tempo.

Em *Caxinguelê*, como nos poemas inseridos nos *Cadernos Negros*, percebemos esta intenção empenhada, visível já no diálogo com a tradição, ousando termos em iorubá, trazendo a oralidade, a dicção *griot*, enfim, uma linguagem, um ponto de vista, e uma temática negra. As palavras do autor ecoam as do militante, discutindo, inclusive, o papel do escritor em tempos atuais, que deve alertar a respeito de como identidade, tradição e nação são construídas enquanto entidades, não raro sob a forma insidiosa de oposições binárias, via de regra com atitudes hostis ao subalterno. No poema "Teimosa presença", notam-se as sucessivas configurações do "eu" que se mostra explicitamente negro e reivindica

PRINCIPAL PUBLICAÇÃO

Caxinguelê.
Recife: Ed. do Autor, 1993. 2ª ed. Recife: FCCR, 2006.

por isso mesmo seu espaço. Identidade é a palavra-chave desse poema: "Eu continuo acreditando na luta/ Não abro mão do meu falar onde quero/ Não me calo ao insulto de ninguém/ Eu sou um ser/ uma pessoa como todos/ Não sou um bicho, um caso raro/ ou coisa estranha/ Sou a resposta, a controvérsia, a dedução/ A porta aberta onde entram a discussões/Sou a serpente venenosa: bote pronto/ Eu sou a luta, sou a fala, o bate-pronto/ [...]/ Eu sou um negro pelas ruas do país." (*Cadernos Negros: os melhores poemas*, p. 92)

Fontes de consulta: *Cadernos Negros, números 19, 20 e 21*. São Paulo: Quilombhoje; Editora Anita, 1996, 1997 e 1998; *Cadernos Negros: Melhores poemas*. São Paulo: Quilombhoje, 1998; WEIS-BOMFIM, Patrícia. Lepê Correia. In: DUARTE, Eduardo de Assis (Org.). *Literatura e afrodescendência no Brasil: antologia crítica*. Belo Horizonte: Editora UFMG, 2011. v. 3: Contemporaneidade; QUEIROZ, Amarino de Oliveira. Prefácio. In: CORREIA, Lepê. *Caxinguelê*. 2ª ed., op. cit.; SILVA, Severino Vicente da. Prefácio. In: CORREIA, Lepê. *Canoeiros e curandeiros, resistência negro-urbana em Pernambuco, século XIX*. Recife: Funcultura, 2006; WHITE, Steven F. A invenção de um passado sagrado na poesia afro-brasileira contemporânea. *Estudos Afro-Asiáticos*, n. 35, jul. 1999; <www.letras.ufmg.br/literafro>.

Oswaldo Faustino
Eduardo de Assis Duarte

PRINCIPAIS PUBLICAÇÕES

Luana, a menina que viu o Brasil neném. Coautoria: Aroldo Macedo. São Paulo: FTD, 2000.

Luana e as sementes de Zumbi. Coautoria: Aroldo Macedo. São Paulo: FTD, 2007.

Luana, capoeira e liberdade. Coautoria: Aroldo Macedo. São Paulo: FTD, 2007.

Paulista de Mairinque, Oswaldo Faustino nasceu em 1952 e reside em São Paulo, onde, desde 1976, atua como jornalista. Tem passagem por grandes órgãos de imprensa, como *Folha de S.Paulo* e *O Estado de S. Paulo*, além de rádios, TVs e revistas. Entre 1985 e 1990, foi editor de Cultura do *Diário Popular*. É colaborador da revista *Raça Brasil* desde a sua criação, tendo participado também de programa infantil da TV da Gente, onde fez o personagem Tio Bah — um contador de histórias que vivia num baobá. Como escritor, possui sete livros publicados, cinco deles em parceria com Aroldo Macedo, sendo quatro destinados ao público infantojuvenil. É autor de importante biografia de Nei Lopes e do romance histórico *A legião negra* (2011).

A *legião negra* tematiza a participação dos batalhões de afrodescendentes na chamada Revolução Constitucionalista de 1932, movimento armado conduzido pelas elites políticas de São Paulo contra o governo de Getúlio Vargas. A ação se passa em dois tempos. No presente da narrativa, sobressai a figura de Tião, que sobreviveu aos combates e que, do alto de seus 100 anos, relembra o clima da revolta, com o povo sendo manipulado a partir de intensa propaganda veiculada nos meios de comunicação. Entre os *flashes* de memória do protagonista, o texto volta ao passado e põe em cena figuras históricas como Arlindo Veiga dos Santos, dirigente da Frente Negra Brasileira, entre outros. Em paralelo, mergulha nos dramas vividos por mulheres e homens impelidos a uma guerra para a qual não estavam preparados. Biscateiro e morador de cortiço, Tião simboliza a mocidade negra pós-abolição, sem preparo suficiente para uma inserção mais qualificada na sociedade industrial que então se desenvolvia. O romance evidencia o quanto o alistamento militar se colocava como alternativa para a juventude negra acossada pela pobreza, pelo racismo, e sem maiores oportunidades de trabalho. E revela como muitos destes foram mortos lutando por uma causa que não era a sua.

Luana e as asas da Liberdade. Coautoria: Aroldo Macedo. São Paulo: FTD, 2010.

Nei Lopes. São Paulo: Selo Negro, 2009. Coleção Retratos do Brasil Negro.

A legião negra: a luta dos afro-brasileiros na Revolução Constitucionalista de 1932. São Paulo: Selo Negro, 2011.

Fontes de consulta: LOPES, Nei. Prefácio. In: *A legião negra*, op. cit.; <www.letras.ufmg.br/literafro>.

Madu Costa
Luiz Henrique Silva de Oliveira

PRINCIPAIS PUBLICAÇÕES

A janta da anta.
Belo Horizonte:
Ed. da Autora, [s/d].

Koumba e o tambor diambê.
Belo Horizonte:
Mazza, 2006.

Meninas negras.
Belo Horizonte:
Mazza, 2006.

A caixa de surpresa.
Belo Horizonte:
Mazza, 2009.

Cadarços desamarrados.
Belo Horizonte:
Mazza, 2009.

Lápis de cor. Belo Horizonte: Nandyala, 2012.

Maria do Carmo Ferreira da Costa nasceu em 1953, em Belo Horizonte, onde vive e atua como professora, contadora de histórias e escritora. É ainda pedagoga e arte-educadora. Escreveu cinco narrativas infantojuvenis, e se firma no gênero a partir de *Meninas negras* (2006). A autora acredita que, pela leitura e narração de histórias, os estudantes são envolvidos de forma lúdica e descobrem a literatura como fonte de prazer.

A escrita fluida e a focalização de personagens infantis são elementos correntes na literatura de Madu Costa. Os dilemas, dúvidas, sonhos e inquietações de crianças e jovens nutrem as narrativas. Há inequívoca preocupação étnica também, já que os protagonistas são negros. Pode-se dizer que a escritora procura resgatar o orgulho ancestral africano e a construção de um "gostar-se negro", o que, para ela, deve ocorrer a partir da infância. Seus principais personagens trazem nomes africanos, ou históricos, como Dandara.

Koumba e o tambor diambê (2006) pode ser entendido como um livro-celebração. O pequeno Koumba toca tambor pelas ruas da cidade, recriando a "canção que veio da África e ecoou por todo canto do planeta" (s/p). O tambor, chamado diambê, toca a música da emancipação dos negros, talvez anunciando a verdadeira libertação das amarras sociais pautadas pelo racismo cordial. Desde cedo, o som do tambor está nas ruas com a missão de despertar a sociedade para "cantar a liberdade" e "curtir as diferenças", pois "é hora de quebrar as correntes do preconceito racial" (s/p).

Em *Meninas negras*, Dandara, Luana e Mariana (que remete a Oxum) revelam um universo regado pelo orgulho de sua identificação étnica, a partir da valorização de um coletivo presente na memória ancestral. As meninas "se enxergam cada vez mais no lindo espelho da Mãe-África" (s/p). E, assim, juntam os conhecimentos advindos do outro lado do Atlântico com estratégias de resistência ao preconceito.

Fontes de consulta: <www.construirnoticias.com.br/asp/materia.asp?id=1298>; <www.letras.ufmg.br/literafro>.

Salgado Maranhão
Gustavo de Oliveira Bicalho

Salgado Maranhão (José Salgado dos Santos) nasceu em 13 de novembro de 1953, no povoado de Cana Brava das Moças, em Caxias (MA). Na adolescência, mudou-se para Teresina com a mãe e os irmãos. Lá, foi alfabetizado e passou a frequentar a biblioteca local diariamente. Desenvolveu grande afinidade pela música popular e pela poesia e passou a escrever artigos para o jornal *O Dia*. Aos 18 anos, entrevistou Torquato Neto poucos meses antes de seu suicídio. O poeta piauiense apresentou-lhe a poesia concreta e a dos modernistas e lhe sugeriu o pseudônimo Salgado Maranhão, que adotou, assim como a ideia de mudar-se para o Rio de Janeiro, para onde seguiu em 1973. Lá, ingressou no curso de jornalismo na PUC e passou a escrever para a revista *Música do Planeta Terra*, ao lado de Caetano Veloso e Jorge Mautner, entre outros.

Embora tenha inicialmente se enveredado pela carreira jornalística, pode-se dizer que

PRINCIPAIS PUBLICAÇÕES

Punhos da serpente.
Rio de Janeiro:
Achiamé, 1989.

Palávora.
Rio de Janeiro:
7Letras, 1995.

O beijo da fera.
Rio de Janeiro:
7Letras, 1996.

Mural de ventos.
Rio de Janeiro:
José Olympio, 1998.

Sol sanguíneo.
Rio de Janeiro:
Imago, 2002.

Solo de gaveta & Amorágio (livro/CD).
Rio de Janeiro:
Sesc, 2005.

A cor da palavra.
Rio de Janeiro:
Imago; Fundação Biblioteca Nacional, 2009.

Salgado Maranhão é poeta de ofício. É autor de sete livros, sendo o mais recente deles, A cor da palavra (2009), uma valiosa coletânea de toda a sua poesia. Sua primeira publicação em livro data de 1978, na antologia Ebulição da escrivatura: treze poetas impossíveis, que organizou junto a Carlos Natureza e Antônio Carlos Miguel.

Sua poesia caracteriza-se principalmente por um meticuloso trabalho com a linguagem, pela relação intensa com as temáticas que aborda e pelo diálogo com referências literárias e culturais de diferentes matrizes. Salgado Maranhão vale-se de artifícios formais e estilísticos caros a poetas modernistas como João Cabral de Melo Neto e Carlos Drummond de Andrade, alternando formas livres e fixas (como o soneto). Busca explorar, igualmente, o poder sintético das palavras utilizando sabiamente a técnica da palavra-valise (vide, como exemplo, o título de alguns de seus livros e poemas, como Palávora e "Doidonauta"), o que remonta ao cânone ocidental de James Joyce e Ezra Pound, bem como à tradição japonesa do haicai.

Tal trabalho com a linguagem, no entanto, não parte apenas de uma tentativa de atingir essências poéticas, dissociadas do real. Antes, como ressalta Silviano Santiago (2010, p. 2), Salgado Maranhão "extrai a expressão poética da autenticidade da vida"; liga-se, conforme nota Edmilson de Almeida Pereira (2011), à busca por surpreender no cotidiano o que lhe é estranho e, ao mesmo tempo, essencial: "meto a cara na manhã empoeirada da metrópole/ arrasto comigo um poema/ em busca de palavras exatas/ para ser tecido" (2009, p. 19). A procura pela palavra ideal em Salgado Maranhão compõe, assim, o leque de indagações do poeta sobre si. Em momentos diversos, há na obra vestígios de linguagem que expõem tal busca diante da constatação de um passado fraturado e de um presente com perspectivas duvidosas para o eu que indaga. Como exemplo de tal investigação poética podemos citar "Negro soul", que parte da reflexão sobre o nascer negro na "grandemocracia/ racial/ ocidental/ tropical", para chegar à constatação, não menos reflexiva, de se estar em estado de resistência, à sombra "da grandemagogia/ racial/ ocidental/ tropicálice". A consciência identitária subjacente a esses e outros versos de Salgado Maranhão é intrínseca à lida intensa do poeta com a palavra, à medida que tenta transpor seus limites (ou, como sugere no livro *Palávora*, seus "deslimites") semânticos e formais. O poema "Grão" demonstra, pela via da metalinguagem, esse labor, por vezes amargo, do *eu* poético: "quem me conhece/ sabe o meu labor/ pra tirar do chão da dor/ o simples grão que sou". (2009, p. 38) Trabalho com a palavra que, embora não se confunda com a obsessão pelo belo, demonstra rigoroso cuidado em relação à composição estética do poema: "todos esses séculos de não/ que tento enfeitar com pérolas/ com gemidos e tambores". Por meio de seus poemas, é possível, portanto, imergir na rigidez das fronteiras do real — "minha terra é minha pele" (2009, p. 227) — e, por outro lado, vislumbrar um universo mais maleável: "em que sonho/ esqueci meus limites?" (2009, p. 81).

Além de poeta e jornalista, Salgado Maranhão é também compositor, tendo assinado parcerias com nomes ilustres da música popular brasileira, tais como Paulinho da Viola, Ivan Lins, Elton Medeiros e Zeca Baleiro. A dimensão de sua obra é exemplar da diversidade e amplitude da poesia afro-brasileira.

Fontes de consulta: PEREIRA, Edimilson de Almeida. Entrevistas: cinco autores afro-brasileiros contemporâneos/Salgado Maranhão. In: PEREIRA, Edimilson de Almeida. *Malungos na escola: questões sobre culturas afrodescendentes e educação*. São Paulo: Paulinas, 2007; PEREIRA, Edimilson de Almeida. Salgado Maranhão. In: DUARTE, Eduardo de Assis. *Literatura e afrodescendência no Brasil: antologia crítica*. Belo Horizonte: Editora UFMG, 2011. v. 3: Contemporaneidade; SANTIAGO, Silviano. Apud MIGUEL, Antônio Carlos. Poesia que vem de um filho da senzala e da casa-grande. O Globo, Rio de Janeiro, p. 2, 7 jun. 2010; VALENTE, Luís Fernando. O traço apolíneo de Salgado Maranhão. In: PEREIRA, Edimilson de Almeida (Org.). *Um tigre na floresta de signos: estudos sobre poesia e demandas sociais no Brasil*. Belo Horizonte: Mazza; Juiz de Fora: PPG-Letras/UFJF, 2009; <www.letras.ufmg.br/literafro>.

Hermógenes Almeida
Gustavo de Oliveira Bicalho

PRINCIPAIS PUBLICAÇÕES

REGGAE=IJÊXÁ — poemas, canções & anunciações. Rio de Janeiro: Ed. do Autor, 1983.

Roteiro dos Oríkìs — ensaio e poemas. Rio de Janeiro: Ed. do Autor, 1987.

Oríkìs — Canções de Rebeldia, Poemas de Paixão. Rio de Janeiro: Grafline, 1988.

Hermógenes Almeida Silva Filho nasceu na Bahia, em 14 de agosto de 1954. Entre 1968 e 1974, participou de diversos grupos musicais e literários pós-tropicalistas. Mudou-se para a cidade do Rio de Janeiro, onde se licenciou em História. Participou ativamente do Movimento Negro Unificado (MNU), tendo escrito o Poe-manifesto do Movimento Negro. Na década de 1980, integrou ainda o grupo "Negrícia — Poesia e arte de crioulo". Sua estreia em livro se dá em 1983, com REGGAE=IJÊXA — *poemas, canções & anunciações*. Em seguida, participa dos encontros nacionais de escritores negros então realizados e integra o volume *Criação crioula, nu elefante branco* (1987), com o ensaio "Reflexão sobre a literatura negra na realidade política brasileira". Está presente em antologias publicadas no Rio de Janeiro e em Salvador. O poeta faleceu em junho de 1994, barbaramente assassinado enquanto investigava as chacinas da Candelária e Vigário Geral.

Sua poesia retoma a tradição cultural afro-brasileira, mesclando lirismo e visualidade, sem se deixar reduzir ao sentimentalismo gratuito ou "aos dogmas estéticos da neuromodernidade", como afirma Éle Semog, em prefácio a REGGAE=IJÊXA. Assim, seus textos aliam o reconhecimento identitário e o poder transformador do canto do *griot*, propondo-se tanto como obra artística quanto política e cultural. O caráter envolvente, conquistado através do ritmo, da musicalidade e da escolha lexical, aparenta-se com o de gêneros musicais, como o *rap* e o *reggae*, e dialoga com a vanguarda literária de seu tempo, que busca incorporar elementos de outras artes e mídias ao poema publicado em livro. Com isso, o leitor é contemplado com um texto carregado de temas políticos e culturais, baseados em fatos, mas que ultrapassa o relato histórico e que exige do leitor participação ativa na construção de sentido. No momento, seus três livros de poesia encontram-se esgotados, à espera de reedição.

Fontes de consulta: ALVES, Miriam; XAVIER, Arnaldo; CUTI [Luiz Silva] (Org.). *Criação crioula, nu elefante branco*. São Paulo: Imesp, 1987; LOBO, Luiza. Crítica sem juízo. 2ª ed. Rio de Janeiro: Garamond, 2007; OLIVEIRA, Leni Nobre de. Redes hipertextuais na poesia de Hermógenes de Almeida Silva Filho. In: DUARTE, C. L.; ALEXANDRE, M. A. (Org.). *Falas do outro: literatura, gênero, etnicidade*. Belo Horizonte: Nandyala, 2010; OLIVEIRA, Leni Nobre de. Hermógenes de Almeida. In: DUARTE, Eduardo de Assis (Org.). *Literatura e afrodescendência no Brasil: antologia crítica. v. 3: Contemporaneidade*. Belo Horizonte: Editora UFMG, 2011; <www.letras.ufmg.br/literafro>.

Elio Ferreira
Gustavo de Oliveira Bicalho

Elio Ferreira de Souza nasceu em Floriano (PI), em 14 de maio de 1955. Além de capoeirista e técnico em Educação, é poeta com seis livros publicados, professor da Universidade Estadual do Piauí e ensaísta. Mestre e doutor em Letras, é autor da tese *Poesia negra das Américas*: Solano Trindade e Langston Hughes, defendida na UFPE em 2006, além de outros estudos, como o premiado *Identidade e solidariedade na literatura do negro brasileiro*, publicado em 2005.

O caráter performático é um dos mais fortes traços da poesia de *O contra-lei* (1994), convidando o

PRINCIPAIS PUBLICAÇÕES

Canto sem viola. Brasília: Ed. do Autor, 1983.

poemartelos (o ciclo do ferro). Teresina: Ed. do Autor, 1986.

Né Preto. Teresina: Corisco, 1987.

O contra-lei (o ciclo do fogo). Teresina: Ed. do Autor, 1994.

O contra-lei & outros poemas. Teresina: Abracadabra Edições, 1997.

América negra. Teresina: Abracadabra Edições, 2004.

leitor a um maior envolvimento com o texto. A valorização de elementos sonoros através da repetição de certos termos (martelo, abracadabra, tambor) e a potencialização de onomatopeias (tem-tem, baticum, tum, zum-zum), além de elementos semânticos extraídos de termos relacionados à capoeira e ao ofício do ferreiro são responsáveis pela movimentação ritmada do texto e, assim, por sua performatização.

Além disso, destaca-se o trabalho poético de rememoração do autor, que implica igualmente uma recuperação da memória coletiva afrodescendente. Tal elemento é observável tanto nos poemas dos primeiros livros como no mais recente, *América negra* (2004). Em *O contra-lei*, a memória pessoal do trabalho de ferreiro, que aprendera com o pai na infância e que exerceu dos 9 aos 20 anos, é trazida para o texto através de imagens como o martelo, o ferro e o fogo, e associada à memória do povo negro através da figura do orixá Ogum e do sentido de tal ofício como herança africana. Em *América negra*, essa consciência da diáspora é explorada num mergulho interior do poeta em busca de suas raízes afro-brasileiras e afro-americanas. Como resultado, o leitor tem diante de si um livro que reconstitui poeticamente um pouco da história dos povos negros nas Américas a partir de um ponto de vista participante.

Fontes de consulta: OLIVEIRA, Leni Nobre de. Elio Ferreira. In: DUARTE, Eduardo de Assis (Org.). *Literatura e afrodescendência no Brasil*: antologia crítica. Belo Horizonte: Editora UFMG, 2011. v. 3: Contemporaneidade; SOUZA, Florentina da Silva. *Afrodescendência em Cadernos Negros e Jornal do MNU*. Belo Horizonte: Autêntica, 2005; <www.letras.ufmg.br/literafro>.

Heloisa Pires Lima
Marina Luiza Horta

A escritora Heloisa Pires Lima nasceu em Porto Alegre (RS), em 1955. Aos 9 anos, mudou-se para São Paulo, onde reside atualmente. Estudou Psicologia na PUC e Ciências Sociais na USP, universidade na qual também concluiu o mestrado em Antropologia e doutorado em Antropologia Social.

Sua aproximação com a literatura se dá quando constata a ausência ou a inadequação de personagens negras no universo das letras, seja na poesia seja na ficção. Começa, portanto, a pesquisar acerca dessas personagens e, mais tarde, passa à criação. Lima é hoje um dos nomes de destaque na literatura infantojuvenil afro-brasileira. A obra da escritora é marcada pela presença de protagonistas negras nas histórias. Há um processo de construção da identidade das crianças e dos adolescentes afrodescendentes, já que uma temática recorrente em seus livros é a retomada e a valorização da cultura negra.

De forma lúdica, Heloisa Lima apresenta à criança o universo das lendas africanas. Seus livros trazem histórias de princesas e crenças de povos da África, bem como retratam a paisagem, colorida pelas diferentes etnias e vegetações, do continente africano. O que propõe a autora é que a criança conheça um pouco mais essas diferentes culturas, vistas agora a partir de outro ponto de vista, sem a presença dos estereótipos criados acerca do continente e dos negros.

Outro aspecto muito recorrente nas narrativas de Lima é a influência que a cultura africana exerce no Brasil. Nesse âmbito, há também a crítica ao siste-

PRINCIPAIS PUBLICAÇÕES

Histórias da Preta.
São Paulo: Companhia das Letrinhas, 1998.

O espelho dourado. Coleção O Pescador de Histórias.
São Paulo: Peirópolis, 2003.

A semente que veio da África. Coautoria Georges Gneka e Mário Lemos.
São Paulo: Salamandra, 2005.

Benjamin, o filho da felicidade.
São Paulo: FTD, 2007. Ilustrações: Marcelo Pacheco.

O comedor de nuvens.
São Paulo: Edições Paulinas, 2009. Ilustrações: Suppa.

Lendas da África moderna. Coautoria com Rosa Maria Tavares Andrade.
São Paulo: Elementar, 2010.

ma que escravizou os negros aos padrões socioculturais estabelecidos a partir de uma visão eurocêntrica. Esse cenário contribui para que sejam discutidas questões como o preconceito étnico. Há uma preocupação, nesse aspecto, por valorizar, por exemplo, personagens negras historicamente importantes, como Machado de Assis e Zumbi dos Palmares.

Heloisa Pires Lima é autora de *Histórias da Preta*, publicado pela editora Companhia das Letrinhas, em 1998. Trata-se de um compêndio que aborda os vários aspectos da história de construção da identidade de uma menina negra, a narradora Preta:

> — Vó, quem inventou a cor das pessoas?
> Isso eu perguntei porque havia aprendido que uns são amarelos, outros brancos e outros vermelhos. Ela disse:
> — Eu só repondo se tu me disser quem inventou o nome da cor das pessoas.
> Eu fiquei lá, pensando e chupando uva, e ela continuou plantando suas sementes. (Lima, 2002, p. 12)

A obra vem sendo adotada por inúmeras escolas públicas e particulares. A Preta, como a chama a escritora, recebeu reconhecimento crítico, como os prêmios José Cabassa e Adolfo Aizen (1999/UBE), além de ter sido selecionada para o Brazilian Book Magazine (1999/FBN-FNLJ) divulgado na Feira do Livro de Bolonha.

Em 2004, coordenou a coleção O Pescador de Histórias, cujo primeiro título foi *O espelho dourado* (PNBE 2005). A obra, que habita o mundo do mito, traz à luz a crença africana de etnia *achanti*, que narra a origem do homem. Já em 2005, lançou *A semente que veio da África*, também selecionado pelo PNBE. Nesse projeto editorial, propôs, em vez de produzir um texto sobre a África, uma conversa entre duas Áfricas. Convidou Georges Gneka, da Costa do Marfim, e Mário Lemos, de Moçambique, e todos trouxeram histórias sobre um mesmo tema – uma árvore muito especial e riquíssima como inspiração literária.

Foi responsável pela criação da Selo Negro Edições, do Grupo Summus Editorial, além de ter atuado como editora entre 1999 e 2000. É uma das autoras do volume *De olho na cultura:* pontos de vista afro-brasileiros, obra vencedora do I Concurso Nacional de Produção de Livros e Vídeos Sobre História, Cultura e Literatura Afro-brasileiras, modalidade Livros, na categoria cultura afro--brasileira. Em 2006, Ano do Brasil na França, participou da *Journée Littéraire Foyalaise* realizada na Martinica e em Guadalupe.

Fontes de consulta: SOUSA, Andréia Lisboa de. Heloisa Pires Lima. In: DUARTE, Eduardo de Assis (Org.). *Literatura e afrodescendência no Brasil:* antologia crítica. Belo Horizonte: Editora UFMG, 2011. v. 3: Contemporaneidade; SOUSA, Andréia Lisboa de. Personagens negros na literatura infantil e juvenil. In: CAVALLEIRO, Eline (Org.). *Racismo e antirracismo na educação:* repensando nossa escola. São Paulo: Summus, 2001; <www.letras.ufmg.br/literafro>.

Ramatis Jacino
Maria do Rosário A. Pereira

Ramatis Jacino nasceu em Porto Alegre em 11 de junho de 1957. Na adolescência, mudou-se para São Paulo, onde vive. Cursou licenciatura, mestrado e doutorado em História. Integra o quadro permanente da Prefeitura de São Paulo e exerce atividades acadêmicas e literárias. Iniciou suas publicações em 1976. Desde então, escreve regularmente sobre acontecimentos políticos ou de interesse social. Em 1978, reuniu alguns de seus contos no volume *Desgraçados*, em parceria com Avelino José Afonso. Participou de cinco números dos *Cadernos Negros* e tem vários contos publicados na imprensa paulista. Escreveu ainda artigos, ensaios e estudos historiográficos, tanto a respeito da cultura afro-brasileira e da condição do escritor negro no Brasil, quanto no tocante à organização dos trabalhadores, a exemplo de *O movimento sindical e a questão racial* (1998) e *O branqueamento no trabalho* (2008).

PRINCIPAIS PUBLICAÇÕES

Desgraçados. Coautoria com Avelino José Alonso. São Paulo: Ed. dos Autores, 1978.

Fogo no Cata-Louco. São Paulo: Ed. do Autor, 1983.

O justiceiro. São Paulo: Dandara, 1992.

As pulgas e outros contos de horror. São Paulo: Dandara, 1997.

Zumbi. Coautoria com Jonathas Wagner Jacino. São Paulo: Nefertiti, 2009.

Em 1983, publica a novela *Fogo no Cata-Louco*, que traz dois subtítulos "Ou de como Satanás possuiu a uma serva de Deus" e "Ou ainda: A tragédia resultante da falta de responsabilidade das autoridades competentes". É uma história bem-elaborada e até divertida, motivada por um fato corriqueiro em São Paulo: a precariedade das linhas férreas da periferia. De acordo com Moema Augel, o uso no título da gíria "cata-louco" para nomear o trem "já direciona a leitura: serão os subalternos, os suburbanos que não dominam a norma culta da língua, aqueles que tomarão a palavra, que terão voz e ganharão perfil nessa história" (2011, p. 226). Esta opção pelos dramas dos desvalidos é uma constante em suas narrativas. Além do romance *O justiceiro* (1992) e do volume *As pulgas e outros contos de horror* (1997), ambos merecendo reedição, Ramatis Jacino é autor, junto com o irmão Wagner, de bela narrativa em versos sobre a saga de Zumbi dos Palmares. Em seus textos, a violência é uma constante, tanto física quanto psicológica. E surge motivada pela desigualdade que ainda afeta grandes parcelas de nossa população.

Fontes de consulta: AUGEL, Moema. Ramatis Jacino. In: DUARTE, Eduardo de Assis (Org.). *Literatura e afrodescendência no Brasil*: antologia crítica. Belo Horizonte: Editora UFMG, 2011. v. 3: Contemporaneidade; <www.letras.ufmg.br/literafro>.

Santiago Dias
Giovanna Soalheiro Pinheiro

PRINCIPAIS
PUBLICAÇÕES

Rosas e vidas.
São Paulo.
Ed. do Autor, 1982.

Santiago Dias nasceu em Nova Belém (Mantena-MG) em 1957, transferindo-se, aos 12 anos, para Belo Horizonte. Além de escritor — sobretudo de poemas e crônicas — é também ator. Em 1982, estreou na poesia, com uma coletânea intitulada *Rosas e vidas*. Em

1984, publicou *Caminho* — coletânea com 60 poesias — e, três anos mais tarde, publicou *Estradar*, um conjunto de poesias com pulsões temáticas cotidianas. Em 1994, lançou *Canto a uma manhã sem dor*, com as primeiras crônicas e alguns poemas. Ocupa o cargo de redator e produtor do jornal *O Artefato*, em São Paulo. Na obra de Santiago Dias, encontram-se vozes — sobretudo negras e indígenas — que bradam por maior equidade social. Temas associados à história e à cultura negra são recorrentemente abordados em sua produção, a fim de que se possa relativizar uma suposta liberdade concedida aos negros no Brasil e valorizar as tradições negras.

A crônica "Filho da dor e pai do prazer", por exemplo, faz menção à escravidão no Brasil: "Uma vez um negro velho contou-me que, no tempo da escravidão, os homens dormiam acorrentados nas barras de ferro que havia nas paredes das senzalas. Depois de trabalharem exaustivamente e maltratados, tinham que se ajeitar para descansar de qualquer maneira naquele lugar sujo e fétido" (*O plantador de manhãs*). Além da denúncia a esse passado, é possível notar em outras obras a alusão aos elementos culturais do povo negro — ao samba, por exemplo, — e a outros escritores da literatura brasileira, o que indica não apenas uma consciência histórica, mas também uma escrita autorreferencial em sua produção, muitas vezes centrado na lírica moderna.

Caminho.
São Paulo.
Ed. do Autor, 1984.

Estradar.
São Paulo.
Ed. do Autor, 1987.

Canto a uma manhã sem dor.
São Paulo.
Ed. do Autor, 1994.

O menestrel desvairado, (poesias — inédito).

O plantador de manhãs (poesias e crônicas — inédito).

Destino cigano (inédito).

Anchieta na terra dos papagaios (teatro — inédito em parceria com Gaspar B. Neto).

Fontes de consulta: SOUZA, Florentina da Silva. *Afrodescendência em Cadernos Negros e Jornal do MNU.* Belo Horizonte: Autêntica, 2005. MENEZES, Maria Edna de. *Reflexos negros: a imagem social do negro através das metáforas.* Dissertação (Mestrado) – Universidade Federal de Minas Gerais, 1998. BIBLIOTECA NACIONAL (BRASIL). <www.letras.ufmg.br/literafro>.

Fernando Conceição
Marina Luiza Horta

PRINCIPAIS PUBLICAÇÕES

Amar faz bem mas dói. Salvador: Lys, 1997.

Diasporá. Salvador: Casarão do Verbo, 2012.

Fernando Conceição nasceu em Salvador, em 8 de agosto de 1958. Mestre e doutor na área de Comunicação Social pela USP, é professor do curso de Comunicação Social da UFBA. No gênero ensaístico, tem publicações importantes como *Cala a boca Calabar: a luta política dos favelados*, de 1984, *Negritude favelada*, de 1988, *Espelho infiel*, de 2004 sobre o negro no jornalismo brasileiro, além de *Mídia e etnicidade no Brasil e nos Estados Unidos*, de 2005. No momento, prepara a biografia do geógrafo Milton Santos, um dos mais destacados intelectuais afro-brasileiros de todos os tempos.

Sua estreia como poeta se dá em 1997 com a publicação de *Amar faz bem mas dói*. A obra versa sobre os conflitos da vida contemporânea, muito além da imagem romântica que pode ser construída pelo título do livro, e traz questões relacionadas ao cenário político-social, à fome e ao amor, quase sempre associado ao sofrimento. A temática da literatura afrodescendente, embora não seja a peça de resistência da poética de Fernando Conceição, transborda em alguns poemas que dialogam com temas como etnicidade e racismo, já que a maioria da população marginalizada, retratada nos poemas do escritor, é, indiscutivelmente, negra. O lirismo marcado pelo tom de denúncia pode ser percebido no trecho de poemas como "À sombra do arco-íris", que ilustra o contorno em que se apresenta *Amar faz bem mas dói*: "Escreverei mil frases/ Todas falarão de drogas, de drogados,/ de crimes que as minhas mãos mancharam;/ meus olhos ofenderam./ Todas falarão de reggae, de fome./ Das mortes dos contemporâneos jovens (Conceição, 1997, p. 7).

Em 2005, o escritor reuniu seus artigos publicados em vários periódicos nacionais no livro *Como fazer amor com um negro sem se cansar*. Os ensaios debatem as relações raciais existentes no Brasil, contribuindo para a reflexão sobre imagem estereotipada do afrodescendente veiculada pela mídia. Em 2012, lançou o romance *Diasporá*, que provocou polêmica ao ficcionalizar figuras históricas e contemporâneas da cultura baiana.

Fontes de consulta: SOUZA, Florentina da Silva. Fernando Conceição. In: DUARTE, Eduardo de Assis (Org.). *Literatura e afrodescendência no Brasil*: antologia crítica. Belo Horizonte: Editora UFMG, 2011. v. 3: Contemporaneidade; <www.letras.ufmg.br/literafro>.

Lia Vieira
Eduardo de Assis Duarte

Eliane Barbosa Vieira, pseudônimo Lia Vieira, nasceu no Rio de Janeiro em 14 de fevereiro de 1958. É graduada em Letras, Economia e Turismo, tendo cursado doutorado em Educação na Universidade de Havana, em Cuba. Ativista do Movimento Negro e do Movimento de Mulheres, participa de diversas entidades e iniciativas sociais de promoção da cultura e da literatura afro-brasileira, bem como de combate ao racismo e ao sexismo. Estreia em 1990 com a publicação de *Eu mulher — mural de poesias* e, desde então, vem participando de antologias e publicações coletivas, como a série *Cadernos Negros*, na qual está presente em 13 edições. Além disso, possui textos editados nos Estados Unidos, Inglaterra e Alemanha. Em 2001, publicou *Chica da Silva — a mulher que inventou o mar*,

PRINCIPAIS PUBLICAÇÕES

Eu, mulher — mural de poesias. Niterói/Rio de Janeiro: Ed. da Autora, 1990.

Chica da Silva — a mulher que inventou o mar. Ilustrações de Iléia Ferraz. Rio de Janeiro: OR Produtor Editorial Independente, 2001.

Só as mulheres sangram. Belo Horizonte: Nandyala, 2011.

uma versão infantojuvenil da lendária escrava mineira que fez história nos tempos da colônia. Mais recentemente, trouxe a público o volume *Só as mulheres sangram* (2011), reunindo contos já conhecidos a exemplo de "Operação Candelária", em que ficcionaliza os bastidores do massacre de moradores de rua ocorrido no Rio de Janeiro, ou "Maria Deia" — cujo cenário é a expulsão e as estratégias de resistência dos moradores do Morro de Santo Antônio, no centro da cidade.

Os escritos de Lia Vieira estão ligados estreitamente à sua vivência de militante e têm como foco principal a denúncia do processo de exclusão a que estão submetidos os afrodescendentes, em especial as mulheres. Seus contos e poemas abordam a violência urbana como a outra face do processo de modernização capitalista vivido no país. Predomina o olhar crítico, em que as ações do aparato policial-militar surgem no contexto de discriminação e de expulsão de moradores pobres de áreas urbanas cobiçadas pela especulação imobiliária. Por outro lado, revelam o mundo de solidariedade e companheirismo construído nas comunidades, onde o protagonismo feminino se destaca em gestos e ações de acolhimento e ajuda mútua.

Via de regra seus escritos adotam um ponto de vista feminino e afroidentificado. A mulher ocupa lugar de destaque, seja ao lado de seu companheiro, como Maria Déia ou a matriarca Rosa da Farinha, tema de conto do mesmo nome, seja em seus momentos de abandono ou solidão, a exemplo do conto "Por que Nicinha não veio". Em sua retomada da história de Chica da Silva, Lia Vieira enfatiza o protagonismo da negra que supera a condição de escravizada, ganha a liberdade e age para livrar outros irmãos de cor do cativeiro. A propósito da personagem e da lenda que a envolve, Lia Vieira afirma que "o foco principal deste trabalho está na tentativa de compreender como nós, escritoras afro-brasileiras, podemos atuar crítica, dinâmica e conscientemente na transformação do universo cultural a que pertencemos." Assim, a autora recupera as aventuras de Chica da Silva a partir de um olhar próprio à mulher negra, que passa da situação de objeto e de "peça" da engrenagem escravista a sujeito de seu próprio destino. Se estão presentes o sofrimento e os abusos a que estavam submetidos os cativos, sobressaem a todo instante as inúmeras estratégias de resistência que alimentam a esperança em dias melhores:

> Certa tarde, desceu com Okambi, rumando diretamente para o horto. Os olhos do preto velho estavam pensativos e encravados na face, que o tempo e a intempérie enrugavam.
>
> — O que o perturba, Okambi? Perguntou Chica. O velho respondeu em voz embargada:
>
> — Há muita dor e sofrimento nas lavras. A erisipela ataca a nossa gente. As pernas inchadas ficam como troncos. Não há mais curandeiro que sare a moléstia. As senzalas estão infectas, os negros vivem que nem animais, estão sempre em fuga. Não aguentam mais a chibata.
>
> Chica não continha sua indignação frente às palavras que lhe caíam no espírito como raios de luz, rasgando o horizonte do entendimento.
> [...]
>
> Os cativos vinham se arrastando pesadamente, tristes e amedrontados, tendo atrás de si capatazes corpulentos e seus chicotes contundentes. Pareciam animais caminhando com as últimas forças para o matadouro. O quadro era desolador.
>
> João Fernandes de Oliveira surpreendeu duas lágrimas rolando dos olhos de Chica. Guardou um silêncio respeitoso. Foi o que bastou. [...]
>
> Chica tinha enriquecido a alma de conhecimento e sabedoria e encontrara no amado um verdadeiro aliado. Começaram a visitar aquelas comunidades que lhes devotavam tanto respeito e os enriqueceram com seu suor. Nomeou Aganju o porta-voz, era ele quem primeiro sabia das necessidades, dos problemas, das doenças (Vieira, 2001, p. 38-40).

Esse olhar atento à humanidade presente nas vítimas do regime servil abre espaço ainda para as manifestações das culturas africanas presentes entre nós, como o culto dos ancestrais e a presença de orixás e demais entidades das religiões afro-brasileiras.

Fontes de consulta: ALVES, Miriam. Prefácio. In: VIEIRA, Lia. *Só as mulheres sangram*, op. cit.; FELISBERTO, Fernanda. Lia Vieira. In: DUARTE, Eduardo de Assis (Org.). *Literatura e afrodescendência no Brasil*: antologia crítica. Belo Horizonte: Editora UFMG, 2011. v.3: Contemporaneidade <www.letras.ufmg.br/literafro>.

Paulo Lins
Adélcio de Sousa Cruz

PRINCIPAIS PUBLICAÇÕES

Sob o sol.
Rio de Janeiro: UFRJ, 1986.

Cidade de Deus.
São Paulo: Companhia das Letras, 1997.
São Paulo: Companhia das Letras, 2007 (edição comemorativa de 10 anos de lançamento).

Desde que o samba é samba.
Rio de Janeiro: Planeta, 2012.

Cinema e Vídeo
Cidade de Deus.
MANTOVANI, Bráulio (roteiro); MEIRELES, Fernando (direção); LUND, Kátia (codireção). Brasil, 2002.

Paulo Lins é natural da cidade do Rio de Janeiro, onde nasceu em 11 de junho de 1958. Antes de ingressar na universidade, serviu nos Fuzileiros Navais, mas decidiu não seguir a carreira militar e se formou em Letras pela UFRJ. Durante sua estada na universidade, integrou o grupo literário Cooperativa de Poetas, com participação em diversas atividades culturais. Sua estreia em livro se dá em 1986, quando publica o volume de poesia *Sob o sol*. Em seguida, trabalha no grupo da antropóloga Alba Zaluar, junto ao projeto "Crime e criminalidade nas classes populares", tendo como objeto de estudo o conjunto habitacional Cidade de Deus. Lins foi responsável pelo processo de recolha de depoimentos de moradores, o que lhe rendeu inspiração e elementos para compor o romance *Cidade de Deus* (1997), além de roteiros para cinema e televisão.

Sucesso no Brasil e no exterior, *Cidade de Deus* trata da guerra protagonizada pelo narcotráfico no Rio de Janeiro. A narrativa se inicia com a trajetória dos moradores das diversas comunidades que são "transportadas" para o recém-inaugurado conjunto habitacional situado na periferia oeste do Rio de Janeiro. A maioria não possui a exata percepção das causas que os levaram até ali e tais aspectos relativos ao rompimento dos mais diversos laços, sejam familiares ou de amizade, foram redesenhando as relações daquela "nova" comunidade. Outro fator a ser levado em conta é o modo como também são ressignificadas as manifestações culturais (parte dos ruídos que compõem a narrativa de Lins) dos mais diversos grupos, que se integravam de forma parcial em três momentos: o samba, o futebol e o baile do clube. Curioso perceber a maneira pela qual se dá a deterioração das relações entre negros/afrodescendentes e demais grupos sociais, entre eles cabe dar destaque aos imigrantes nordestinos, até o momento em que a violência, perpassada pelas condições sociais bastante precárias, substitui a possibilidade da continuidade das manifestações culturais quase por completo e abre espaço para a "guerra" — traduzida no dístico "falha a fala, fala a bala" —, presente em quase toda a narrativa.

A frase a seguir, retirada de uma entrevista dada por Paulo Lins ao escritor Ferréz, publicada em 2003 pela revista *Caros Amigos*, reflete um dos grandes dilemas dos prosadores contemporâneos, quando o material de sua escrita literária possui a realidade como ponto de partida: "Ferréz — E o que você usou da pesquisa da Alba? Paulo Lins — Na verdade, é o seguinte: se eu fosse contar a realidade como ela era, seria impublicável." Criar ficção a partir dos fatos cotidianos das grandes metrópoles urbanas não é tarefa fácil ao

A minha alma. LUND, Kátia; LINS, Paulo (diretores). O RAPPA (música). Videoclipe. Brasil, 2002.

Quase dois irmãos. LINS, Paulo (roteiro); MURAT, Lúcia (roteiro e direção). Brasil, 2004.

se tocar na chaga da violência. Este tema é bastante concreto para as comunidades afro-brasileiras que habitam os grandes centros urbanos e mesmo as cidades de médio porte.

Além de escritor, Paulo Lins atua, desde 2000, na produção de cinema e vídeo. Sua incursão por esse universo se inicia ao lado de Kátia Lund, por trás das câmeras que registraram um dos mais famosos videoclipes brasileiros — A minha alma —, música do grupo O Rappa. A adaptação de seu romance por Bráulio Mantovani, no filme homônimo dirigido por Fernando Meireles e codirigido por Kátia Lund (2002), fez com que o livro se tornasse conhecido e traduzido fora do Brasil. Mais tarde, em parceria com a diretora Lúcia Murat, assina o roteiro de *Quase dois irmãos* (2004), película que relata a criação, durante a ditadura, das facções criminosas hoje existentes.

Em 2012, o autor traz a público o romance *Desde que o samba é samba*, cuja ação se localiza no Rio de Janeiro, no final dos anos 1920, quando este gênero musical, antes praticamente restrito aos salões, ganha as ruas durante o carnaval, dando origem ao fenômeno das escolas de samba. O romance dialoga com a tendência contemporânea da metaficção historiográfica e insere figuras históricas — como o músico Ismael Silva, os poetas Mario de Andrade e Manuel Bandeira, a cantora Carmen Miranda e vários outros —, em meio a personagens propriamente ficcionais, para percorrer o universo da música popular, da boêmia carioca e dos cultos afro-brasileiros.

Fontes de consulta: ARÊAS, Vilma. Errando nas esquinas da Cidade de Deus. In: LINS, Paulo, *Cidade de Deus*, edição comemorativa, op. cit. CAROS AMIGOS, Revista. São Paulo: Casa Amarela, ano VII, n. 74, maio 2003, p. 30-35. (entrevista); CRUZ, Adélcio de Sousa. *Narrativas contemporâneas da violência* – Fernando Bonassi, Paulo Lins e Ferréz. Rio de Janeiro: 7 Letras, 2012. CRUZ, Adélcio de Sousa e DUARTE, Eduardo de Assis. Paulo Lins. In: DUARTE, Eduardo de Assis (Org.) Literatura e afrodescendência no Brasil: antologia crítica. Belo Horizonte: Editora UFMG, 2011. v. 3: Contemporaneidade; DUARTE, Eduardo de Assis. Sertão, subúrbio: Guimarães e Paulo Lins. In: *Literatura, política, identidades*. Belo Horizonte: FALE-UFMG, 2005; SCHWARZ, Roberto. Uma aventura artística incomum. In: *Sequências brasileiras* – ensaios. São Paulo: Companhia das Letras, 1999; <www.letras.ufmg.br/literafro>.

Esmeralda Ribeiro

Elisângela Aparecida Lopes

A jornalista, escritora e ensaísta Esmeralda Ribeiro nasceu em São Paulo em 24 de outubro de 1958. No início da década de 1980, passou a integrar o Quilombhoje. Desde então, vem publicando poemas e contos nos *Cadernos Negros*, e, nos últimos anos, divide com Márcio Barbosa a coordenação editorial da série. Militante em prol da igualdade racial, sempre demonstrou preocupação com o "papel da escola como instrumento de transmissão e de reforço às ideias e práticas racistas". (1985, p. 28)

Conforme aponta Maria José Somelarte Barbosa, os textos da autora "estabelecem um diálogo intertextual com a história e a literatura brasileira, analisam a questão feminina e examinam o 'mito da democracia racial' e a 'ideologia do branqueamento'" (Barbosa, 2011, p. 278). Exemplo disto está no conto "Guarde segredo", publicado no número 14 dos *Cadernos*, que dialoga com *Clara dos Anjos*, de Lima Barreto. A contista faz deste autor personagem da narrativa e coloca a jovem protagonista como "coautora" de um desfecho inusitado para a história barretiana. Já o poema "Dúvida" ilustra o tratamento da questão racial e de gênero realizado pela autora: "Se a margarida flor/ É branca de fato/ Qual a cor da Margarida/ Que varre o asfalto?" (*Cadernos Negros* 13, p. 17). Nesses versos, o jogo semântico aponta para a contraposição branco/preto, enquanto adjetivação cromática, que se desdobra na contraposição branco/negro enquanto demarcação social e étnica, a fim questionar a invisibilidade social da mulher negra. Em 1988, Esmeralda Ribeiro publicou *Malungos e milongas*, novela que trata da história de uma família negra, constituída de quatro irmãos "muito

PRINCIPAIS PUBLICAÇÕES

Malungos e milongas. São Paulo: Quilombhoje, 1988.

Orukomi (meu nome). Ilustrações de Edmilson Q. dos Reis. São Paulo: Quilombhoje, 2007.

ligados como se fossem filhos de um mesmo orixá" (1988, p. 4). A ideia da união é reforçada pela palavra "malungos", nome que os antigos escravos davam aos que tinham vindo da África no mesmo navio. Em 2007, estreia na literatura infantojuvenil com *Orukomi* (meu nome), em que traz elementos da rica cultura iorubá para a criança brasileira.

Fontes de consulta: BARBOSA, Maria Somelarte. Esmeralda Ribeiro. In: DUARTE, Eduardo de Assis (Org.). *Literatura e afrodescendência no Brasil*: antologia crítica. Belo Horizonte: Editora UFMG, 2011. v. 3: Contemporaneidade; LIEBIG, Sueli Meira. Ela matou Cassi-Jones: Esmeralda Ribeiro e a sub-rogação do discurso etnocêntrico; LOPES, Elisângela Aparecida. O político e o literário na escrita de Esmeralda Ribeiro. Disponíveis em: <www.letras.ufmg.br/literafro>. RIBEIRO, Esmeralda. Literatura Infantojuvenil. In: Quilombhoje (Org.). *Reflexões sobre a literatura Afro-brasileira*. São Paulo: Conselho de Participação e Desenvolvimento da Comunidade Negra, 1985.

Fausto Antonio
Giovanna Soalheiro Pinheiro

PRINCIPAIS PUBLICAÇÕES

Fala de pedra e pedra. Campinas: Selo Editorial RG. 1986.

Linhagem de pedra e outra pessoa, Campinas: Selo Editorial RG, 1991.

De que valem os portões. Campinas: 1992.

Exumos. Campinas: Selo Editorial RG, 1995.

Carlindo Fausto Antonio nasceu em Campinas (SP), em 7 de fevereiro de 1958. Graduado em Letras, crítico e professor universitário, é mestre em Ciências Sociais Aplicadas à Educação e doutor em Teoria da Literatura pela Unicamp. Em sua pesquisa de doutoramento, estudou a trajetória da literatura afro-brasileira presente nas publicações do Quilombhoje (que edita a série *Cadernos Negros*). A tese analisa a produção em prosa e a poesia que vai do número 1, em 1978, ao número 27, em 2004, sendo até hoje o estudo mais completo já realizado sobre essa importante iniciativa de edição independente feita por um coletivo de escritores negros.

O autor estreou em livro, em 1986, com *Fala de pedra em pedra*. Em 1991, vem a público seu segundo livro,

Linhagem de pedra e de outra pessoa, em que o poeta diagnostica o processo de perda a que está submetido o sujeito negro na sociedade contemporânea. No ano seguinte, experimenta a linguagem teatral com o texto *De que valem os portões*. Em 1995, homenageia o artista negro Arthur Bispo do Rosário em peça de teatro, além de lançar o romance *Exumos*. Em 2006, publica dois volumes reunindo sua produção poética e em prosa. No conto "O escuro da palavra", Antonio confere um novo sentido ao vocábulo escuro, ressignificando-o com a tópica da criação literária e associando-o a morte (memória e tradição) na escrita desse autor: [...] "Fala! Fala é grita, no silêncio profundo e inacabado fulgor, um texto que não se entende, que não se repete senão na fissura dele e vai se erguendo num escuro de criação, de sangue pulsante." É possível notar, assim, a afro-brasilidade pulsando forte em sua obra, não apenas por meio do tema, mas também pela significância da palavra.

Arthur Bispo do Rosário, o Rei. Campinas: 1995.

Vinte anos de prosa. Campinas: Arte Literária, 2006.

Vinte anos de poesia. Campinas: Arte Literária, 2006.

Fontes de consulta: ANTONIO, Carlindo Fausto. *Cadernos Negros*: esboço de análise. Tese (Doutorado) – Unicamp, Campinas, 2005; BASTOS, Maria Beatriz. Fausto Antonio. In: DUARTE, Eduardo de Assis (Org.). *Literatura e afrodescendência no Brasil*: antologia crítica. Belo Horizonte: Editora UFMG, 2011. v. 3: Contemporaneidade; COELHO, Nelly Novaes. A palavra em busca do absoluto inaugural do ser. Prefácio a *Vinte anos de prosa*, op. cit. Poetas e Escritores Campineiros. <http://nossosarau.blogspot.com/2007_11_01_archive.html>; <www.letras.ufmg.br/literafro>.

Sonia Rosa
Marina Luiza Horta

Sonia Rosa nasceu no Rio de Janeiro, em 4 de fevereiro de 1959, é pedagoga com especializações em leitura, cultura e história africana. É escritora com mais de 35 livros de literatura infantojuvenil editados. Sua estreia na literatura acontece em 1995, com

PRINCIPAIS PUBLICAÇÕES

A lenda do Timbó. Rio de Janeiro: Pallas, 2007. Ilustrações de Valéria Saraiva.

Os tesouros de Monifa. São Paulo: Brinque Book, 2009.

O menino Nito. 2ª ed. Rio de Janeiro: Pallas, 2008.

Quando a escrava Esperança Garcia escreveu uma carta. Rio de Janeiro: Pallas, 2012. Ilustrações de Luciana Justiniani Hees.

a publicação do livro *O menino Nito*. A obra da autora se destaca por trazer como protagonistas personagens negras, bem como a temática afro-brasileira.

No cenário da literatura infantojuvenil afro-brasileira, merece destaque a série *Lembranças africanas e histórias*, da qual fazem parte livros como *Os tesouros de Monifa* (2009). A narrativa trata justamente da descoberta das raízes de uma garotinha afrodescendente que recebe os escritos de sua tataravó, trazida ao Brasil por um navio negreiro. Mesmo escrava, Monifa aprendeu a escrever e, por meio das letras, deixou sua herança — a história de sua vida e de seu povo.

Ainda sob essa vereda, Sonia Rosa assina a autoria de *Quando a escrava Esperança Garcia escreveu uma carta* (2012). O livro reconta às crianças a curiosa história de Esperança Garcia, a primeira escrava a escrever uma petição ao governador da capitania do Maranhão, Gonçalo Lourenço Botelho de Castro, reclamando os seus direitos, denunciando os maus-tratos e exigindo o seu retorno à antiga fazenda, onde vivem os filhos mais velhos e o marido. Ao longo do texto, é narrada a espera de resposta à petição. A carta é datada de 6 de setembro de 1770 e devido à importância que ela representa, essa data se tornou o dia estadual da Consciência Negra no Piauí.

Sonia Rosa resgata, a partir dessas narrativas, o passado dos povos africanos no Brasil a fim de reconstruir, de modo positivo, a identidade da criança afro-brasileira. Seja com a participação de personagens negras nos enredos ou com a recriação de histórias que mostrem a bravura e a resistência à escravidão, discurso muitas vezes silenciado pela história canônica, há uma preocupação por apresentar ao público infantil um pouco mais da cultura afrodescendente.

Fontes de consulta: <www.letras.ufmg.br/literafro>.

Márcio Barbosa
Aline Alves Arruda

Márcio José Barbosa nasceu em São Paulo, capital, em 14 de dezembro de 1959. Formado em Filosofia pela USP, divide no momento com a escritora Esmeralda Ribeiro a direção do Quilombhoje e a organização da série *Cadernos Negros*. É militante do Movimento Negro desde 1976. Participou dos encontros de escritores negros realizados na década seguinte, com ensaios de sua autoria incluídos nos dois livros resultantes dos eventos. Em 1998, organizou o volume *Frente Negra Brasileira*: depoimentos, em que dá a palavra aos principais participantes do histórico movimento da década de 1930. Em 1999, publica, em coautoria com Esmeralda Ribeiro, o ensaio *Gostando mais de nós mesmos*. Possui ainda poemas e contos publicados em antologias nacionais e estrangeiras, sobretudo, em *Cadernos Negros*, como a conhecida paródia "O que não dizia o poeminha do Manuel":

> Irene preta!
> Boa Irene um amor
> Mas nem sempre Irene
> Está de bom humor
> Se existisse mesmo o Céu
> Imagino Irene à porta:
> — Pela entrada de serviço — diz S. Pedro
> dedo em riste
> — Pro inferno, seu racista — ela corta.
> Irene não dá bandeira
> Ela não é de brincadeira".
> (*Cadernos Negros* 15, p. 64)

PRINCIPAL PUBLICAÇÃO

Paixões crioulas.
São Paulo: Quilombhoje, 1987.

Em *Paixões crioulas* (1987), Barbosa reflete na ficção o que apregoa em seus textos de não ficção e em sua militância. A história é recheada de acontecimentos que denunciam o racismo e a falsa afirmação de que não há preconceito racial no Brasil. Desde os nomes dos personagens (Pacífico, Maria das Tranças, Bélico Iorubano, velho Leônidas e Triunfo Nagô) podemos perceber claramente as referências à cultura afro-brasileira e à luta pelos direitos negros. Na passagem em que Glória e Velho Benevides, integrantes do Grupo do Movimento Negro, procuram uma gráfica para imprimir panfletos, ela ouve do funcionário um "olha, morena" (p. 17) e se enfurece ao lembrar que sempre foi chamada assim quando alguém quer ser "agradável". A passagem denuncia claramente a tentativa de clareamento, de atenuação da cor, que a sociedade brasileira insiste em repetir.

Fontes de consulta: ALVES, Miriam; CUTI (Luiz Silva), XAVIER, Arnaldo (Org.). *Criação crioula, nu elefante branco*. São Paulo: Secretaria de Estado e Cultura, 1987; GOMES, Heloísa Toller. Márcio Barbosa. In: DUARTE, Eduardo de Assis (Org.). *Literatura e afrodescendência no Brasil*: antologia crítica. Belo Horizonte: Editora UFMG, 2011. v. 3: Contemporaneidade; LEITE, Sebastião Uchoa. Presença negra na poesia brasileira moderna. In: *Negro Brasileiro Negro – Revista do Patrimônio Histórico e Artístico Nacional*, n. 25. Joel Rufino dos Santos (Org.). IPHAN/1977; QUILOMBHOJE (Org.). *Reflexões sobre a literatura afro-brasileira*. São Paulo: CPDCN, 1985; <www.letras.ufmg.br/literafro>.

Júlio Emílio Braz
Elisângela Aparecida Lopes
Marina Luiza Horta

PRINCIPAIS PUBLICAÇÕES

Luis Gama, de escravo a libertador. São Paulo: FTD, 1991.

Júlio Emílio Braz nasceu em 1959, em Manhumirim (MG), mas vive no Rio de Janeiro desde os 5 anos de idade. No início da carreira, escreveu roteiros para quadrinhos, atividade que lhe rendeu publicações em vários países, como Portugal, Bélgica, França, Holanda, Cuba e Estados Unidos, e o Prêmio Ângelo Agostini, de Melhor Roteirista de Quadrinhos, em 1986. Escreveu também centenas livros de bolso de bangue-bangue, utilizando 39 pseudônimos. O autor, premiado no Brasil e no exterior, tem perto de duzentos livros infantojuvenis, e a maioria deles trata de problemas sociais como a miséria, a violência, e, ainda, o preconceito racial, sobretudo relacionado às crianças e aos adolescentes. O primeiro livro nessa linha é *Saguairu*, de 1988, com o qual ganhou o prêmio Jabuti de Autor Revelação.

Seu livro *Crianças na escuridão* (1991) é narrado por Rolinha — uma menina de 6 anos abandonada pela mãe. A escolha desse narrador em primeira pessoa confirma o destaque dado à protagonista, criança de rua. A Praça da Sé é o cenário onde Rolinha, juntamente com as amigas, também menores abandonadas, traça uma história marcada pela violência, pela miséria, pelo abuso e pelo preconceito racial. O autor confere a esse grupo o poder de contar sua história e de denunciar o descaso com que são tratadas — invisíveis não só à sociedade, como também à literatura infantojuvenil.

Já *Felicidade não tem cor* (1994) foi concebido depois de o autor ver na televisão uma matéria jornalística na qual uma assistente social mostrava uma caixa de brinquedos da Febem de São Paulo, com uma boneca preta rejeitada até mesmo pelas meninas negras. No livro, Maria Mariô conta sua história: uma bonequinha preta que, esquecida no fundo da caixa de brinquedos, sente a indiferença das crianças e se pergunta: "O que as outras [bonecas] têm que eu não tenho?". Mariô simboliza o isolamento

Pivete.
São Paulo: Editora do Brasil, 1991.

Crianças na escuridão.
São Paulo: Moderna, 1991.

Felicidade não tem cor.
São Paulo: Moderna, 1994.

Na selva do asfalto.
São Paulo: Moderna, 1994.

Liberteiros: a luta abolicionista no Ceará.
Rio de Janeiro: Ao Livro Técnico, 1994.

Zumbi, o despertar da Liberdade. Rio de Janeiro: Memórias Futuras, 1995.

Pretinha, eu?
São Paulo: Scipione, 1997.

Saguairu.
São Paulo: Atual, 1999.

Na cor da pele.
Rio de Janeiro: José Olympio, 2000.

Lendas negras.
São Paulo: FTD, 2002.

Lendas da África.
Rio de Janeiro: Bertrand Brasil, 2005.

Sikulume & outros contos africanos.
Rio de Janeiro: Pallas, 2005.

da diferença, de forma similar ao que vivencia o menino Fael no ambiente escolar carregado de preconceito: "foi todo aquele abandono em que vivíamos — eu na prateleira, e ele [Fael], no fundo da sala grande — que nos aproximou" (1994, p. 11). O trabalho com a linguagem salta aos olhos nesta narrativa de Júlio Emílio Braz: enquanto a professora se refere à boneca como *preta*, esta se intitula *negra*, e constrói ao longo da narrativa uma visão positiva a respeito de si mesma, questionando os padrões vigentes de beleza aplicados ao mundo das bonecas, mas também ao dos homens.

A dificuldade de se aceitar como negro corporifica também o conflito vivido pelo protagonista de *Na cor da pele* (2000), livro em que Braz traz à tona a discussão a respeito da identidade negra recalcada pela mestiçagem. O narrador-personagem não é nomeado, e quando questionado a respeito deste traço, o autor respondeu: "quero que alguns leitores se identifiquem com ele. Assim, ele terá o nome desses leitores". O livro conta a história de um adolescente em conflito depois de perceber, pela primeira vez, que fazia parte de uma família negra. Filho de pai negro e mãe loira, o jovem, no dia de sua formatura, do alto do palco, percebe a negritude de sua família e entra em choque. Naquele momento, a boina jamaicana do tio e os *dreadlocks* das primas configuram-se como símbolos de uma postura étnica que ele não queria assumir. Incomodado pelos olhares inquietos, que acreditava serem lançados contra os seus pelos demais convidados da festa, ele começa a se questionar se o preconceito estaria nos outros ou em si mesmo.

Entre os aspectos observados na vasta produção de Júlio Emílio Braz, destaca-se a representação do afrodescendente como tema e personagem principal, num tratamento sem preconceitos, em que constrói a representação de identidades livres de estereótipos. Em entrevista publicada na internet, o escritor afirma: "Acho que os jovens do meu país têm direito de saber como ele realmente é, até para mudá-lo no que ele tem de ruim e aprimorá-lo no que ele certamente tem de bom. Por isso, gosto tanto de abordar tal temática em meus livros."

Fontes de consulta: ROSEMBERG, Fúlvia. *Literatura infantil e ideologia.* São Paulo: Global, 1984; DEBUS, Eliane Santana Dias. A cultura africana e afro-brasileira na literatura de Joel Rufino dos Santos, Júlio Emílio Braz e Rogério Andrade Barbosa: Interações possíveis. In: NOGUEIRA, João Carlos (Org.). *Negros no Brasil:* Política, cultura e pedagogias. Florianópolis: Atilèndi, 2010; LOPES, Elisangela Aparecida. Júlio Emilio Braz. In: DUARTE, Eduardo de Assis. (Org.). *Literatura e afrodescendência no Brasil:* antologia crítica. Belo Horizonte: Editora UFMG, 2011. v. 3: Contemporaneidade; <www.letras.ufmg.br/literafro>.

Marcos Dias

Luiz Henrique Silva de Oliveira

Marcos Antônio Dias nasceu em Belo Horizonte em 24 de julho de 1959. Sua trajetória literária é composta, até o momento, de três livros, que compõem a chamada "Trilogia da indignação — negritude, brasilidade e universalidade": *Rebelamentos* (1990), que trata da condição do negro no Brasil e na África do Sul, e traz até o leitor as vozes, os sons e os ritmos africanos; *País indig(o Blue)Nação* (1995), protesto negro contra as injustiças sociais; e *Estudos sobre a c/idade (& exercícios de sobrevivência)* (1997), homenagem poética — e crítica — ao centenário de Belo Horizonte.

Em sua poesia percebe-se uma exaustiva pesquisa de recursos expressivos. Há influências composicionais do modernismo, sobretudo quanto à quebra das convenções ortográficas e gramaticais; da poesia marginal dos anos 1970; e do surrealismo, entre outros. Entre os escritores afro-brasileiros, notam-se referências a Adão Ventura, Paulo Colina e Luiz Gama. Por sua vez, os problemas inscritos na pele do negro contemporâneo brotam dos versos do autor banhados pelo inconformismo frente às formas várias de opressão. O subtítulo "das absconsas

PRINCIPAIS PUBLICAÇÕES

Rebelamentos. Das absconsas Áfricas da minha diáspora. Belo Horizonte: Mazza, 1990.

País Indig(o Blue) Nação. Poemas no Tricentenário da Morte de Zumbi dos Palmares. Belo Horizonte: Mazza, 1995.

Estudos sobre a c/idade (& exercícios de sobrevivência). Belo Horizonte: Mazza, 1997.

Áfricas da minha diáspora" remete à constituição de uma identidade multifaceta e dilacerada. O sujeito poético enfrenta "turbilhões de vozes/ ecos", mas conclui: "resta-me o ato/ quilombola desse meu/ escreviver em fogo/ Resta-me: a negravelu/ dada noite/ do corpo de minha ialê" (Dias, 1997, p. 9). A partir desta "escrevivência", depreende-se o quanto Marcos Dias encara a poesia como gesto político de afirmação do negro perante uma realidade histórica e cultural que lhe é hostil e que se apresenta como desafio de superação. Para o poeta, estar no mundo é, antes de tudo, compartilhar com o outro a construção do novo.

Fontes de consulta: FONSECA, Maria Nazareth Soares. Vozes em discordância na literatura afro-brasileira contemporânea. In: FONSECA, M. N. S.; FIGUEIREDO, M. C. L. (Org.) *Poéticas afro-brasileiras*. Belo Horizonte: Mazza/PUC Minas, 2002; SANTOS, Jussara. *Afrodicções*: Identidade e alteridade na construção poética de três escritores negros brasileiros. Dissertação (Mestrado) – PUC Minas, Belo Horizonte, 1998; WALTY, Ivete Lara Camargos. Marcos Dias. In: DUARTE, Eduardo de Assis. (Org.). *Literatura e afrodescendência no Brasil*: antologia crítica. Belo Horizonte: Editora UFMG, 2011. v. 3: Contemporaneidade; <www.letras.ufmg.br/literafro>.

Luís Fulano de Tal

Maria do Rosário A. Pereira

PRINCIPAIS PUBLICAÇÕES

A noite dos cristais. São Paulo: Ed. do Autor, 1995. 2ª ed. São Paulo: Editora 34, 1999.

Juquery, o espinho que cura. São Paulo: Clube de Autores, 2010.

Luís Carlos de Santana, pseudônimo Luís Fulano de Tal, nasceu em 1959. É graduado em Letras Modernas pela Universidade de São Paulo, licenciado em Língua Portuguesa e mestre em História Social pela mesma universidade. Sua experiência no magistério vai do ensino fundamental ao superior. Praticamente desconhecido da crítica e do grande público, Luís Carlos de Santana é dono de uma escrita que mobiliza o leitor a conhecer um pouco mais sobre o passado da diáspora africana e sua herança cultural.

A novela A *noite dos cristais* (1995), já em segunda edição, rendeu-lhe premiações importantes, como o Prêmio Fundação Nacional do Livro Infantojuvenil (FNLIJ). Numa trama em que se enredam história e ficção, a narrativa trata o negro não como elemento folclórico: a voz que fala no texto é uma voz interna, que conhece e vive o problema, fazendo a consciência individual se identificar com a coletiva. Assim, o protagonista Gonçalo não sofre apenas a tragédia particular de ver os pais deportados para a África e de ser ele próprio escravizado, após uma vida de liberdade. A fim de obter maior rendimento dramático, o enredo condensa no personagem o drama por que passou toda a comunidade negra da Bahia, em 1835, por ocasião da Revolta dos Malês.

Por sua vez, *Juquery, o espinho que cura* é um romance narrado em primeira pessoa por um negro jovem e letrado, que, na década de 1930, deixa Recife em direção a São Paulo, onde ingressa no Serviço de Atendimento Médico e Estatístico (Same) do Juqueri. Lá, como terceiro escrivão, acaba por desnudar a vida do maior hospício do Brasil, passeando pelas vivências de médicos e loucos, por teorias como a eugenia, pela questão da loucura e dos tratamentos psiquiátricos da época. Em suas 558 páginas, o texto articula um mosaico de histórias aparentemente fragmentadas, mas que se completam na construção de um cenário em que agentes e pacientes do poder médico são engenhosamente postos em ação pelo talento literário de Luís Fulano de Tal.

Fontes de consulta: NAVARRO, Eduardo de Almeida. Nossa mãe África (prefácio). In: DE TAL, Fulano. *A noite dos cristais*. São Paulo: Editora 34, 2001; PEREIRA, Maria do Rosário Alves. Luís Carlos de Santana. In: DUARTE, Eduardo de Assis (Org.). *Literatura e afrodescendência no Brasil*: antologia crítica. Belo Horizonte: Editora UFMG, 2011. v. 3: Contemporaneidade; <www.letras.ufmg.br/literafro>.

Abílio Ferreira
Eduardo de Assis Duarte

PRINCIPAIS PUBLICAÇÕES

Fogo do olhar. Belo Horizonte: Mazza; São Paulo: Quilombhoje, 1989.

Antes do carnaval. São Paulo: Selinunte, 1995.

Paulista de São José do Rio Preto, José Abílio Ferreira nasceu em 9 de outubro de 1960. Jornalista de profissão, é ativista do Movimento Negro, atuando, desde 1984, junto ao Quilombhoje e à série *Cadernos Negros*. Participou dos encontros de escritores negros promovidos à época pelos grupos envolvidos com a afirmação da literatura afro-brasileira, bem como dos livros resultantes desses encontros: *Criação crioula, nu elefante branco* e *Reflexões sobre a literatura afro-brasileira*. Desde então, vem publicando contos e poemas em diversos números dos *Cadernos*, bem como em outras antologias. Possui ainda um volume de contos e poemas — *Fogo do olhar* (1989) — e a novela de formação *Antes do carnaval* (1995). O autor compreende a produção literária também como gesto político. Em sua apresentação no número 7 de *Cadernos Negros*, afirma que "escrever poesia é colocar, mesmo que não se perceba, as contradições existentes na nossa mais profunda intimidade" (1984, p. 10). Nesta linha, critica a invisibilidade do negro no conjunto da literatura brasileira e lembra "o leitor que não se enxerga na maior parte da produção do grande mercado."

Em *Fogo do olhar*, seu livro de estreia, Abílio Ferreira mescla a linguagem da prosa com a da poesia. E o faz tanto misturando contos em meio a poemas como também exercitando a chamada prosa poética, em que recursos estilísticos próprios da poesia são empregados no texto narrativo: "e foi saciar de sedes e de fomes infinitas um devorar sem pressa mas contínuo um evaporar de noite e de sereno absorvido ritmado pelas madrugadas lentas [...]" (1989, p. 14). Em diversas passagens, o autor explora os desencontros e contradições que marcam o dia a dia dos afrodescendentes, procurando representá-los a partir de um ponto de vista interno e afroidentificado. O mesmo ocorre na trama de *Antes do carnaval*, em que a cidade de São Paulo é vista pelas lentes agudas do observador atento aos dramas e conflitos, fantasias e decepções dos sujeitos instalados na periferia do sistema, cuja humanidade pulsa vibrante em suas páginas.

Fontes de consulta: FONSECA, Maria Nazareth Soares. Abílio Ferreira. In: DUARTE, Eduardo de Assis (Org.). *Literatura e afrodescendência no Brasil*: antologia crítica. Belo Horizonte: UFMG, 2011. v. 3: Consolidação; XAVIER, Arnaldo. O brilho de Abílio. In: FERREIRA, Abílio. *Antes do carnaval*, op. cit.; FERREIRA, Abílio. Autoapresentação. In: *Cadernos Negros 7*. São Paulo: Quilombhoje, 1984. <www.letras.ufmg.br/literafro>.

Ronald Augusto
Rodrigo Pires Paula

Ronald Augusto nasceu em 1961, na cidade de Rio Grande (RS). Desde muito jovem realiza experiências em que busca o diálogo da poesia com as outras artes. Aos 21 anos publicou seu primeiro trabalho, *Disco*, feito em parceria com Paulo Ricardo de Moraes e Jaime da Silva. Como poeta, segue a linha experimentalista das vanguardas, que passa pela poesia concreta dos anos 1950/60 e pela herança de João Cabral de Melo Neto. Tem vários livros publicados e está presente em inúmeras antologias, no Brasil e

PRINCIPAIS PUBLICAÇÕES

Homem ao rubro. Porto Alegre: Ed. do Grupo Pró-texto, 1983.

Kânhamo. Porto Alegre: Ed. do Autor, 1987.

Puya. Porto Alegre: Paimarinca, 1987. 2ª ed. Porto Alegre: Biblos, 1992.

Vá de valha. Porto Alegre: Secretaria Municipal de Cultura, 1992. Coleção Petit Poa.

Confissões aplicadas. Porto Alegre: AMEOP Editora, 2004.

No assoalho duro. Porto Alegre: Éblis, 2007. 2ª ed. Porto Alegre: Éblis, 2010.

Cair de costas. Porto Alegre: Éblis, 2012.

no exterior, além de presença constante em sítios da internet voltados para a poesia, como *Sibila*, do qual é um dos editores. Nesta linha, atualiza o legado moderno do poeta-crítico, ao trazer a metalinguagem para o interior de seus textos e ao escrever artigos e ensaios sobre a poesia brasileira de ontem e de hoje. Nesse sentido, é o responsável pela reunião e edição póstuma da obra completa do poeta gaúcho Oliveira Silveira.

A poesia de Ronald Augusto foge sempre dos efeitos fáceis e explora até o limite as potencialidades da palavra enquanto signo dotado de circularidade e infinitas possibilidades de significação. Nesse jogo, o autor cria encadeamentos discursivos inusitados, como em "homem ao rubro apócrifo", poema de abertura do volume *Puya*: "zum zum zum golo logo/ rum rum rum golo louvo/ cá na eira larga ira/ capo um um é pouco" (1992, p. 13). O eu poético arma seus versos de forma lúdica, explorando o potencial fônico como elo para surpreendentes combinações de sentido.

Em seu livro, *No assoalho duro*, Augusto traz construções repletas de imagens que traduzem uma leitura crítica do lugar do negro na sociedade, assim como de determinadas representações feitas por autores consagrados, em que o preconceito se faz presente. No poema "em resposta a uma solicitação que lhe fizeram", pode-se ler: "que deus em sua teia viúva a tenha/ aquela época clara em que/ cabra seco carne branca de peixe convertia a duras penas/ etíope em mussum músculos música/ tirando proveito da cena circundante" (2010, p. 14). O texto abomina a "época clara" da escravidão e prossegue justificando o sentido de "resposta" presente no título. Fala em seguida do "monturo da metáfora" e do "kitsch da função poética da linguagem", presentes nos "poemas nodosos" de certos homens de letras que "reservavam em alguns instantes de suas obras abertas" um "lugar legal" para o "corso negro": uma "fossa" (Idem). Ronald Augusto toca de forma contundente nas representações estereotipadas dos afrodescendentes, presentes inclusive em textos aparentemente avançados tanto na estética quanto em seus posicionamentos políticos. E se refere de modo explícito a Ferreira Gullar, que em seu livro *Poema sujo* não esconde o preconceito e apresenta o negro como "urubu de fraque". Augusto incorpora criticamente a expressão inscrevendo-a em itálico e a colocando no mesmo campo semântico da *"mulata carnuda"*, que aparece de "cabelo adelgaçado a fogo", como "apara do estupro escravagista" (Idem). Como se vê, é uma poesia que não hesita em ser polêmica, seja em seu aparato formal, seja nos posicionamentos referentes à política de identidades.

Ao lado de textos incisivos como este, os termos ferinos, que "rasgam" o ouvido alheio quando da leitura em voz alta, ou simplesmente provocativos, povoam outros poemas e nos apresentam imagens novas e diferentes do negro e de sua cultura: "folheei o continente africano/ sua culinária mental cabinda/ que não cabe inteiramente nos/ vocábulos da expressão lusitana/ lácio daninho" (Idem, p. 22).

No que toca ao fazer poético, a obra de Ronald Augusto explora ao máximo o signo linguístico, dele fazendo um campo fértil para a experimentação. Por vezes, o texto paga o preço do hermetismo, o que leva o leitor a ver na palavra "uma ilha" e no verso "um arquipélago", ou até encontrar palavras que, em sua inteireza, funcionam como imensos arquipélagos de sentido, como defende Van Hingo no prefácio de *Puya*. No entanto, o mesmo prefaciador não ignora que, por trás do ser que escreve, está o cidadão consciente, e alerta para a "o homem que atravessa quase todos os poemas.

É o 'suspeito negro' ou um negro revoltado e revolto, um Sísifo inscrito no inferno dos buanas brancaranos" (1995, p. 10). Este homem é Ronald Augusto, para quem a poesia é antes de tudo invenção. Mas invenção nada inocente.

Fontes de consulta: AGUSTONI, Prisca. Ronald Augusto. In: DUARTE, Eduardo de Assis (Org.). *Literatura e afrodescendência no Brasil:* antologia crítica. Belo Horizonte: Editora UFMG, 2011. v. 3: Contemporaneidade; AGUSTONI, Prisca. A diáspora negra na poesia performática de Ronald Augusto. In: PEREIRA, Edimilson de Almeida (Org.). *Um tigre na floresta de signos.* Belo Horizonte: Mazza, 2010; AUGUSTO, Ronald et al. As novas tendências (entrevista). *Porto & Vírgula,* Porto Alegre, Secretaria Municipal da Cultura, n. 45, 2002; CALLALOO. *African Brazilian Literature: a Special Issue.* Baltimore, Johns Hopkins, v. 18, n. 4, 1995. (poema e entrevista em português); HINGO, Van. A contragosto do solo. Prefácio. In: AUGUSTO, Ronald. *Puya, op. cit.;* ROLIM, Cândido. Ronald Augusto e as fissuras da linguagem. In: PEREIRA, Edimilson de Almeida (Org.). *Um tigre na floresta de signos.* Belo Horizonte: Mazza, 2010; <www.letras.ufmg.br/literafro>; <www.sibila.com.br>; <www.poesia-pau.blogspot.com>.

Ivan Cupertino

Cristiane Côrtes

PRINCIPAIS PUBLICAÇÕES

O mundo e o sonho. [S.l.]: [s.n.], 1983.

Verde. [S.l.]: [s.n.], 1984.

Ave de rapina. Nova Lima/MG: Ed. do Autor, 1985.

Exercício de existência. Nova Lima/MG: Ed. do Autor, 1988.

Feminino. Belo Horizonte: Ed. do Autor, 1991.

Despaisado. [S.l.]: [s.n.], [s.d.].

O poeta e ensaísta Ivan Cupertino Dutra nasceu em 13 de dezembro de 1963, na cidade de Nova Lima (MG). Licenciado e mestre em Letras, atua no magistério universitário. O prefácio do livro *Feminino* (1991), assinado por Lúcia Castelo Branco, resume, em poucas linhas, o fio condutor de sua obra: o trabalho com a linguagem. A atenção com o tema do silêncio nos permite afirmar que o autor busca dizer o indizível, definir o indefinível. Os textos refletem uma busca constante do eu lírico em dar conta, através da poesia, do que as palavras não podem dar.

A poesia de Cupertino carrega a preocupação do autor com as questões raciais e sociais. A expressão "ser negro", presente em toda a obra, é abordada a partir de duas perspectivas importantes. Uma que se assume diante da sociedade como o sujeito negro com um passado de sofrimento e luta; e outra que reconhece as agruras do preconceito na sociedade, mas reverte o que seria um trauma em superação e força. O poema "Grilhões" é um exemplo da primeira perspectiva. O verbo ser aparece aqui associado à temática do silêncio que faz emergir a voz do passado penoso e laborioso do negro africano vivido no país: "Somos negros,/ e nossa voz era um lamento,/ que subia aos céus [...]/ Somos negros,/ e por este motivo fomos escravos, [...] Transportaram-nos em escuros porões/ Laceraram nosso corpo,/ Violentaram nossa alma" (1985, p. 57). Já em "Coisa de pele", o mesmo verbo associa-se a uma resposta ao silenciamento e à opressão imputados aos negros ao longo da história. Isso fica evidente logo na primeira estrofe, em que o autor parte da premissa de que o racismo persiste, e na penúltima, em que, diferentemente do poema anterior, o eu lírico reverte a postura do "ser negro", ao afirmar que Ser negro "será muito mais/ que ter a pele escura,/ será a voz de um povo unido e a força destes personagens." Fica evidente o cuidado com a questão étnica. A "estética do ser" é uma temática de suma relevância por compor, a partir de um ponto de vista assumidamente negro, a cena afro-brasileira na literatura do país.

Fonte de consulta: <www.letras.ufmg.br/literafro>.

Edimilson de Almeida Pereira
Adélcio de Sousa Cruz

PRINCIPAIS PUBLICAÇÕES

Corpo vivido: reunião poética. Juiz de Fora: Edições D'Lira, 1992.

Zeosório blues: obra poética 1. Belo Horizonte: Mazza, 2002.

Lugares ares: obra poética 2. Belo Horizonte: Mazza, 2003.

Casa da palavra: obra poética 3. Belo Horizonte: Mazza, 2003.

As coisas arcas: obra poética 4. Juiz de Fora: Funalfa Edições, 2003.

Nascido em Juiz de Fora (MG), em 18 de julho de 1963, acumula produtiva carreira acadêmica como professor e pesquisador da Universidade Federal de Juiz de Fora, instituição na qual se formou no curso de Letras. Após a graduação, conquistou os títulos de especialista e mestre em Ciências da Religião, também pela UFJF. Possui mestrado em Literatura Portuguesa pela UFRJ e é doutor em Comunicação e Cultura (Convênio UFRJ-UFJF). No ano de 2002, concluiu o pós-doutorado em Literatura Comparada pela Universidade de Zurique, Suíça. Reunindo mundos distintos — arte e produção científica —, Edimilson de Almeida Pereira logra aproximá-los, com seu aguçado e meticuloso olhar, tanto da poesia quanto de suas pesquisas no campo das Letras, Cultura e Antropologia. Resultado dessa prática é o grande número de prêmios que acumula desde 1984, ocasião em que recebe sua primeira premiação em um concurso de contos, em sua cidade natal. A partir de então, sua palavra-lâmina vem sendo cada vez mais praticada.

Também como pesquisador das manifestações culturais afro-brasileiras, conquistou diversos prêmios de ensaios, monografias e livros relativos às pesquisas das tradições banto-católicas de Minas Gerais, divididos com a coautora e também professora e pesquisadora Núbia Pereira de Magalhães Gomes (UFJF). Neste campo destacam-se: *Assim se benze em Minas Gerais* (1989), *Negras raízes* mineiras: os *Arturos* (2000), *Ardis da imagem* (2001), *Ouro Preto da palavra* (2003) e *Os tambores estão frios: herança, cultura e sincretismo religioso no ritual do candombe* (2005), entre outros. Em *Ardis da imagem*, a exclusão do negro dos espaços midiáticos onde se constroem os padrões de beleza hegemônicos é analisada a fundo, bem como a violência simbólica implícita aos tabus e estereótipos agregados à representação da afrodescendência na cultura brasileira. No campo das manifestações populares, é preciso destacar seus estudos sobre o congado e o candombe, a saber, *Os tambores estão frios*: herança cultural e sincretismo religioso no ritual do candombe, e *Loas a Surundanga*: subsídios sobre o congado para estudantes do Ensino Médio e Fundamental, ambos de 2005.

Como poeta, Edimilson de Almeida Pereira se revela um autor prolífico, tendo publicado nada menos do que vinte livros entre 1985 e 2010, sendo que apenas parte desta produção encontra-se reunida nos quatro volumes de sua *Obra poética*, publicada entre 2002 e 2003. Logo depois, presenteou os leitores com um livro sucinto e profundo em língua espanhola — *Signo cimarrón* (2005). Nesse trabalho estão presentes diálogos e intertextos tanto com o passado escravista quanto com as manifestações de resistência cultural, ambos os aspectos relacionados à presença negra nas Américas.

Tratar dos textos poéticos elaborados por Edimilson de Almeida Pereira é mergulhar num "mundo encaixado" de signos e silêncios. Seus poemas passeiam pelas sonoridades da oralidade ora profana, ora sagrada, tratando do cânone poético em si ou das heranças da diáspora africana, especialmente daquela que se instalou em Minas Gerais. Classificar sua poesia como pertencente a esse "mundo encaixado" é pensar em poemas nos quais os elementos que os constituem encontram-se em perfeita sintonia. O autor traz para o texto impresso componentes advindos da oralidade e da sonoridade, seja da música das Irmandades do Rosário, seja do samba, da salsa (como nas referências feitas em *Signo cimarrón*), do *blues* e do *jazz* norte-americanos. Esse trato entre o som e o sentido também trazem à tona preciosidades criadas a partir de objetos que fazem parte de nosso cotidiano, como ocorre nos versos a seguir:

> Rádio é um oceano na sala.
> Quem o navega conspira
> contra a ausência, pois fala
> do que vive e arredores.
> Rádio, equipamento caro.
> Não pelo teor da moeda,
> mas por sua incisão no dia. (Pereira, 2002, p. 197)

Esse breve trecho é retirado do poema "Como sintonizar", presente em *Zeosório blues: obra poética 1* (2002). Nos versos temos um exemplo de como objetos de uso corriqueiro, como o rádio, passam a ter sua significação ampliada, modificada. O título do poema também pode servir de provocação aos leitores para um dos jogos sempre propostos pela poesia: jogar com o sentido usual das palavras e objetos do cotidiano. Desse modo, já começa a desvendar para o leitor um dos caminhos para "sintonizar" não somente o dial do aparelho, mas sintonizar-se com a própria linguagem da poesia, mudar o "valor" das palavras. Pensar o rádio é também pensar no silêncio, mesmo relativizado, que devemos ter ao redor para poder ouvir, seja palavra, seja música. A poesia tecida pelos versos deste poeta pede passagem nos alentando entre lembranças cotidianas ou passadas, lá no esquecimento do tempo: é falar/dizer e, ao mesmo tempo, silêncio e canto.

Outro ponto a destacar neste autor é sua obra em prosa e poesia destinada ao público infantil e infantojuvenil. Ali a sua escrita também se mostra vigorosa e contém a leveza necessária entre o tom pedagógico e o entretenimento aliada à consistência para tratar dos conteúdos como o tradicional congado mineiro, entre outros temas ligados às manifestações culturais afro-brasileiras.

Já no campo teórico e crítico, destacam-se, entre outros, *Malungos na escola: questões sobre culturas afrodescendentes e educação*, de 2007, além de duas publicações de 2010: *Um tigre na floresta de signos*, portentosa seleção reunindo 41 ensaios assinados por especialistas, num vigoroso conjunto de estudos sobre a literatura, a música e a cultura afro-brasileira; e ainda, o volume *Depois o Atlântico: modos de pensar,* crer e narrar a diáspora africana, obra também coletiva, organizada em parceria com Robert Daibert Júnior. Em todos estes trabalhos, sobressai a figura polivalente do poeta-crítico e do antropólogo-pesquisador. Em suma, um dos mais produtivos intelectuais contemporâneos.

Fontes de consulta: BARBOSA, Maria José Somerlate. *Recitação da paisagem*: a obra poética de Edimilson de Almeida Pereira. Belo Horizonte: Mazza, 2009; BARBOSA, Maria José Somerlate. Edimilson de Almeida Pereira. In: DUARTE, Eduardo de Assis (Org.). *Literatura e afrodescendência no Brasil*: antologia crítica. Belo Horizonte: Editora UFMG, 2011.v.3: Contemporaneidade; BARBOSA, Maria José Somerlate. Dicionário de forquilhas: a poesia de Edimilson de Almeida Pereira. In: FIGUEIREDO, Maria do Carmo Lanna; FONSECA, Maria Nazareth Soares (Org.). *Poéticas afro-brasileiras*. Belo Horizonte: Mazza Edições/ PUC Minas, 2002; FERREIRA, Josiane Cristina de Oliveira. *Signo cimarrón*: o direito de significar. Dissertação (Mestrado) – UFJF, Juiz de Fora, 2009; FONSECA, Maria Nazareth Soares. Vozes em discordância na literatura afro-brasileira contemporânea. In: FIGUEIREDO, Maria do Carmo Lanna; FONSECA, Maria Nazareth Soares (Org.). *Poéticas afro-brasileiras*. Belo Horizonte: Mazza/PUC Minas, 2002; <www.letras.ufmg.br/literafro>.

Jussara Santos
Fernanda Rodrigues de Figueiredo

Jussara Santos nasceu em Belo Horizonte (MG) em 1963. Licenciada em Letras, possui mestrado e doutorado em Literaturas de Língua Portuguesa pela PUC Minas, ambos dedicados à pesquisa sobre escritores negros brasileiros. Além do constante empenho nas ações de combate ao racismo, é autora de vários ensaios sobre as questões relacionadas à afro-brasilidade. No campo da ficção, tem publicados dois livros de contos e um volume infantojuvenil, além de integrar inúmeras antologias.

Nos contos reunidos em *De flores artificiais* (2002), o olhar de Jussara Santos constrói um ponto de

PRINCIPAIS PUBLICAÇÕES

De flores artificiais. Belo Horizonte: Sobá, 2002.

Com afagos e margaridas. Belo Horizonte: Quarto Setor Editorial, 2006.

Indira. Belo Horizonte: Nandyala, 2009.

Crespim. Belo Horizonte: Impressões de Minas, 2013.

vista afro, com uma linguagem carregada de poeticidade, que vai marcando com traçado forte suas reflexões sobre os seres periféricos — negros, pobres, mulheres, meninos de rua — e sua condição social. A temática negra surge pela via de um olhar agudo que vai das situações de preconceito à busca do indivíduo afrodescendente por um lugar na sociedade distinto do que lhe é imposto. "A vez da caça" narra a história de Mário, um escritor sádico que, ao lado de Glória, companheira de trabalho, busca inspiração perseguindo meninos de rua. Mas, uma noite, seu objeto de caça reage: os caçadores veem suas vítimas crescerem e a própria expressão de luta nos rostos que antes só exibiam medo e angústia. Já em "Da barriga do abutre", o narrador, tomado por uma visão (hábito herdado de sua avó), tem diante de si a imagem de um abutre que caminha com as vísceras abertas, e cada víscera corresponde a uma história. São três vísceras, três *flashes* cinematográficos de narrativas diferentes, marcadas pelo preconceito, a marginalidade e a violência. Na perspectiva da autora, as vísceras do abutre representam as vísceras expostas de uma sociedade injusta e desigual.

Já na sua bem-sucedida incursão pela narrativa infantojuvenil, Jussara Santos apresenta ao leitor a história terna e comovente de *Indira* (2009), cuja protagonista, uma garota negra, descobre o amor na adolescência. Mais uma prova da capacidade da escritora de construir o belo associando-o à ética e ao respeito à diversidade cultural.

Fontes de consulta: DUARTE, Constância Lima (Org.). *Mulheres em Letras*: antologia de escritoras mineiras. Florianópolis: Editora Mulheres, 2009; OLIVEIRA, Luiz Henrique Silva de. Jussara Santos. In: DUARTE, Eduardo de Assis (Org.). *Literatura e afrodescendência no Brasil*: antologia crítica. Belo Horizonte: Editora UFMG, 2011. v. 3: Contemporaneidade; <www.letras.ufmg.br/literafro>.

Patrícia Santana
Luiz Henrique Silva de Oliveira

Patrícia Santana nasceu em Belo Horizonte no ano de 1964. É professora da rede municipal de Belo Horizonte. Atualmente, dirige a Escola Municipal Florestan Fernandes. A educadora acredita no poder da palavra como elemento de transformação da sociedade. Essa postura motiva os três livros publicados por ela até o momento. Os textos de Santana focalizam a infância e os dilemas que são inerentes às crianças negras em uma sociedade racista. Procura-se, a todo momento, atuar na afirmação do coletivo afrodescendente. Neste sentido, a família e a escola são ambientes em que se passam as narrativas.

Em *Entremeio sem babado* (2007), a curiosidade é a característica principal da protagonista, a pequena Kizzy. Ela indaga sobre a criação do mundo, o sentido da existência e o significado dos nomes em geral. E é esta última pergunta a grande revelação do texto. A personagem descobre que Kizzi significa "aquela que fica e não vai embora" (2007, s/p). *Minha mãe é negra sim!* (2008) trabalha o dilema vivido pelo jovem Eno. Ao participar de uma aula de Artes, a professora pede para que ele pinte o desenho de sua mãe de amarelo. Isto causou extrema tristeza no garoto, o qual ficou pelos cantos de sua casa a chorar. Ao relatar o fato ao seu avô, foi encorajado a pintar o desenho de preto e a afirmar para a professora o orgulho de ser negro. Assim o fez e conseguiu resgatar a si mesmo do racismo: "Eu sou negro sim [...] Sei lutar pela vida, cantar liberdade, gostar dessa cor" (2008, s/p). Já *Cheirinho de neném* (2011) conta a chegada de Abayomi, irmão mais novo de Iara.

PRINCIPAIS PUBLICAÇÕES

Entremeio sem babado. Belo Horizonte: Mazza, 2007.

Minha mãe é negra sim!. Belo Horizonte: Mazza, 2008.

Cheirinho de neném. Belo Horizonte: Mazza, 2011.

A pequena se regozija da chegada de seu irmão e tudo faz para que ele seja bem-vindo, o que comove todos à sua volta. O cheiro aqui é metáfora do prazer da chegada do pequeno.

Patrícia Santana, portanto, instala-se na cena literária como uma autora preocupada com o presente e o futuro das crianças negras.

Fontes de consulta: <www.relacoesraciaisnaescola.org.br/site>; <www.letras.ufmg.br/literafro>.

Lande Onawale
Gustavo de Oliveira Bicalho

PRINCIPAIS PUBLICAÇÕES

O vento. Salvador: Ed. do Autor, 2003.

Kalunga: poemas de um mar sem fim. Edição bilíngue português/inglês. Salvador: Ed. do Autor, 2011.

Sete: diásporas íntimas. Belo Horizonte: Mazza, 2011.

Lande M. Muzanzu Onawale (Reinaldo Santana Sampaio) nasceu em Salvador (BA), no dia 14 de abril de 1965. Licenciado em História pela UFBA, é professor da rede pública estadual de ensino e coordena atividades de estímulo à criação e divulgação da literatura afro-brasileira. Como ativista da causa negra, publicou seus primeiros escritos no jornal do Movimento Negro Unificado (MNU), em 1991, sob o pseudônimo de Ori, nome com que assina a letra do samba "Um sonho, uma ideia", disponibilizada em meio impresso no livreto *Canto Negro* (1994), do Bloco Afro Ilê Aiyê.

Lande Onawale faz parte do que podemos chamar de segunda geração de escritores dos *Cadernos Negros*, que passam a contribuir com contos e poemas para a série a partir de meados dos anos 1990. Onawale apresenta uma poética que se aproxima do que se pode observar em muitos dos escritores dos *Cadernos Negros:* o texto literário que busca ser, simultaneamente, objeto estético e instrumento de reflexão. Nas palavras de Florentina Silva, no prefácio de seu primeiro livro individual, *O vento* (2003), a poesia de Lande Onawale aspira a ser "canto e espada". A palavra "canto", usada pela pesquisadora, aliás, indica em *O vento* um viés de resgate cultural e de reconstrução da memória afro-brasileira, nítido nesses versos do poema "Negrice": "quem só vê no negro pele/ vê o espelho do branco [...]/ há em mim uma memória/ que vem lamber ou devastar/ as praias rasas do presente". Há, igualmente, a dimensão da memória diaspórica experimentada como carícia e inspiração, relação presente em alguns de seus poemas de temática amorosa, ou como força que auxilia o sujeito a superar dificuldades, como em "Capoeira Angola": "desde África essa força nos anima/ cobrindo de alegria, a dor/ cumprindo a volta por cima".

Outros textos, como "Kalunga", que dá título a seu segundo livro de poemas, publicado em edição bilíngue em 2011, sintetizam essa relação ambígua do poeta com a herança afro-brasileira. Nele, temos contato com a musicalidade típica dos versos de Lande Onawale, que se vale de aliterações e assonâncias e da alternância de versos longos e curtos, contribuindo para um ritmo oscilante, intensificador dos efeitos de sentido relativos a uma memória ora dolorosa ("A memória do mar me atravessa/ está cravada em mim/ como os ferros da grande árvore inesquecível"), ora reconfortante ("Balança o mar... balança.../ são os braços de Kayala que me embala./ são os braços de Kyanda/ — onde entrego minhas forças pra sair tão renovado").

Como contista, Lande Onawale publicou *Sete: diásporas íntimas* (2011), onde se destacam histórias curtas como "A Bailarina" e "Domingo", conto dedicado à memória do poeta e amigo Jônatas Conceição. Ambas as narrativas têm a mulher como personagem central e tocam a temática do silenciamento como trauma. Em "A Bailarina", o tema é desenvolvido em torno de uma jovem negra que é contratada para participar de um comercial de iogurte.

O silenciamento, aqui, figura como uma grande tarja branca que tapa o belo rosto da moça ao fim do comercial, dando visibilidade apenas ao perfil nórdico das demais bailarinas. Em "Domingo", o silêncio da protagonista é o grande motivo do conto, com o qual temos contato através da narração do filho mais velho, assustado com o fato de a mãe, tão falante, estar emudecida. A atmosfera angustiante é construída por meio de uma narrativa breve e lacunar, que faz da ausência e do silêncio sua maior voz. Já em "Um amor na diagonal", o leitor se depara com a violência que se multiplica nas grandes cidades e afeta em especial os subalternos. Dentro de um ônibus, a personagem Kinda se vê envolvida num assalto e reconhece um dos bandidos:

> Kinda persistiria naquele embate não fosse algo que a arrastava para longe dali: a familiaridade da voz do homem que recolhia os objetos. Isso a carregava para algum lugar que ela ainda não identificava. Aquele timbre... aquele jeito tranquilo e rebuscado de falar em situações de perigo... Aos poucos, a figura de um colega de ginásio foi se definindo. Assaltante? Adalberto era um dos melhores da turma! (Onawale, 2011, p. 55)

O viés inusitado da situação de uma mulher que presencia um assalto comandado por um antigo colega de escola — e pelo qual nutriu no passado uma intensa afeição — leva a narrativa a um desfecho inesperado. E esta capacidade de surpreender o leitor vem a ser um dos traços marcantes na ficção de Lande Onawale.

Fontes de consulta: SANTIAGO, Ana Rita. Encruzilhadas e movimentos: *aqui e lá, ir e vir*. Prefácio. In: ONAWALE, Lande. *Sete: diásporas íntimas, op. cit.*; SOUZA, Florentina da Silva. A espada e a flor. Prefácio. In: ONAWALE, Lande. *O vento, op. cit.*; SOUZA, Florentina da Silva. Lande Onawale. In: DUARTE, Eduardo de Assis (Org.). *Literatura e afrodescendência no Brasil: antologia crítica*. Belo Horizonte: Editora UFMG, 2011. v. 3: Contemporaneidade; <www.letras.ufmg.br/literafro>.

Ana Cruz

Aline Alves Arruda
Cristiane Côrtes

Ana Cruz nasceu em Visconde do Rio Branco (MG), e ainda jovem radicou-se no Rio de Janeiro, onde atua como jornalista e integrante do movimento sindical. Em 1998, organizou o jornal-antologia *De Mina*, com produções de várias autoras e textos de crítica literária. Experiência coletiva, o projeto se repete com sucesso em 2003.

Em 1995 lança *E... feito de luz*, com poemas que já anunciam aspectos presentes no conjunto da obra: a presença da família como instituição que preserva as tradições, a influência da oralidade, o compromisso com as relações étnicas e o questionamento dos valores na sociedade moderna. O preconceito racial e o machismo são tratados ironicamente por meio dos poemas-histórias que levam o leitor à reflexão e denotam um eu lírico feminino, afro-brasileiro e, sobretudo, crítico. A obra é o apontamento de temáticas que irão se desdobrar nos demais livros: religiosidade, etnicidade, erotismo.

Já nos poemas de *Com o perdão da palavra* (1999) encontramos uma linguagem pautada na sensualidade sutil que traduz as relações homem-mulher, mundo-mulher e sexo-mulher sob um ponto de vista feminino e consciente de sua postura no mundo. Outro ponto importante dessa obra é a marca de uma linguagem "jornalística", na sequência de poemas intitulada "Notícia", que destaca a frieza com que a mídia trata das questões sociais: pobreza, violência, menores abandonados, política.

PRINCIPAIS PUBLICAÇÕES

E... feito de luz. Niterói/RJ: Ykenga Editorial, 1995.

Com o perdão da palavra. Rio de Janeiro: Ed. da Autora, 1999.

Mulheres q' rezam. Rio de Janeiro: Ed. da Autora, 2001.

Guardados da memória. Niterói: Ed. da Autora, 2008.

Vídeo

Mulheres bantas: vozes de minhas antepassadas, DVD. Rio de Janeiro: Cidadão Free Produções, 2011.

Em *Mulheres q' rezam* (2001) a figura feminina madura se faz mais presente. Em diversos momentos, percebe-se a reflexão sobre a busca de uma autonomia ampla para a mulher na contemporaneidade. Em 2011, Ana Cruz lançou o DVD *Mulheres bantas: vozes de minhas antepassadas*, uma reunião de textos poéticos que celebra suas ascendentes. Fazer uma leitura dos textos de Ana Cruz é entrar em contato com emoções e situações comuns e poder vislumbrá-las sob uma ótica afro-feminina que questiona e recria um mundo sagrado e envolvente.

Fontes de consulta: NASCIMENTO, Gizêlda. Ana Cruz. In: DUARTE, Eduardo de Assis (Org.). *Literatura e afrodescendência no Brasil*: antologia crítica. Belo Horizonte: Editora UFMG, 2011. v. 3: Contemporaneidade; Blog: <http://anacruzescritora.blogspot.com>; <www.letras.ufmg.br/literafro>.

Sergio Ballouk
Eduardo de Assis Duarte

PRINCIPAL PUBLICAÇÃO

Enquanto o tambor não chama. São Paulo: Quilombhoje, 2011.

Sergio Ballouk, pseudônimo de Sergio da Silva, nasceu em 1967, na cidade de São Paulo. Publicitário de formação, desde 2005 participa da série *Cadernos Negros*, com poemas e contos de sua autoria, e também de saraus, rodas de poesia e demais eventos promovidos pelo grupo Quilombhoje.

Seus contos são marcados por um ponto de vista explicitamente afro-brasileiro, dotado de um olhar crítico sobre a situação da população negra no contexto de discriminação dissimulada que impera no país. Mas tal perspectiva se expressa numa linguagem leve, por vezes irônica, em certos momentos sarcástica, e que, via de regra, conduz a desenlaces surpreendentes, como em "Avaliação", publicado no número 30 de *Cadernos Negros*.

Já os poemas reunidos em *Enquanto o tambor não chama* (2011) transportam para o verso o mesmo tom de suas narrativas. Tocam em assuntos polêmicos, que provocam a reflexão, mas sempre embalados por um fino trabalho com a linguagem, como se pode constatar logo no texto de abertura: "eu tenho a minha pedra/ e a carrego sempre comigo/ foi a mais bonita vista por filha/ — Pai, pega. Presente!/ [...]/ é pedra verso/ alisada em água corrente/ [...]/ é pedra que fere desânimos/ nos leva ao âmago/ à essência da paz/ [...]/ se expelida do rim/ é a vontade de ser pedra/ sempre renascida do chão/ munição de estilingue, verso bruto" (2011, p. 12-13). Aqui, o sujeito poético anuncia o projeto que fundamenta sua criação. Ela se presta ao encanto de olhos e ouvidos, corteja o belo traduzido em palavras, mas pode ser também arma e munição para a crítica e a afirmação identitária.

Nessa linha, o indivíduo expressa na poesia seus impulsos e sentimentos mais íntimos, sem deixar de lado seu pertencimento étnico e cultural: "busco a minha verdade/ em pensamentos pretos/ síntese de vidas retintas/ prenhe de mim mesmo/ minha palavra mais íntima" (*Idem*, p. 62). O texto explicita a condição desse eu que fala de si, mas também das "vidas retintas" que nele se entrelaçam. Entre o hoje e o ontem, a África e o Brasil, "goteja sangue com cabelo carapim" (*Idem*, p. 52). Essa é, pois, a poesia "sopro de pedras", suave e vigorosa, que marca a escrita de Sergio Ballouk.

Fontes de consulta: <www.letras.ufmg.br/literafro>; <http://sergioballouk.blogspot.com>.

Cidinha da Silva
Marcos Fabrício Lopes da Silva

PRINCIPAIS PUBLICAÇÕES

Cada tridente em seu lugar. São Paulo: Instituto Kuanza, 2006. 3ª ed. rev. Belo Horizonte: Mazza, 2010.

Você me deixe, viu? Eu vou bater meu tambor. Belo Horizonte: Mazza, 2008.

Os nove pentes d'África. Belo Horizonte: Mazza, 2009.

Kuami. Belo Horizonte: Nandyala, 2011.

Oh, margem!: reinventa os rios! São Paulo: Selo Povo, 2011.

O mar de Manu. São Paulo: Kuanza Produções, 2011.

Cidinha da Silva nasceu em Belo Horizonte (MG) no dia 20 de maio de 1967. Historiadora, formada pela UFMG, a escrita literária desenvolvida por ela vai pós-graduá-la como criadora de histórias excepcionais. Radicada em São Paulo, coordenou o Programa de Educação do Geledés — Instituto da Mulher Negra, onde dirigiu projetos destinados a jovens negros. Em 2003, organizou o livro de ensaios *Ações afirmativas e educação: experiências brasileiras*, já em terceira edição. É também fundadora e dirigente do Instituto Kuanza, voltado para a pesquisa, educação e formação de jovens.

A prosa poética da autora se faz, por exemplo, evidente no tocante à construção de uma filosofia bordada pelo encanto da imagem que areja o conceito, conferindo a ele esmero metafórico. O parágrafo inicial do texto "Umas e outras" é emblemático nesse sentido: "Observação do mundo é um negócio que aumenta o balaio de conhecimento da pessoa. Encurta o caminho das dúvidas, amplia o horizonte de possibilidades. Acrescenta tijolos no barracão de sabedoria dos viventes" (Silva, 2008, p. 73). Esse ponto de vista assumido por Cidinha da Silva sustenta outro texto lapidar de *Você me deixe, viu? Eu vou bater meu tambor!* (2008), que se intitula "Amor na pós-modernidade". Numa sequência de atitudes desumanizadoras enumeradas pela escritora, percebe-se uma "observação do mundo" encurtada pela superficialidade em determinadas relações interpessoais contemporâneas. A enumeração gradativa é muito bem utilizada pela autora, no sentido de conferir visibilidade à depreciação subjetiva resultante de práticas afetivas, às vezes, pragmáticas:

> Risquem-se do dicionário as palavras compromisso e entrega. Extingam-se do breviário as conjugações dos verbos: amar, cuidar, entrelaçar, encantar, plantar e colher.
> [...]
> Você pode também deparar com o represamento das águas do amor, que passam a ser controladas por fios, botões, transistores e relógios de força. Assim como uma hidrelétrica. Ou por conceitos como o de PSF — parceiro(a) sexual fixo(a), flutuante, fugaz. Depende da constância do "F".
> (Silva, 2008, p. 47-48)

Racismo no Brasil e afetos correlatos. Porto Alegre: Conversê, 2013.

Baú de miudezas, sol e chuva. Belo Horizonte: Mazza, 2014.

Com senso poético notável e perspicácia de observação cotidiana cara aos cronistas, a escritora mineira desenvolve enredos variados que sustentam uma forma polivalente de costurar prosas. Em relação à obra de Cidinha da Silva, verifica-se que o zelo na construção da linguagem e as virtudes na abordagem de cenas reais e imaginárias compõem um estilo autoral arrojado. A literatura desenvolvida pela autora consegue ser, ao mesmo tempo, efetiva e afetiva. Isto é, sua poética abraça estética e eticamente a complexa teia de valores que constitui a expressão da alteridade, seja em situações adocicadas, seja em quadros ácidos. Humor e indignação, além de delicadeza e crítica pontuam a multiperspectiva autoral de Cidinha da Silva.

No campo da ficção voltada para o público infantojuvenil, a escritora vem desenvolvendo uma produção instigante, que já conta com três títulos: *Os nove pentes d'África*, de 2009, *Kuami* e *O mar de Manu*, os dois últimos publicados em 2011. E o que se nota é o estilo ágil e leve que tem sido a marca registrada de suas narrativas ser empregado com pleno êxito nas histórias para crianças e jovens. Em *Os nove pentes d'África*, a ação é conduzida pela pequena Bárbara, que tem no avô Francisco uma referência, espécie de ponte entre o passado do saber ancestral e o presente, com suas vicissitudes. Temas como o preconceito e o *bullying* vividos na escola pela menina negra e, mesmo, a perda de entes queridos são encarados de frente e tratados com a firmeza exigida, porém acompanhada da sutileza poética que faz a autora introduzir até mesmo o Orum — mundo invisível onde estão os mortos — num sonho do personagem. "Entre o documental e a ficção", conforme salienta o cineasta Jeferson De, a escritora oferece um quadro amplo de possibilidades criativas para que o leitor atento veja e reveja seus norteadores avaliativos projetados no esforço íntimo de compreender melhor a vida. Para tanto, preconceitos e juízos são constantemente questionados por Cidinha da Silva, a partir de uma escrita marcada pela contundência do pensar temperada pela sutileza do sentir. Sabedoria existente na literatura afro-brasileira.

Fontes de consulta: DE, Jeferson. [Orelha do livro]. In: SILVA, Cidinha da. *Você me deixe, viu? Eu vou bater meu tambor*, op. cit.; DUARTE, Constância Lima. Cidinha da Silva. In: DUARTE, Eduardo de Assis (Org.). *Literatura e afrodescendência no Brasil*: antologia crítica. Belo Horizonte: Editora UFMG, 2011. v. 3, Contemporaneidade; FERREIRA, Vera Lúcia da Silva Sales. Da dor e da alegria dos tridentes: fios que encenam a cena social e política brasileira. In: CUNHA, Helena Parente (Org.). *Quem conta um conto* – estudos sobre contistas brasileiras estreantes nos anos 1990 e 2000. Rio de Janeiro: Tempo Brasileiro, 2008; FONSECA, Maria Nazareth Soares. De mulheres seduzidas (e aturdidas) por um toque de tambor. In: *Você me deixe, viu? Eu vou bater meu tambor*, op. cit.; PEREIRA, Edimilson de Almeida. A estrada é uma coisa, o caminho é outra. Prefácio. In: SILVA, Cidinha da. *Cada tridente em seu lugar*, op. cit.; SOUZA, Florentina da Silva. LIMA, Maria Nazaré (Org.). *Literatura afro-brasileira*. Salvador: Centro de Estudos Afro-Orientais, 2006; <www.letras.ufmg.br/literafro>; Blog da escritora: <http://cidinhadasilva.blogspot.com>.

Anelito de Oliveira
Adélcio de Sousa Cruz

Nascido em Engenheiro Navarro (MG), em 1970, o poeta, professor e crítico literário Anelito de Oliveira possui graduação e mestrado em Letras pela UFMG e doutorado pela USP. Foi editor do *Suplemento Literário Minas Gerais* de 1999 a 2002. Atualmente, além de responsável pela Orobó Edições, leciona na Universidade Estadual de Montes Claros (MG). Certa vez, durante entrevista, declarou: "A poesia é um soco de Mike Tyson". Essa assertiva-provocação pode soar como desdém pelo conceito de "belo", pois não se espera que versos tenham a mesma potência e violência de socos desferidos por boxeadores. Contudo, o fazer poético para o autor de *Lama* (2000) é afeito a abalar a tranquilidade dos leitores em suas confortáveis certezas. Sua escrita é palpável no sentido de tentar tocar a realidade que o cerca ou sitia, conforme a ocasião vivenciada nos caminhos tortuosos do ser afrodescendente.

Seu primeiro livro de poemas, *Lama* (2000), é fruto de uma profunda experiência pessoal, pois os textos foram produzidos sob o impacto da perda de um de seus irmãos. A vida transtornada foi transposta em poesia, numa revisão crítica da trajetória afro-brasileira urbana. A poesia de Oliveira economiza em imagens diretas e sem aparas, dando certo trabalho aos leitores, no intuito constante de provocá-los a refletir sobre a própria existência. Essa poesia sem adereços e alegrias irônicas mostra uma faceta afro-brasileira que remonta ao clima de poemas como "Litania dos pobres", do catarinense Cruz e Sousa, ou ainda às composições de um músico contempo-

PRINCIPAIS PUBLICAÇÕES

Lama. Belo Horizonte: Orobó, 2000.

Três Festas/A Love Song As Monk. Belo Horizonte: Orobó Edições; Anome Livros, 2004.

râneo como Itamar Assumpção. Outro texto de Cruz e Sousa é passível de ser relido através da poesia de Anelito de Oliveira: "O emparedado". Termino esta brevíssima apresentação com os versos do poeta nascido no norte de Minas Gerais, ecoando outros versos cruzsousianos do poema "O acrobata da dor": "agora uma dor desfaz/ a festa o filme negro contra/ o filme falso branco um/ filme de nuvens nos nadas/ provisórios rondando" (Oliveira, 2000, p. 26).

Fontes de consulta: PEREIRA, Edgard. Anelito de Oliveira. In: DUARTE, Eduardo de Assis (Org.). *Literatura e afrodescendência no Brasil*: antologia crítica. Belo Horizonte: Editora UFMG, 2011. v. 3: Contemporaneidade; PEREIRA, M. Antonieta. *Lama* Resenha. *Scripta*, n. 4. Belo Horizonte: PUC Minas, 2001; <www.letras.ufmg.br/literafro>.

Ana Maria Gonçalves
Cristiane Côrtes

PRINCIPAIS PUBLICAÇÕES

Ao lado e à margem do que sentes por mim. Salvador: Borboletras, 2002.

Um defeito de cor. Rio de Janeiro: Record, 2006.

A romancista e ensaísta Ana Maria Gonçalves nasceu em 1970, na cidade de Ibiá (MG). Residiu em São Paulo, onde atuou como publicitária por treze anos. Em busca de uma nova motivação para sua vida, a escritora descobriu a Ilha de Itaparica e lá morou por cinco anos, passando a se dedicar à literatura, à história e à cultura afro-brasileira. Além de ficcionista, tem se revelado exímia polemista, com interferências contundentes em debates sobre a questão racial no Brasil através de artigos e ensaios.

Sua "Carta aberta a Ziraldo", escrita na ocasião do polêmico parecer do Conselho Nacional de Educação (CNE), que sugeriu restrições ao livro *Caçadas de Pedrinho*, de Monteiro Lobato nas escolas públicas do país, recebeu milhares de acessos na internet. A carta é uma crítica ao desenho que ilustra — com a figura de Lobato abraçando uma mulher negra — o desfile de carnaval de 2011 do bloco carioca "Que merda é essa?". Na carta, Gonçalves afirma que "Monteiro Lobato, sempre que se referiu aos negros e mulatos, foi com ódio, com desprezo, com a certeza absoluta da própria superioridade". A romancista empenhada em explorar profundamente os temas de suas histórias surge na ensaísta que fundamenta seus argumentos nas cartas de Lobato ao amigo Godofredo Rangel, confessando "que sabia que a escrita 'é um processo indireto de fazer eugenia, e os processos indiretos, no Brasil, 'work' muito mais eficientemente'." Como se vê, a escritora tem plena consciência do caráter ideológico dos discursos, bem como do texto literário. E denuncia o preconceito existente no livro de um dos mais consagrados autores infantojuvenis brasileiros.

Ana Maria Gonçalves estreia na cena literária em 2002, com a publicação do romance *Ao lado e à margem do que sentes por mim* — "livro terno, íntimo, vivido e escrito em Itaparica", segundo o depoimento de Millôr Fernandes. A edição artesanal do romance, de circulação restrita, reflete a delicadeza e empenho da autora para com a sua produção.

Contudo, foi *Um defeito de cor*, publicado em 2006, que projetou a autora no meio literário. O romance de 952 páginas é fruto de longa pesquisa acerca da sociedade brasileira escravista do século XIX. A recepção crítica da obra tem sido positiva, com inúmeros estudos acadêmicos, dissertações e teses. Em 2007, o livro ganhou o prêmio Casa de las Américas, em Cuba, categoria literatura brasileira. O poeta e antropólogo Antônio Risério afirmou que Ana Gonçalves "inventou um romance que ele gostaria de ter inventado" e que "ninguém escreve o que ela escreveu sem uma dedicação imensa".

Na obra, narrada pela própria protagonista, Kehinde é uma *ibêji* (gêmea), nascida em Daomé que, aos 8 anos, é capturada por traficantes de escravos com a avó e a irmã. Chega ao Brasil sozinha, vai para o trabalho escravo numa fazenda, onde presencia toda sorte de violências, até que, mais tarde e já em Salvador, como mucama, compra sua carta de alforria. Livre, participa do levante dos malês e, perseguida pela polícia, precisa se esconder. Nesse intervalo, perde o filho, Luiz, vendido como escravo pelo próprio pai, um fidalgo baiano sem escrúpulos, e sai em longa peregrinação à procura da criança. Passa pela Corte, no Rio de Janeiro, vai ao Maranhão, até voltar à África na esperança de encontrá-lo. Lá, torna-se grande empresária, mulher de prestígio e referência cultural, porém a tristeza pela ausência do filho nunca a abandona.

Kehinde remete à história das mulheres negras do século XIX e, também, à heroína Luiza Mahin, considerada mãe do poeta Luiz Gama — o filho perdido que motiva boa parte da ação e destinatário do longo relato que vem a ser o romance. Assim, *Um defeito de cor* realiza a proposta literária afro-brasileira de incorporar a história não oficial, fornecendo recursos de sobrevivência a muitos episódios e versões silenciadas e também matérias-primas para a criação de um padrão cultural novo e positivo. O romance narra não apenas a movimentada vida de Kehinde, mas pontua também episódios políticos da época e pincela matizes das sociedades urbanas em formação com espantosa verossimilhança e visibilidade. E, subjacente a todo este painel de época, destaca-se o *ponto de vista interno* — feminino e afrodescendente — que torna a obra peculiar e valiosa. Ao retratar o olhar daqueles que vivem nas fronteiras da diferença, Gonçalves abre uma gama de novas interpretações sobre a história, a vivência e a condição do sujeito diaspórico, tanto no passado quanto no mundo contemporâneo.

Fontes de consulta: ARRUDA, Aline A. A errância diaspórica como paródia da procura em *Ponciá Vicêncio*, de Conceição Evaristo e *Um defeito de cor*, de Ana Maria Gonçalves. *Anais do XII Seminário Nacional Mulher e Literatura III Seminário Internacional Mulher e Literatura*. Ilhéus: UESC, 2007. Disponível em: <http://www.uesc.br/seminariomulher/anais/pdf/aline%20alves%20arruda.pdf>. CORTES, Cristiane Felipe Ribeiro de Araujo. *Viver na fronteira*: a consciência da intelectual diaspórica em *Um defeito de cor*, de Ana Maria Gonçalves. Dissertação (Mestrado) – UFMG, B. Horizonte, 2009. <http://www.bibliotecadigital.ufmg.br/dspace/bitstream/1843/ecap-83sgjn/1/viver_na_fronteira.pdf.>; CRUZ, Adélcio de Sousa. Ana Maria Gonçalves. In: DUARTE, Eduardo de Assis (Org.) *Literatura e afrodescendência no Brasil*: antologia crítica. Belo Horizonte: Editora UFMG, 2011. v. 3: Contemporaneidade; DUARTE, Eduardo de Assis. Na cartografia do romance afro-brasileiro, *Um defeito de cor*, de Ana Maria Gonçalves. In: TORNQUIST *et al.* (Org.). *Leituras de resistência*: corpo, violência e poder. Florianópolis: Editora Mulheres, 2009; RISÉRIO, Antonio. Um defeito de cor. Disponível em: <http://terramagazine.terra.br/interna/0,,OI1351780-E6608,00-um+defeito+corhtml.>; <www.letras.ufmg.br/literafro>.

Anizio Vianna
Adélcio de Sousa Cruz

O escritor é natural da cidade de Belo Horizonte, nascido em 7 de março de 1971. Desde cedo leitor de Carlos Drummond de Andrade e demais poetas mineiros, como Affonso Romano de Sant'Anna e Adão Ventura, logo Anizio Vianna iria demarcar outra divisa em seu mundo literário, a partir dos textos de A cor da pele, obra-prima de Ventura. Tal singularidade, a questão racial, sempre esteve presente nas experiências de vida de Vianna, mas faltava vê-la exposta em um poema, o que o impulsionaria, mais tarde, a trilhar os caminhos da palavra em verso, chegando a escrever, compor e a pesquisar sobre o *rap*. Graduado em Letras e mestre em Teoria da Literatura pela UFMG, é fundador da editora Quarto Setor, de Belo Horizonte. Vale ressaltar, ainda, sua trajetória como compositor e baixista desde o curso de licenciatura, quando fundou juntamente com o compositor Roger Bastos a banda Chicória.

A escrita literária lhe proporcionou o prêmio Cidade Belo Horizonte (1996) — categoria poesia — e a publicação de seu primeiro livro, *Dublê de anjo*. A poesia de Vianna é marcada por um diálogo constante com a condição humana, a partir de sua trajetória como ex-morador de periferia até seu contato com a pesquisa na universidade. As dificuldades de publicação sob o formato livro não o desanimaram, pois a Internet passou a ser uma poderosa ferramenta de divulgação de seu trabalho — com o blog escrevoaovivo.com. Ali, o poeta trata a poesia como elemento/acontecimento constante da vida, ao uti-

PRINCIPAIS PUBLICAÇÕES

Dublê de anjo. Belo Horizonte: Mazza, 1996.

Itinerário do amor urbano. Belo Horizonte: Orobó, 1998.

lizar-se de fatos e/ou reportagens jornalísticas como um dos pontos de partida de sua obra literária. Daí o apego à memória de lutas dos afrodescendentes, como na bela homenagem à estadunidense Rosa Parks, heroína da campanha pelos direitos civis do povo negro:

> A terra mofa agora/ A terra sangra à vista/ A terra de Rosa Parks/ saiu de dentro da guerrilha/ A terra de que falo/ não é a do menino que come terra/ a Terra saborosa/ não é a Terra prometida/ a Terra igualitária (sem mártires ou martírios)/ a desejaram Lutero e Martin Luther King/ A Terra de iguarias e vários tons de pele/ é a terra cultivada por homens e mulheres. (2011, p. 501)

Fontes de consulta: CRUZ, Adélcio de Sousa. Anizio Vianna. In: DUARTE, Eduardo de Assis (Org.). *Literatura e afrodescendência no Brasil*: antologia crítica. Belo Horizonte: Editora UFMG, 2011. v. 3: Contemporaneidade; <www.letras.ufmg.br/literafro>.

Cristiane Sobral
Cristiane Côrtes

PRINCIPAIS PUBLICAÇÕES

Uma boneca no lixo. Peça teatral, Prêmio de montagem GDF. Brasília: 1998.

Dra. Sida. Peça teatral, Prêmio Ministério da Saúde. Brasília: 2000.

Petardo, será que você aguenta? Peça teatral, coautoria Dojival Vieira. Brasília: 2004.

A escritora, arte-educadora e atriz Cristiane Sobral nasceu no Rio de Janeiro em 1974 e reside em Brasília desde 1990. Com bacharelado em Interpretação e especialização em Docência do Ensino Superior, é professora de teatro das faculdades Dulcina de Moraes e Anhanguera. Cursou mestrado em Arte na UnB. Dirige o Grupo Teatral Cabeça Feita, e participa do Grupo Oi Poema realizando recitais. Na TV, atuou como apresentadora de programas institucionais e de *spots* publicitários. Participa intensamente da cena teatral brasiliense, tendo atuado em espetáculos premiados. Como atriz, tem ainda trabalhos em cinema, vídeo e TV.

Começou a publicar seus poemas em 2000, no número 23 de Cadernos Negros; logo no ano seguinte, no número 24, foram publicados seus primeiros contos e, desde então, está presente em diversas antologias. Sobral compreende a literatura como "grito de liberdade" e afirma, em seu blog, que "escreve como quem monta um quebra-cabeça num exercício de imaginação e sensibilidade." Seus textos são inspirados na experiência humana, na consciência existencial, e na mudança de atitude, como em "Não vou mais lavar os pratos", poema que dá título a seu primeiro livro: "Não vou mais lavar os pratos/ Nem vou limpar a poeira dos móveis/ Sinto muito. Comecei a ler" (2010, p. 23).

Cristiane Sobral encara a escrita como ferramenta de poder e de ressignificação da realidade subalterna, na esteira de Carolina Maria de Jesus e de Conceição Evaristo, escritoras negras que fizeram da experiência atitude estética que reverbera em seus textos. Nessa linha, aborda temas fundamentais para a discussão da afrodescendência na sociedade contemporânea, como a opressão, a tomada de consciência e o enfrentamento da discriminação. No poema citado, o eu lírico diz que "os tempos agora são outros", que leu a assinatura da sua lei áurea "em negro maiúsculo" e enfatiza: "Não lavo mais pratos/ Quero travessas de prata, cozinhas de luxo [...]/ Está decretada a lei áurea" (Idem, p. 25). A escrita como caminho para a consciência aparece também em "Palavra", onde o eu lírico a

Não vou mais lavar os pratos. Brasília: Athalaia, 2010. 2ª ed. Brasília: Dulcina, 2011.

Espelhos, miradouros, dialéticas da percepção. Brasília: Dulcina, 2011.

faz oscilar entre o porto seguro e a espada e que, se certa, a palavra pode "finalmente a bobagem decepar" (*Idem*, p. 58).

A celebração da negrura é recorrente em Sobral. O cabelo e a cor da pele ganham significados positivos junto à desconstrução dos valores ditados pela estética eurocêntrica. Ainda em *Não vou mais lavar os pratos,* o poema "Escova progressiva" inscreve o cabelo afro como metáfora de resistência e o alisamento como um processo de colonização. O engajamento da autora nas discussões atuais sobre a identidade afrodescendente reflete-se no próprio título do poema. E este se desenvolve num ritmo que incentiva o leitor a cantá-lo: "Se a raiz é agressiva/ escova progressiva/ [...] Eu tenho medo do formol/ Abaixo a chapinha no cabelo da neguinha" (2010, p. 88).

Já seu primeiro volume de contos *Espelhos, miradouros, dialéticas da percepção* (2011), traz para a ficção a mesma postura empenhada e incisiva, presente a partir do ponto de vista interno e afroidentificado. O conto "Pixaim" assume um tom irônico ao relatar a história de uma menina que tentou a todo custo fugir do alisamento, pois gostava de seus cabelos crespos. Na tentativa de resistir ao processo, a protagonista é "capturada" pela mãe e leva algumas "chibatadas" por resistir ao alisamento. A concepção da palavra associada à consciência e à resistência como mecanismo de poder ecoa no conto quando a narradora reconhece que o cabelo era a carapaça de suas ideias, invólucro dos sonhos e pensamentos coloridos. Ele simboliza a sua capacidade de agir e resistir ao que a vida lhe apresenta de imposição. Essa personagem difere da encontrada em "Garoto de plástico", em que a crise de identidade leva à consciência: "Quem sou eu? Para onde vou? Meu nome é Maurício? Por que me chamam de Mauricinho? [...] Ficou frente ao espelho do banheiro um longo tempo" (2011, p. 28).

Cristiane Sobral aparece no cenário da literatura negra feminina contemporânea como uma importante referência, tanto pela estética, tamanha a sonoridade e riqueza metafórica de seus textos, quanto pela reflexão acerca, principalmente, da mulher negra de hoje. O talento da escritora repercute em seus textos: na poesia, um senso crítico e questionador que emerge do lirismo sonoro e terno e, na prosa, uma ironia requintada e sarcástica que brota de uma poeticidade vibrante e sedutora.

Fontes de consulta: ARAUJO, Flávia dos Santos. "A gente só pode ser aquilo que é": Cristiane Sobral Oliveira Silveira e os caminhos para uma identidade negra. In: *Anais do VII Seminário Fazendo Gênero*, 2006. Disponível em: <http://www.fazendogenero.ufsc.br/7/artigos/f/flavia_santos_de_araujo_10_a.pdf>; FERREIRA, Vera Lúcia da Silva Sales. Cristiane Sobral. In: DUARTE, Eduardo de Assis (Org.). *Literatura e afrodescendência no Brasil*: antologia crítica. Belo Horizonte: Editora UFMG, 2011. v. 3: Contemporaneidade; PEREIRA, Michely. Apresentação. In: SOBRAL, Cristiane. *Não vou mais lavar os pratos*, op. cit.; SILVA, Marcos Fabrício Lopes da. Apresentação. In: *Espelhos, miradouros, dialéticas da percepção*, op. cit.; Blog da autora: <http://cristianesobral.blogspot.com>; <www.letras.ufmg.br/literafro>.

Carlos Correia Santos
Elisângela Aparecida Lopes

O escritor, jornalista, roteirista e dramaturgo Carlos Correia Santos, nascido em Belém em 1975, vem construindo uma carreira no universo cultural brasileiro marcada pela diversidade e pela inovação.

De sua obra literária destacam-se as seguintes publicações premiadas: o romance *Velas na tapera* (2009), agraciado com o *Prêmio Dalcídio Jurandir*, e o livro de poemas *O baile dos versos* (1999), publicado também em Portugal. Sua mais recente publicação, *Senhora de todos os passos*, lançado em 2012, recebeu o Prêmio IAP. Nesse romance, o autor mescla biografia e ficção ao entrecruzar a história de vida de sua avó à construção de personagens fictícios, tendo como pano de fundo importantes fatos da história nordestina e nortista. Nas palavras do romancista: "Há, porém,

PRINCIPAIS PUBLICAÇÕES

O baile dos versos. Rio de Janeiro: Litteris, 1999. (poesia)

Nu Nery. Belém: IAP, 2004. (dramaturgia)

Poeticário. Belém: Ed. do Autor, 2005 (poesia)

Ópera profana. Manaus: Muiraquitã, 2007 (dramaturgia)

Batista. Belém: IAP, 2008. (dramaturgia)

Velas na tapera. Belém: [s/n], 2009. (romance)

Senhora de todos os passos. Belém: IAP, 2012.

muitas vivências de fato experimentadas por minha família. Uma família de negros pernambucanos que tiveram que lutar muito para que a sorte se transformasse e as coisas pudessem melhorar. É uma obra que respira e transpira muitas dores e alegrias reais".2

No território das Artes Cênicas, há várias peças de Carlos Correia Santos que receberam prêmios: *Adoro Theodoro*, *Duelo do poeta com sua alma de belo* e *Uma flor para linda flora*. Já *O assassinato de Machado de Assis*, encenada em 2011, ilustra a maestria desse escritor ao lidar com a literatura. Nesse espetáculo, as personagens machadianas assumem a responsabilidade de descobrir a verdade sobre a morte de seu criador.

O início dessa brilhante carreira se dá, como para muitos outros escritores, no bojo do Movimento Negro e do Grupo Quilombhoje. No volume *Cadernos Negros* 21, de 1988, tem-se acesso a uma poética marcada pelo compromisso político e exaltação da negritude: "se minha melanina é a menina/ Que melindra tanta sina/ assassinem-se esses conceitos 'pré-cínicos'/ Prevaleçam os ninhos e caminhos meus!" (*Cadernos Negros* 21, p. 19)

Em "Apelo à Pele" o eu lírico invoca a pele escura — "condão de mistura" —, motivo de tanta dor, "Malquista e mal vista/ Flor", que se reverte "seja como for/ Ata de atitudes/ Manta negritude/ Cor" (*Cadernos Negros* 21, p. 20). Nesse poema, a cor da pele — motivo de discriminação, de dor e de dissabor — passa a exigir do sujeito uma atitude, uma postura individual capaz de transformar os estereótipos e preconceitos ligados à figura do negro.

Já em "Negação" o eu lírico se propõe a refutar os signos linguísticos associados à figura do negro — imagens capazes de reforçar o preconceito social, que se manifesta principalmente via linguagem. Um desses signos é a noite, que o eu poético desconstrói através de uma clara associação: "não, não sou a noite/ Não tenho estrelas pelo corpo/ Ainda que me açoites/ Não sou a noite". A noite — enquanto

---

[2] Blog do escritor: <http://nadasantostudoalma.blogspot.com.br/2012/06/novo-romance-de-carlos-correia-santos-e.html>.

representante da negritude, do sombrio (espaço da contravenção e da atuação da marginalidade) — remete a outra imagem, o breu, e que também será negada: "não brilham luas em meu rosto/ Não sou o breu" e finaliza: "é claro que apenas eu sou eu" (*Cadernos Negros* 21, p. 21).

Fontes de consulta: *Cadernos Negros* 21: poemas afro-brasileiros. (Org. geral Esmeralda Ribeiro, Márcio Barbosa e Sônia Fátima). São Paulo: Quilombhoje: Ed. Anita, 1998; LOUZEIRO, José. Personagem emblemática. Disponível em: <http://ronaldofranco.blogspot.com/2009/01/personagem-emblematica.html>; <www.letras.ufmg.br/literafro>.

Allan da Rosa
Marcos Antônio Alexandre

Allan Santos da Rosa nasceu em Taboão da Serra (SP), em 10 de abril de 1976. Criou-se no bairro de Americanópolis, zona sul da cidade. Em 1998, estudou no cursinho do Núcleo de Consciência Negra. Cursou graduação em História na USP de 1999 a 2005 e concluiu mestrado na mesma instituição, em 2009.

No campo da produção literária, Allan da Rosa criou o selo de perfil alternativo Edições Toró. Como escritor, incorpora em sua linguagem a tradição da cultura negra e experimenta formas literárias como a prosa, a poesia e o teatro. Este jovem autor publicou trabalhos em diferentes gêneros, revelando-se como um escritor consciente e atuante nos distintos estilos literários. É autor do livro de poemas *Vão*, de 2005; do volume *Morada*, obra em prosa e poesia, lançada em 2007; do romance infantojuvenil versado, *Zagaia*, também de 2007; e do texto teatral *Da*

PRINCIPAIS PUBLICAÇÕES

Vão. São Paulo: Edições Toró, 2005.

Da Cabula. São Paulo: Edições Toró, 2006. 2ª ed. São Paulo: Global, 2008.

Morada. São Paulo: Edições Toró, 2007.

Zagaia. São Paulo: DCL, 2007.

Cabula, peça lançada em 2006 e vencedora do II Prêmio Nacional de Dramaturgia Negra Ruth de Souza. Publicou ainda contos e poemas nos *Cadernos Negros*.

De sua obra, destacamos, para uma breve leitura, a poesia "Ai Iá (Apresse)":

Nossa Senhora das Esquinas:
Agora que fomos promovidos a vira-latas entre hienas
Mas não debulhada nossa coragem.
Protegei tuas jovens crias, das latrinas, das cartilhas
Da trairage e do salário-mínimo.
Dai de mamar nas encruzilhadas
Enquanto nos vigia das emboscadas e cuturnos
Dai guarida, quando a baioneta mira nossa jugular.

Ai Iá:
Fecundai em tua cabeça um tição de Amor
Emperrai de mel essa guilhotina do economês
Derretei essas jaulas transparentes
Gotejai teu leite em nossa vista, que busca plenitude
Seduzi e desbaratinai esses carrascos, tão amáveis e puritanos.

Ó Jurema que me pariu:
Doai tua quentura íntima da Terra
Libertai o tesão dos bolôros
Desprezai o chororô e os resmungos
Ponde farofa de vulcão nas marmitas do tédio

Tranquilidade para ginga ao redor dos para-raios
Livrai-nos dessa realidade encapuzada
De olhos fardados e espíritos farpados

Ó Mãe da Noite:
Fertilizai nossas dúvidas e amenizai as certezas
Aceitai as convulsões e memórias,
Como sacrifício mais singelo
Concebei um ímã de arcaicas esperanças
Arrancai o lodo destes 401 futuros em pólen
Não nos deixeis esquecer as perguntas de criança
Esquivai-nos dos dardos dessas remelas da mesmice.

E, por favor Iá, perdoai a petulância de chamar que apresse o socorro.
Porque, para nóis, nem sei se ainda há fase de exército.
Mas, sim, fatal fase de cadeia.
E apesar dos vinagres e vitaminas da fé,
A escravidão segue nos escoltando,
Nos avacalhando nessa maçaroca.
(*Cadernos Negros*, 2006, p. 31)

O poema surpreende desde o título "Ai Iá (Apresse)", que materializa um chamamento, que é reforçado pelo vocábulo "apresse", que pode ser lido literalmente como "tornar uma ação mais rápida", mas também, metaforicamente, sugere-se a ideia de uma prece, uma louvação, uma súplica (a prece). Essa segunda leitura pode ser corroborada logo no primeiro verso em que o eu lírico clama pela "Nossa Senhora das Esquinas". Salta à vista que aqui a santa é a das Esquinas, aquela a quem se roga para a proteção; neste caso, não a espiritual, mas contra a violência física, social, que resguarda as "encruzilhadas": "Protegei tuas jovens crias, das latrinas, das cartilhas/ Da trairage e do salário-mínimo./ Dai de mamar nas encruzilhadas/ Enquanto nos vigia das emboscadas e cuturnos/ Dai guarida, quando a baioneta mira nossa jugular". A "oração" vai tomando força em outros versos — "Ó Mãe da Noite". Estabelece-se uma paródia com a oração do "Pai Nosso", que é concretizada com letras-imagens-denúncias: "Não nos deixeis esquecer as perguntas de criança/ Esquivai-nos dos dardos dessas remelas da mesmice."

O eu lírico da poesia de Alan da Rosa denuncia a situação de milhares de sujeitos brasileiros que vivem em condições menos favorecidas, marginalizados de distintas formas. A linguagem do autor é incisiva e assume a enunciação dos sujeitos invisibilizados, ou seja, o vocabulário retratado no poema (e em vários outros do autor) é recorrente entre as populações que vivem em comunidades (aglomerados, favelas, morros, periferias); lugares onde vivem a maioria dos negros e aqueles economicamente menos favorecidos, trabalhadores com renda mínima, que são marginalizados não apenas pela sua raça e/ou etnia, mas também por sua condição socioeconômica.

Fontes de consulta: ALEXANDRE, Marcos Antônio. Allan da Rosa. In: DUARTE, Eduardo de Assis (Org.). *Literatura e afrodescendência no Brasil*: antologia crítica. v. 3: Contemporaneidade. Belo Horizonte: Editora UFMG, 2011; BARBOSA, Márcio; RIBEIRO, Esmeralda (Org.). *Cadernos Negros*, volume 29: poemas. São Paulo: Quilombhoje, 2006; <www.letras.ufmg.br/literafro>; <www.edicoestoro.net>.

Lívia Natália
Elisângela Aparecida Lopes

PRINCIPAL PUBLICAÇÃO

Água negra. Salvador: EPP Publicações e Publicidade, 2011.

Lívia Maria Natália de Souza Santos nasceu em Salvador (BA) em 1979. Com seu livro *Água negra*, venceu o Concurso Literário do Banco Capital em 2011. A autora é mestre (2005) e doutora (2008) em Teorias e Crítica da Literatura e da Cultura pela UFBA, onde atualmente é professora de Teoria da Literatura. Coordena Oficinas de Criação Literária na universidade e em projetos para crianças em situação de risco.

Em *Água negra*, Lívia Natália leva o leitor a adentrar pelas águas, a fim de perceber as incursões sobre a profundeza e a voracidade da própria existência. Percebe-se um eu poético que evoca sua formação corporal, composta, sobretudo, pelas águas, mas, ainda, de estrelas a deixar rastro de luz/silêncio/palavra, em "Rastro", ou de "resto de astro celeste", em "Memória Filogenética". Esse corpo feminino ainda está a desabrochar, como as plantas, em "As meninas"; e, por vezes, se mostra firme, como o tronco das árvores, em "Asé". A construção identitária do eu lírico é a temática do poema "Espelhos", cujo título já aponta para o trânsito Eu/Outro, traduzido na relação mãe/filha. Tal formação também é constituída de ausências do presente, presenças do passado, como ocorre em relação à figura paterna em "Correntezas". Em "Ori", as margens do rio são apresentadas como frágeis diante da força das águas e daquilo que estas ocultam: marcas feitas pelo rio e outras nele deixadas, espelhando, assim, o próprio viver. No poema que dá título ao livro, a água da chuva é comparada ao sangue negro a marcar o percurso que realiza: "A água devora tudo/ com seus dentes intangíveis" (2011, p. 39).

Outra temática reincidente é a morte, que marca a última parte do livro: "Desaguar". Tal temática é retratada pelas ausências deixadas no espaço físico da varanda, em "Visitação", mas também pelos rastros, que se fazem presentes no espaço doméstico: "Tudo na casa antiga desmente/ a certeza infeliz de sua ausência" (2011, p. 71). A poesia de Lívia Natália vale-se, ainda, da metalinguagem, a exemplo do que ocorre em "Canção do silêncio": "Toda cigarra, como eu, morre gritando!" (2011, p. 59). É a essa canção das águas, das turbulências, mas também do silêncio que a poesia de Lívia Natália conduz o leitor, fazendo-o se aprofundar nessas águas e em si mesmo.

Fonte de consulta: <www.letras.ufmg.br/literafro>.

Marcos Fabrício Lopes da Silva
Luiz Henrique Silva de Oliveira

Marcos Fabrício Lopes da Silva nasceu em Brasília, em 16 de setembro de 1979. Lá, formou-se em jornalismo pelo UniCeub. Cursou mestrado e doutorado em Literatura Brasileira na UFMG, onde integra o Núcleo de Estudos Interdisciplinares da Alteridade, da Faculdade de Letras. Participa do coletivo de escritores "República do Pensamento" (www.republicadopensamento.blogspot.com). Como crítico, tem publicado ensaios e artigos em livros e periódicos especializados.

PRINCIPAIS PUBLICAÇÕES

Dezlokado. Belo Horizonte: Emcomum Estúdio Livre, 2010.

Doelo. Belo Horizonte: Rede Catitu Cultural, 2014.

Sua estreia em livro se dá com *Dezlokado*, de 2010. Logo na abertura, o poema "Retrato do Brasil" dispara: "verde de dólar/ amarelo de medo/ azul de fome/ e branco de esquecimento" (s/p). Através da escrita, Marcos Fabrício se insere na cena pública como um autêntico intelectual, vale dizer, em defesa dos menos empoderados. O livro dialoga com a cultura de massa ("Happy end", "Gênese do fla-flu", "Vinil", "Além do plim-plim"); com a criação publicitária ("Classificados", "Oração do publicitário"); e com os acontecimentos políticos das últimas décadas ("11 de setembro, Osama nas alturas", "Desalinho nacional", "Niemeyerlândia"). Mergulha ainda na subjetividade ("Anéis de saturno", "Amo você", "Cair em si") e, por meio de uma fina ironia, propõe a reversão de frases feitas instaladas em nossa cultura, como se pode ver através dos versos "quem com Bush fere/com Osama será ferido" ou "quem vive de segredo é cofre/ quem entrega os pontos é placar" (s/p). A vocação metalinguística aparece como dessacralização dos padrões poéticos tal como ocorre no poema "Fique são": "não sou eu na lira/ é nóis na fita" (s/p).

A identidade étnica merece destaque especial na poesia de Marcos Fabrício. Faz parte de seu projeto literário combater a discriminação e refutar os estereótipos atribuídos aos afrodescendentes. Não seria demasiado afirmar que os versos do escritor convidam à reflexão um determinado coletivo populacional. Em "Bom brio", o eu lírico indaga: "de que vale seu cabelo enrolado/ com ideias alisadas/ dentro de sua cabeça?"'. Já em "Mona Crespa", o poeta se coloca ao lado da mulher negra: "prefiro Mona Crespa/ com seu sorriso carismático/ a Mona Lisa/ com seu sorriso enigmático". Fica o convite, portanto, à descoberta deste talentoso escritor de nosso tempo e de nosso país.

Fonte de consulta: <www.letras.ufmg.br/literafro>.

Ademiro Alves (Sacolinha)
Maria do Rosário A. Pereira

Ademiro Alves de Sousa nasceu na cidade de São Paulo no dia 9 de agosto de 1983. Em 2002, após concluir o Ensino Médio, mudou-se com a família para a cidade de Suzano (SP). Ali iniciou sua atuação em movimentos sociais e, em 2005, assumiu a Coordenadoria Literária da Secretaria Municipal de Cultura da cidade. Cursou Letras na Universidade de Mogi das Cruzes. Agitador cultural por excelência, atua em projetos nas áreas de teatro, vídeo, artes plásticas e de incentivo à leitura. Participa do "Sarau da Cooperifa" e de outras iniciativas literárias das comunidades periféricas de São Paulo.

Apesar da pouca idade, Sacolinha é autor de dois romances: *Graduado em marginalidade* (2005), já em segunda edição, e *Estação terminal* (2010); e de dois volumes de contos: *85 letras e um disparo* (2007), também em segunda edição, e *Manteiga de cacau* (2012). Escreveu ainda o infantojuvenil *Peripécias de minha infância* (2010) e duas peças de teatro: *Toque de recolher* e *Pacífico homem-bomba*. Desde 2004,

PRINCIPAIS PUBLICAÇÕES

Graduado em marginalidade. São Paulo: Scortecci, 2005. 2ª ed. Rio de Janeiro: Confraria do Vento, 2009.

85 letras e um disparo. São Paulo: Ilustra, 2006. 2ª ed. São Paulo: Global, 2007.

Estação terminal. São Paulo: Nankin, 2010.

Peripécias de minha infância. São Paulo: Nankin, 2010.

Manteiga de cacau. São Paulo: Ilustra, 2012.

Como a água do rio. Rio de Janeiro: Aeroplano, 2013.

participa com poemas e contos de sua autoria de nada menos que dezenove antologias e edições coletivas, no Brasil e no exterior, entre elas *Cadernos Negros* e a publicação francesa *Je suis favela*, de 2011.

Seus enredos focalizam o multifacetado universo da periferia de grandes centros, como São Paulo, e trazem à tona os dramas dos desvalidos e derrotados da história: migrantes vindos de vários lugares, mas sem lugar na capital; favelados vítimas de incêndios ou outras formas de remoção violenta; mendigos; domésticas; trabalhadores braçais; em suma, personagens quase sempre degradados por um violento processo de exploração, ou vítimas de preconceitos de cor ou classe social. Em todos, Sacolinha encontra formas de resgatar o ser humano ali existente, tratando-os com tocante dignidade.

Fontes de consulta: PEREIRA, Maria do Rosário Alves. Ademiro Alves (Sacolinha). In: DUARTE, Eduardo de Assis (Org.). *Literatura e afrodescendência no Brasil*: antologia crítica. Belo Horizonte: Editora UFMG, 2011. v. 3: Contemporaneidade; SANTOS, Thiago Antônio Gomes. A tomada de consciência do homem marginalizado na ficção de Sacolinha. In: DUARTE, Constância Lima; DUARTE, Eduardo de Assis; ALEXANDRE, Marcos Antônio (Org.). *Falas do outro*. Belo Horizonte: Nandyala, 2010; <www.letras.ufmg.br/literafro>; <http://sacolagraduado.blogspot.com>.

Zinho Trindade
Marcos Fabrício Lopes da Silva

PRINCIPAL PUBLICAÇÃO

Tarja preta: rimo pelo sangue derramado dos heróis. São Paulo: Edições Maloqueirista, 2010, 2ª ed., 2011.

Ayrton Felix Olinto Trindade de Souza nasceu em 18 de maio de 1983, na cidade de Embu das Artes (SP). Poeta, ator e MC Free Style, adotou Zinho Trindade como nome artístico. Empenhado em divulgar a cultura popular afro-brasileira, o artista reuniu, em *Tarja preta* (2010), um conjunto significativo de poemas. E explicita no subtítulo sua motivação para o fazer poético: "rimo pelo sangue derramado dos heróis". Em oposição ao processo de apagamento hegemônico responsável pelo desconhecimento generalizado das matrizes culturais de cunho afro, o poeta, em "Qual é a cor?", desenha a sua rota de inspiração, evidenciando as referências negras que constituem o seu processo criativo:

sou negro como Fela Kuti, Jomo Kenyatta, Múmia// Abu-Jamal,// João Cândido, Anastácia,//Ganga Zumba, Zumbi, Áfrika Bambaataa,// Mestre Irineu, Chico Rei, Elisbão, Dandara,// Solano Trindade, Mestre Assis, Aurino Bonfim,// Mestre Bolinha, Conde, Cuti, Bimba, Luíza Mahin,// Mandela, Mãe Menininha e o grande Tim,// Acan, Polano, Cruz e Sousa, Martin Luther King,// Sou negro até o fim. (2010, p. 46)

Bisneto de um dos grandes nomes da literatura afro-brasileira, Solano Trindade, o poeta aborda, em "Cotidiano", a difícil condição de quem reside na favela. Dentro de um ônibus lotado, o eu poético relata uma realidade que, permeada pelo racismo, opõe riqueza e pobreza: "observando da janela do busão lotado/ Apenas sonho para que esse lixo todo seja mudado/ E os meus filhos não precisem molhar o pão no café fraco/ Quero ser livre, sentir a leve brisa do meu barraco/ E não me sentir um escravo, sendo maltratado por/ capitães do mato/ Que enquadram, matam e são engravatados." (2011, p. 73). *Tarja preta* apresenta um olhar privilegiado acerca das estratégias de resistência por parte da população negra: "a luta do negro/ é capoeira/ mato rasteiro/ to ligeiro/ no terreiro/ ginga/ mandinga/ olha a rasteira/ se liga na teia/ não pendure as chuteiras" (2011, p. 53). A espacialidade, a temporalidade, a ludicidade e a corporalidade se apresentam como elementos essenciais da poética de Zinho Trindade, cujo empenho autoral revela as múltiplas facetas de nossa negritude.

Fontes de consulta: MACA, Nelson. Zinho Trindade e o legado de Solano. In: TRINDADE, Zinho. *Tarja preta*, cit.; <http://zinhotrindade.blogspot.com>; <www.letras.ufmg.br/literafro>.

Akins Kinte
Gustavo de Oliveira Bicalho

PRINCIPAIS PUBLICAÇÕES

Punga. São Paulo: Edições Toró, 2007. (Coautoria de Elizandra Souza)

InCorPoros — nuances de libido. São Paulo: Ciclo Contínuo, 2011. (Coautoria de Nina Silva)

Akins Kinte, pseudônimo de Fabio Monteiro Pereira, nasceu em São Paulo no dia 19 de fevereiro de 1984. Além de poeta, atua no cenário do *hip-hop*, como *rapper*, e no cinema, como câmera, roteirista e diretor. Com dois livros publicados em parceria, *Punga* (2007) e *InCorPoros — nuances de libido* (2011), está presente também em várias antologias. Canta no grupo de *rap* Patota D'Firmino e participa de diversos saraus e recitais em São Paulo, como o Sarau da Cooperifa e o Sarau Elo da Corrente.

Próxima do *rap*, a poesia de Kinte caracteriza-se pelo uso performático da oralidade e das rimas, bem como pela abordagem consciente de suas temáticas. Em *Punga*, o poeta assume um ponto de vista afro-brasileiro para versar sobre diversos temas, desde o amor e a amizade até o racismo e a polêmica das cotas étnicas. Embora os poemas possam por vezes assumir um tom mais leve e nos apresentar versos como: "na ginga dos seus passos/ no calor dos seus abraços/ te quero preta te quero preta" (2007, p. 40), o trabalho com a consciência negra permeia todo o livro, seja no elogio da beleza da mulher negra e de sua capacidade de superar as dificuldades relacionadas ao machismo e ao racismo, seja na denúncia da literatura como espaço de exclusão: "manchei de preto a página branca/ quebrando barreiras invisíveis/ invadi esse espaço que finge ser livre" (2007, p. 13). Já a outra metade do livro, assinada por Elizandra Souza, espelha os textos de Kinte ao tratar de temas bastante semelhantes, mas dessa vez do ponto de vista da mulher negra. Um dos resultados desse espelhamento é a desestabilização dos lugares socialmente predefinidos para o homem e a mulher.

Essa relação é aprofundada em *InCorPoros — nuances de libido* em parceria com Nina Silva. Ambos assinam o conjunto do livro, sem que o leitor possa discernir quais poemas são de um autor ou de outro e quais foram escritos por ambos. Akins Kinte inscreve-se na tradição que ressignifica a imagem do negro na literatura de uma maneira positiva, à qual se agrega o ponto de vista contemporâneo do morador da periferia, a ensaiar a superação, por meio da arte, de estigmas históricos, sociais e raciais.

Fontes de consulta: <http://www.edicoestoro.net>; <http://akinskinte.blogspot.com>; <www.letras.ufmg.br/literafro>.

A CULTURA AFRICANA NA ARTE BRASILEIRA

ABDIAS NASCIMENTO

Candomblé: fonte das artes

O candomblé representou papel importante e revolucionário no Brasil, onde a Igreja Católica manteve por séculos uma posição de poder como religião oficial. Atacados pelos padres católicos, perseguidos pela polícia,* os templos de candomblé — terreiros — tiveram de ser escondidos em bosques, colinas e toda a sorte de lugares de difícil acesso e visibilidade para os inimigos. A religião, entretanto, permanece a mais profunda fonte da qual jorram a inspiração e as linhas básicas da criatividade negra. Através do candomblé, predominantemente, os africanos e seus descendentes exerceram poderosa influência em todos os aspectos da arte brasileira: a música, a dança, as artes visuais, a literatura — incluindo a poesia, a novela e o teatro.

Aventura mítico-poética

No candomblé, as culturas sudanesas assumem papel principal. Na estrutura do peji (espécie de capela dentro do terreiro) a arquitetura revela um conteúdo africano. Também desenhos e representações de objetos do ritual e pinturas dos símbolos do culto podem ser encontrados nas paredes. Estas foram as primeiras manifestações de continuidade das civilizações mítico-poéticas. As primeiras esculturas também nasceram dentro dos terreiros; eram de inspiração religiosa, mas a intolerância dos brancos e da religião oficial insistiu em chamá-las de ídolos ou fetiches. Todavia, eram apenas a pura representação do artista/padre dando sua perspectiva de certas características das divindades. Estas eram tomadas de surpresa, num gesto ou numa posição, num símbolo ou numa cor, numa forma ou num espaço.

---

* Na versão publicada em português está "perseguidos pela política".

Patologia do crime

A produção artística do negro era frequentemente considerada como um documento de "mentes patológicas", que deveriam ser atendidas por psiquiatras e instituições mentais: em outros exemplos, tais esculturas, símbolos e objetos do rito testemunharam a "natureza criminosa" dos autores e acabaram nos museus da polícia.* Este fenômeno é exemplificado no Instituto Nina Rodrigues, na Bahia, ou no Museu da Polícia, no Rio de Janeiro.

Repressão ao artista negro

Decreto de 20 de outubro de 1620 proibiu a atividade de africanos e seus descendentes nas oficinas de ouro — uma das várias repressões a suas tendências artísticas. A Igreja católica, que certamente geriu lucrativas fazendas com o trabalho de escravos de propriedade de algumas ordens e instituições religiosas, mantendo-se no agrado da estrutura social de controle, também ofereceu aos pretos e mulatos poucas oportunidades para o desenvolvimento de suas aptidões artísticas. Todos os pintores e escultores tiveram que se submeter à orientação católica.

Atividade artística no Rio de Janeiro: séculos XVIII-XIX

O século XVIII foi marcado por intensa atividade artística nos principais centros do país. Na cidade do Rio de Janeiro um escravo chamado Sebastião revela apreciáveis qualidades nas igrejas que decorou com pinturas a óleo. Ainda no Rio, Valentim da Fonseca e Silva (1750-1813), nascido em Minas Gerais, desenvolveu fecundo e variado trabalho artístico, esculpindo em madeira e trabalhando com ferro fundido e ouro. É conhecido por Mestre Valentim, porque reunia em torno de si um grupo que trabalhava sob sua influência.

---

* Na versão publicada em português está "museus da política".

Estêvão Silva, pintor negro que morreu no Rio de Janeiro em 1801, tornou-se famoso por uma pintura sobre a escravidão denominada Caridade. Manuel Cunha nasceu escravo, estudou arte em Lisboa e voltou para o Brasil, onde comprou sua liberdade e tornou-se pintor conhecido, antes de sua morte, em 1809. No final do século, Francisco Chagas produzia esculturas. Em data ulterior, Manuel Querino desenhou, pintou e coletou, em livros, os costumes, crenças e artes de seus irmãos. Ainda no Rio de Janeiro, outros nomes merecem ser mencionados: Martinho Pereira, que trabalhava em prata, e João Manso Pereira, que conheceu Greek e Hebrew, trabalhava em ferro e aço, fabricava porcelana, verniz e laca e era experiente em química.

Antônio Francisco Lisboa, o Aleijadinho

No período colonial, o artista mais notável foi o mulato Antônio Francisco Lisboa (1730-1814). Filho de pai português e mãe africana, nasceu em Sabará, no Estado de Minas Gerais. Aos 40 anos de idade, foi atacado de lepra, moléstia que lhe destruiu as mãos, e daí seu apelido de Aleijadinho. Arquiteto de igreja, foi o poderoso escultor dos doze profetas, executados em pedra-sabão, em Congonhas do Campo. Pintou santos e anjos mulatos em tetos e paredes de igrejas de Minas Gerais e representou a genial explosão do Barroco no Brasil. Mas, sob a forma europeia de seus entalhes, figuras e imagens, revela-se um definitivo fermento africano. Criou formas que envolvem magia e paixão ardente.

Temas e caracteres negros a partir do final do século XIX

Do final do século XIX até os nossos dias, temas negros e caracteres negros foram usados por muitos pintores, entre os quais podem ser citados Candido Portinari, Lasar Segall, Cícero Dias, Di Cavalcanti, Noêmia, Teruz, Djanira, Ivan Serpa, Carybé (pintor e escultor), Mário Cravo (escultor), Blanco e muitos outros artistas brancos. Entre pretos e mulatos dos tempos atuais: Dias Júnior, Heitor dos Prazeres, Barros o Mulato, Santa Rosa, que inovou o desenho dos cenários teatrais no palco brasileiro, Sebastião Januário, Iara Rosa (pintora e tapeceira), Celestino, José de Dome, Carybé, José Heitor (escultor), Agenor (escultor), Otávio Araújo, Iedamaria, Manuel Bonfim, Rubem Valentim, Agnaldo Manuel dos Santos (1926-1962), que morreu prematuramente e era escultor de excepcional talento, mantenedor e seguidor da escultura africana tradicional, para a qual contribuiu com poderosas e originais soluções plásticas. Agnaldo, vencedor do grande prêmio internacional de escultura do I Mundial da Arte Negra de Dakar, em 1966, produziu um trabalho de intenso e profundo compromisso cultural com a África. Esta autenticidade africana tornou-o conhecido como um dos maiores artistas brasileiros contemporâneos.

Museu de Arte Negra, no Rio de Janeiro

Quando fundei o Museu de Arte Negra no Rio de Janeiro em 1968 propus o seguinte: uma ação e reflexão pedagógica destinadas a valorizar a arte negra e o artista negro, como processo de integração étnica e estética, reavaliando simultaneamente as fontes primitivas e seu poder fecundante nas manifestações artísticas do povo brasileiro.

Uma característica relevante do Museu de Arte Negra é seu implícito conteúdo sociopragmático que o torna um instrumento para a transformação de atitudes e conciliação social, pretendendo uma urgente humanização do negro, falsamente livre e suportado em nossa sociedade, mas na realidade indefeso e despreparado para a competição. Os negros não são os únicos pobres, mas foram os únicos a serem escravizados.

O objetivo não era a organização de uma herança estática apenas para coletar e guardar, mas criar um órgão dinâmico para o estudo sistemático das artes afro-brasileiras. Era também necessário tentar influenciar no sentido de uma mudança qualitativa para superar a tendência de "folclorização" da criação artística sempre que se referisse à cultura africana.

Experiência como pintor

No final de 1968 esta direção artística levou-me a assumir minha própria experiência como pintor. Não pretendo na minha pintura nem uma transcrição folclórica nem a espontaneidade comercial do primitivismo. No sentido real, minhas pinturas emergem de uma projeção dos símbolos e mitos afro-brasileiros, principalmente daqueles que expressam emoção religiosa. Todavia, não procuram nisto uma arte ritual ortodoxa. O artista, como membro de uma certa cultura, é essencialmente o profeta de uma linguagem que é ele próprio e é através deste meio que mantém um diálogo com o mundo e com o seu semelhante, modelando os problemas de sua época. É, portanto, dentro deste conceito de liberdade que meu trabalho deve ser definido.

Arte como processo de luta

Compreender a arte como um processo de luta — luta espiritual e intelectual da humanidade — é compreender que a criatividade artística deve ser liberta do dogma e do ritual de rotina. A arte negra, com sua liberdade inerente, insurge-se contra os métodos e normas da arte ocidental, não tanto para negá-los, mas para impedir que seus critérios prevaleçam em nosso trabalho. Quatrocentos anos após a Diáspora Negra, de violência e pressão da cultura ocidental, chegou o momento de se redimir o significado mítico-poético das antigas civilizações negras africanas. Buscando tais objetivos, minha arte distingue os símbolos e mitos que existem apenas na tradição — os símbolos mortos — daqueles que significam forças dinâmicas. Mais do que visualizar um retorno, focalizamos a defesa da integridade e continuidade do fluxo vital negro, suas fontes elementares, vitais e cósmicas, tão diferentes da mecanização tecnológica do mundo branco ocidental.

Danças dramáticas

Parte de nossas recordações como descendentes de africanos nos são devolvidas através das danças dramáticas e da música folclórica, dos contos anônimos, dos jogos, do ritmo, da poesia que os escravos trouxeram consigo, danças religiosas, danças guerreiras, danças como distração. Uma dança nupcial — *quizomba* — muito contribuiu para o batuque e o samba brasileiro. De danças religiosas originaram-se os passos seculares do *alujá, jaré* e *jeguedê*. A batucada angola-congolesa projetou uma influência básica na criação da dança brasileira: dela provém, por exemplo, a *umbigada* (*samba*), literalmente o encontro de umbigos, que muitos julgam como a origem do nome *samba*.

A música e a coreografia do samba tomam formas e nomes diferentes, de acordo com a região; no Rio de Janeiro, o samba apresenta o passo deslizante. Há formas antigas como o *lundu* e o *baiano*. Os únicos a serem encontrados hoje são ricos e variados: *tambor de crioulo*, do Maranhão; *tambor*, do Piauí; *bambelô*, do Rio Grande do Norte; *samba de roda*, da Bahia; *jongo* dos estados do Rio de Janeiro e São Paulo; *samba de partido alto*, da cidade do Rio de Janeiro; *samba de lenço*, de São Paulo; *caxambu*, dos estados do Rio de Janeiro e Minas Gerais.

A força criativa desta espécie de música popular pode ser encontrada em estado permanente nas *escolas de samba* do Rio de Janeiro; é destes centros que o samba irradia e influencia o país inteiro.

Trajetória do samba

A trajetória do samba tem sido cheia de acidentes, dança que enfrentou resistência, oposição e até mesmo perseguição igual à exercida contra as expressões culturais trazidas da África. Melo Morais escreveu contra os "homens e mulheres negros, vestidos com plumas, resmungando contos africanos e fazendo bárbaro barulho com seus rudes instrumentos" nas ruas da Bahia, na noite da festa de reisado (6 de janeiro). Enquanto isto, o Jornal de Notícias da mesma cidade, no dia 12 de fevereiro de 1901, lamentava a africanização do carnaval, solicitando, ao mesmo tempo, a intervenção da polícia para parar com aqueles batuques que se espalhavam pelas ruas, "cantando o tradicional samba, porque tudo isto é incompatível com nosso estado de civilização" (Nina Rodrigues, 1945).

O Conde dos Arcos e a defesa dos batuques

Até do alto dos púlpitos os padres condenavam os batuques como imorais. Todavia, por motivos de segurança, os batuques encontraram um defensor na pessoa do Conde dos Arcos. No início do século XIX, este alto representante da administração expressou a seguinte opinião:

> Batuques vistos pelo Governo tem um significado, enquanto que vistos pelo povo da Bahia têm outro bem diferente... O Governo encara os batuques como um ato insensível e mecânico forçando os negros a renovarem a cada oito dias as suas ideias de hostilidade recíproca, naturais neles desde o nascimento, mas que começam a ser apagadas, pouco a pouco, através de sua poderosa garantia de segurança para as grandes cidades do Brasil. Proibir o único ato de desunião entre os negros é o mesmo que o Governo promover indiretamente a união entre eles, o que a meu ver só poderá acarretar terríveis consequências. (Nina Rodrigues, 1945)

Estímulo às lutas tribais

Não seria um erro interpretar o apoio aos congos e moçambiques, assim como a outros tipos de danças dramáticas realizadas anualmente e em datas fixas, como nada mais do que outros elos da mesma corrente de estratégia exposta pelo Conde dos Arcos: a divisão, o estímulo às lutas tribais entre os negros como uma forma de segurança para os brancos. A Igreja patrocinava e vigiava a realização de diversas festividades. Irmandades para os 'negros selvagens', para 'crioulos e 'mulatos' foram criadas com este objetivo, e tais organizações tinham, por imposição, tesoureiros brancos (Roger Bastide, 1953). Nos congos, a situação dramática mostra o príncipe destinado a morrer em sacrifício de seu povo dominado pelos exércitos da rainha Ginga.

Bumba meu boi e quilombo

A dança dramática bumba meu boi, considerada por muitos como a mais interessante e original criação de nosso folclore, parece ser de origem europeia. Mas apresenta características mágicas negro-africanas e influência negra na configuração da parte teatral (auto), assim como nos próprios papéis de ação dramática. Estes tornaram-se tão fortes e dominantes que transformaram a dança numa "sátira violenta" (Renato Almeida, s.d.). A perpetuação da memória dos feitos heroicos da República dos Palmares pode ser encontrada no auto dramático *quilombo*, no Estado de Alagoas. O inconsciente folclórico registrou o refrão "folga nego/branco não vem cá", que os palmarianos cantariam estonteados em sua liberdade.

Morte e ressurreição do protagonista

Diversas danças dramáticas no Brasil apresentam o episódio da morte e ressurreição do protagonista. Para mim, eram antigas projeções de crenças africanas, o mito egípcio de Osíris trazido ao Brasil através de uma longa viagem espiritual, no tempo e no espaço, incorporação aos fundamentos espirituais dos iorubás.

Indumento baiano

As artes africanas eram integradas, unindo dança, música e contos aos episódios dramáticos, à poesia, à pintura (nas máscaras), às vestes e aos ornamentos. Numa apresentação dos congos na Bahia, por volta de 1760, havia 80 máscaras (Mario de Andrade, 1941). Xales, pulseiras, brincos de procedência nigeriana; turbantes ou "rodilhas" de origem maometana, colares e balangandãs vindos de Angola e do Congo — todos esses elementos misturavam-se no Brasil para formar a estética da mulher negra em seu típico traje de "baiana". A confecção de roupas e adereços típicos da Bahia, uma tradição que persiste desde os tempos coloniais, é até hoje o centro de um dos mais ativos complexos manufatureiros do Estado.

Situação histórica do escravo africano

Nosso folclore mostra personagens relacionadas à situação histórica do escravo africano, Pai João, correspondendo ao americano Pai Tomás, o velho negro, derrotado e resignado, um símbolo dramático da domesticação imposta; em suas estórias sobre a África e a escravidão, podemos vagamente perceber a revolta ou protesto que germinam em pequenas ironias. O Negrinho do Pastoreio é outra celebração do martírio, mostrando desta vez o sacrifício da criança negra sob a brutalidade do senhor branco. A Mãe Preta, outra mártir, não pode esconder, sob a aura de fácil sentimentalismo com que as tradições brasileiras a envolvem, a desumana violação sexual que vitimou a mulher africana escravizada.

O destino da mulher negra

Ironicamente, esta ação criminosa contra a mulher negra é utilizada para demonstrar que, desde que o homem português com ela se cruzou, não revelou racismo — em perfeita concordância com as versões oficiais. Num congresso feminino que houve no Rio de Janeiro, em 2 de julho de 1975, as mulheres negras divulgaram um importante documento no qual afirmam:

> O destino da mulher negra no continente americano, assim como o de todas as suas irmãs da mesma raça, tem sido, desde sua chegada, ser uma coisa, um objeto, um instrumento de produção ou de reprodução sexual.

Assim, a mulher negra brasileira recebeu uma herança cruel; ser não apenas o objeto de produção (assim como o homem negro também o era) mas, mais ainda, ser um objeto de prazer para os colonizadores. O fruto desta covarde procriação é o que agora é aclamado como o único produto nacional que não pode ser exportado: a mulher mulata brasileira. Mas, se a qualidade deste "produto" é tida como alta, o tratamento que ela recebe é extremamente degradante, sujo e desrespeitoso.

Influência negra na música brasileira

Os africanos também trouxeram diversos instrumentos musicais, alguns dos quais persistem e estão atualmente em uso entre nós, tais como os atabaques — de estilos e tamanhos diversos —, o ganzá, o adjá, o agogô, o urucungo, o gonguê. Tais instrumentos, somados às danças dramáticas e à música folclórica, geraram um excitamento que seduziu e fascinou os compositores de música clássica.

O padre José Maurício (1767-1830), negro, não obteve, todavia, sua inspiração destas fontes. Sua formação musical era europeia. Ele cantava, tocava cravo e viola e compôs música religiosa. Era o mestre da Real Capela ao tempo de D. João VI, e um músico de raro talento dentro de sua esfera. Em contraste, no século XVIII, o poeta Caldas Barbosa, mulato, cantava modinhas e escrevia lundus. Joaquim Manuel, outro mulato, expressou seu talento como executor de guitarra e cavaquinho no Rio de Janeiro em 1822. Muitos outros contribuíram, em vários graus e tonalidades do caráter negro, para os primórdios da música brasileira: Marcelo Tupinambá, Chiquinha Gonzaga. Eduardo Souto, Paulinho Sacramento. Mais recentemente podemos citar: Francisco Braga, mulato, regente e compositor, Paulo Silva, negro, professor de fuga e contraponto na Escola Nacional de Música, Lorenzo Fernandez, que compôs *Batuque e Jongo*, Luciano Gaüet, Ernâni Braga, Camargo Guarnieri, Frutuoso Viana, Francisco Mignone, Barroso Neto, Hackel Tavares, José Siqueira. Todos produziram trabalhos mostrando a influência negra em sua estrutura, tema ou outro elemento formal.

Outros nomes negros importantes também aparecem no presente e no passado recente da música e da dança brasileira: Ismael Silva, Heitor dos Prazeres, Ataulfo Alves, Dorival Caymmi, Zé Kéti, Gilberto Gil, Jorge Ben, Caetano Veloso, Paulinho da Viola, Milton Nascimento. Uma referência especial deve ser feita em homenagem a Mercedes Batista, coreógrafa e dançarina de grande talento, por seus esforços pelo desenvolvimento dos valores negros na dança brasileira, dentro de altos padrões artísticos e preservando suas genuínas raízes. O mesmo se aplica a Abigail Moura, recentemente falecido, que foi regente, compositor e criador da Orquestra Afro-Brasileira.

Suporte musical para o trabalho

O sofrimento do negro emergiu estilizado em seu fluxo lírico e acrescentou dimensão conhecida ao seu impulso dramático. A marca de sua sensibilidade manifesta-se na totalidade da criação folclórica, na coreografia, assim como no canto, verso, estórias, cores e ritmos. O negro está presente em todos os modos de criatividade. Mesmo durante os tempos de escravidão, alguns negros se uniam numa espécie de organização de trabalho coletivo — o *canto*. Tais negros eram conhecidos como *negros do ganho*. No canto eles praticavam o artesanato e outros tipos de atividade; carregavam cadeirinhas, cargas, barris de vinho, pianos, toda espécie de encargos pesados; varriam as ruas, eram sapateiros, ferreiros, alfaiates. Cada canto tinha seu próprio líder eleito, o *capitão*. Estes trabalhadores também criaram suas canções de trabalho próprias. O significado de algumas delas superou os limites de simples suporte musical para o trabalho pesado. Um exemplo pode ser encontrado nas canções dos transportadores de piano: a canção não era destinada a aliviar o peso da carga, mas a manter o instrumento musical afinado.

Capoeira

De Angola veio a capoeira, originariamente uma espécie de arte guerreira, a que se integraram no Brasil formas de dança, das quais ela agora representa uma das mais belas expressões, ao som do exótico berimbau.

Casa-grande e a invasão africana

A casa-grande, onde o senhor branco vivia com sua família, também sofreu a "invasão" africana: costumes, superstições, orixás, ervas medicinais, alimentação e cozinha — mesmo o modo de andar, de falar e a polidez africana deixaram marcas profundas. O contato com esses elementos transformou para sempre as próprias famílias brancas: competindo com a influência europeia, a presença da África é agora visível nos descendentes daqueles que outrora foram os senhores. Estes poderes sedutores atingiram a todos, até mesmo os sacerdotes, como os que foram presos uma vez, junto com os babalaôs (padres da religião africana) e adoradores de Xangô, num dos frequentes ataques da polícia em Recife.

Cultos africanos

Em Pernambuco, os cultos africanos são conhecidos como *xangôs*, enquanto na Bahia são denominados *candomblés*. Mais para o sul, os rituais predominantemente bantos misturam-se com a presença da influência indígena e branca, principalmente o espiritismo kardecista, assim como formas do cristianismo — resultando na *umbanda*, que é atualmente uma verdadeira força religiosa. No Rio de Janeiro, o nome *macumba* é usado para os rituais afro-brasileiros; no Rio Grande do Sul são conhecidos como *batuques*.

Influência negra na língua brasileira

Sob o impacto das dificuldades de comunicação, entre eles próprios e com os brancos, os negros criaram palavras, alteraram a fonética, a morfologia e a sintaxe, transformando, em consequência, a estrutura da língua portuguesa. Num estudo sobre a permanência da linguagem iorubá na Bahia, o nigeriano Ebun Omowunmi Ogunsanya considera que "uma pesquisa científica mais profunda precisa ser empreendida para mostrar a influência da linguagem iorubá na língua brasileira" (Ogunsanya, 1971).

Desafios poéticos

Alguns negros revelaram-se agressivos e competentes na improvisação de "desafios" poéticos. O Nordeste guardou os nomes de famosos improvisadores-repentistas, negros ou mulatos: Inácio de Catingueira, Azulão, Manuel Preto, Teodoro Pereira, Chico Barbosa e muitos outros. O relacionamento entre negros e brancos era comum nesses torneios poéticos.

Cantor branco: — Moleque de venta chata/ de boca de cururu,/ antes de treze de maio eu não sei o que eras tu./ O branco é da cor da prata/ O negro é da cor do urubu.

Cantor negro — Quando as asas de negócio/ fazem sua transação// o papel branco e lustroso/ não vale nem um tostão./ escreve-se em tinta preta/ fica valendo um milhão.

O anonimato do folclore

Gregório de Matos, no século XVII, introduziu temas negros em sua poesia. A forte presença negra deixa marcas e traços, injeta vitalidade e cor, transborda em poesia e drama na literatura brasileira. Todavia, a possibilidade de tornar-se um produtor literário no sentido formal foi vedada aos negros. Nos dois primeiros

.séculos após o descobrimento do Brasil, sua participação só foi possível nas formas anônimas de folclore, especificamente como narradores, relembrando o *arokin* ou o *akpulo* da Nigéria, Foi uma contribuição dentro da perspectiva de tradição oral: contos, augúrios, versos, ditos, enigmas e sátiras.

De Basílio da Gama a Castro Alves

José Basílio da Gama (1741-1795), mulato de Minas Gerais, escreveu poesia épica, e igualmente alguns negros e mulatos, apesar da existência das restrições, conseguiram ascender aos mais altos níveis da criatividade poética de sua época: Caldas Barbosa, José da Natividade. Antônio Gonçalves Dias (nascido em 1823), mulato do Maranhão, que escreveu poesia lírica intensamente impregnada de panteísmo; Castro Alves (1847-1871), o Condor da Bahia, que se levantou em defesa dos escravos em seus poemas "Vozes d'África" e "O navio negreiro", inflamando-se em trechos de trágica beleza, ao descrever os horrores do comércio escravo e da escravidão.

Luiz Gama

Luiz Gama, outra voz implacável, foi ele próprio escravo. Nascido na Bahia (1830-1882), quando tinha 10 anos seu pai, um aristocrata português, o vendeu; foi enviado para São Paulo, onde se tornou livre e conseguiu posição como jornalista, advogado e orador, dedicando-se totalmente à causa da libertação de sua raça. Escreveu a sátira *A bodarrada* para ridicularizar as presunções de certos "falsos-brancos". Sua mãe, Luísa Mahin, negra que adquiriu a liberdade, tornou-se famosa como uma das líderes das rebeliões escravas na Bahia durante o período de 1820 a 1835.

Cruz e Sousa

Cruz e Sousa (1861-1898) foi uma personalidade única, inigualável na literatura brasileira. Nascido em Florianópolis, Estado de Santa Catarina, negro, viveu no Rio de Janeiro uma vida de dor insuportável. Sofreu vergonha e perseguições, mas deixou obra poética imortal: *Broquéis, Faróis, Últimos sonetos, Missal* e *Evocações*. Em prosa, deixou *O emparedado*, comovente testemunha de sua aventura existencial. Poeta simbolista, é comparado pelos críticos a Baudelaire e Mallarmé. Segundo Bastide (1973), o Cisne Negro "transformou seu protesto racial em revolta estética, seu isolamento étnico em isolamento do poeta, a barreira da cor em barreira dos filisteus contra o puro artista". Cruz e Sousa aspirou a penetrar na noite "até que uma nova e desconhecida interpretação visual da cor negra reluzisse adiante".

Contribuições recentes

Mais recentemente, outras vozes negras e mulatas emergiram da poesia: Lino Guedes, de São Paulo; Omar Barbosa, do Espírito Santo, Solano Trindade, de Pernambuco, que morreu em São Paulo (1974), onde dirigiu o Teatro Popular Brasileiro; Jorge de Lima, o renomado autor do poema "Essa Nega Fulô"; Raimundo de Sousa Dantas, de Sergipe, novelista; Fernando Góis, crítico e cronista em São Paulo; Deoscóredes M. dos Santos (Didi), sacerdote do terreiro* Axé Opô Afonjá (Salvador-BA), que colecionou os *Contos nagôs*; Sebastião Rodrigues Alves, do Espírito Santo, militante da cultura negra, que publicou um estudo intitulado *Ecologia do grupo afro-brasileiro*; Romeu Crusoé, mulato do Nordeste, que escreveu *A maldição de Canaã*, novela que trata da situação racial em sua terra natal; Eduardo de Oliveira, de São Paulo, autor de *Gestas líricas da negritude*; Ironides Rodrigues, autor dramático que escreveu *A estética da negritude*, ainda não publicado.

---

* Na versão publicada em português está "padre terreiro".

Beleza negra

Guerreiro Ramos, mulato da Bahia, e nome muito importante na formação da sociologia brasileira, focaliza a alienação estética do país, onde a cor negra sofre discriminação e é associada a ideias de demônio e feiura. Assim ele expressa um conceito vital: "A beleza negra não é, por acaso, uma criação cerebral daqueles a quem as circunstâncias deram à pele negra um modo de racionalização ou autojustificação, mas um valor eterno, valioso mesmo, se jamais descoberto" (Ramos, 1957).

Influência da cultura negra

Tomaria muito espaço enumerar a totalidade de escritores que foram influenciados pela cultura negra, mas não posso deixar de mencionar o nome de Antônio Olinto. Em sua novela *A casa da água* ele descreve um vasto quadro da vida e dos costumes dos descendentes dos escravos que voltaram para a África; a ação segue três gerações, no Brasil, na Nigéria e em Daomé. Geraldo de Melo Mourão, "poeta maldito" do Ceará, Carlos Drummond de Andrade, Manuel Bandeira e Cassiano Ricardo também elogiaram a negritude através de sua poética. Outro negro que, enfrentando inenarráveis dificuldades e problemas de nossa sobrevivência, deixou alguns dos mais importantes romances de nossa literatura foi Lima Barreto, nascido no Rio de Janeiro.

Mario de Andrade, mulato de São Paulo, desempenhou um papel de destaque na *intelligentzia* brasileira, especialmente na famosa Semana de Arte Moderna, que se realizou em São Paulo em 1922. Lá vieram à tona tímidas e pioneiras referências à importância das culturas negra e africana no desenvolvimento das artes. Jorge Amado, da Bahia, é o escritor brasileiro cuja obra tem sido traduzida para um grande número de línguas estrangeiras. Seus numerosos livros quase sempre retratam aspectos da vida diária, assim como da religião dos negros na Bahia. Uma vasta exposição de caracteres pretos e mulatos são o tema de suas narrações. E lamentável, porém, que a glorificação dos mestiços, manifestada em seus livros, sirva ao propósito de reforçar a teoria do "branqueamento" de nosso povo.

Assimilação e aculturação

Já tive oportunidade, em Carta aberta (1966), de manifestar minha rejeição ao propósito agressivo de assimilação e aculturação. Ele coincide com o pronunciamento de Amílcar Cabral, quando declara: "O domínio colonial tentou criar teorias as quais, de fato, são apenas grosseiras formulações de racismo." E continua: "Esse, por exemplo, é o caso da assim chamada teoria de "assimilação" progressiva das populações nativas, que volta a ser apenas uma tentativa mais ou menos violenta de se negar a cultura do povo em questão" (Cabral, 1973).

O negro no teatro do período colonial

As bases do autêntico teatro brasileiro remontam às danças dramáticas, aos autos populares, aos rituais afro-brasileiros e aos fatos e caracteres históricos, tais como Palmares e seu último chefe, o heroico Zumbi; a Revolta dos Malês (ahuçás) na Bahia, assim como a Revolta dos Alfaiates. A lenda de Chico-Rei, que chegou ao Brasil como escravo após ter sido rei na África, demonstra muito bem essa tradição. Ele conseguiu libertar sua tribo inteira, comprou uma mina de ouro e construiu um Estado dentro do Estado de Minas Gerais no século XVIII.

Na literatura dramática do período colonial o negro aparece apenas incidentalmente em papéis engraçados, pitorescos ou decorativos. A regra em nossos palcos era pintar um ator branco de preto, quando o papel exigia uma intensidade dramática. Mesmo assim, podemos citar algumas peças onde o negro é assunto importante ou tema dramático: O cego (1849), de Joaquim Manuel de Macedo; Calabar, de Agrário de Meneses; O escravocrata e O Liberato, de Artur Azevedo; O mulato, de Aluísio Azevedo; O demônio familiar e Mãe, de José de Alencar.

Martins Pena usou a presença do negro no palco como um elemento pitoresco. Entretanto, permanecemos num vácuo quase total concernente aos negros nesta área, assim como em outros trabalhos da época, onde nada de relevante pode ser mencionado.

Teatro experimental do negro

Senti-me então, compelido por tais circunstâncias, a iniciar o Teatro Experimental do Negro (TEN), que fundei em 1944, no Rio de Janeiro, com um pequeno grupo de amigos.

"Um teatro negro no Brasil — escrevi em 1967 — deveria necessariamente iniciar-se de um conhecimento da realidade histórica que condicionaria sua missão revolucionária. Com esta ideia, o TEN atingiu, como propósito fundamental, a tarefa de redimir no Brasil os valores da cultura afro-brasileira, tão negada e degradada pela pressão da cultura branca europeia; o que foi proposto foi a elevação social dos negros através da educação, cultura e arte. Deveríamos trabalhar urgentemente em duas fontes: promover a denúncia dos erros e da alienação fornecidos pelos estudos afro-brasileiros e perceber que o negro tornou-se consciente da situação objetiva na qual se encontrava.

Era básico à tarefa que esquecêssemos a escravidão espiritual na qual o negro fora mantido antes, assim como depois do 13 de maio de 1888, quando se tornou teoricamente livre da escravidão. Teoricamente, porque a mesma estrutura econômica e social foi mantida e o negro liberto não logrou obter dividendos econômicos, sociais ou culturais. A primeira tarefa do TEN foi tornar letrados seus primeiros participantes — recrutados entre trabalhadores, empregadas, moradores de favelas sem ocupação definida, humildes serventes — para lhes oferecer uma nova atitude — um critério de seu valor que também os faria ver e perceber a posição que ocupavam como afro-brasileiros no contexto nacional."

Influência do TEN

O TEN patrocinou o I Congresso do Negro Brasileiro no Rio de Janeiro, em 1950, e promoveu um concurso entre pintores sobre o tema Cristo Negro em 1955. De 1944 a 1968, quando o TEN deixou de existir como instituição formal, exerceu sua influência ajudando na transformação da situação do teatro brasileiro, abrindo caminho para a inclusão de atores e atrizes negros, tais como Ruth de Souza,

Claudiano Filho, Lea Garcia, José Maria Monteiro, Haroldo Costa e dezenas de outros. Alguns estão agora integrados como profissionais na televisão, cinema e teatro.

O TEN estimulou o aparecimento de peças com heróis negros, produziu algumas delas e publicou parte da dramaturgia na antologia intitulada *Dramas para negros e prólogo para brancos*. Este livro inclui: "O castigo de Oxalá", de Romeu Crusoé, "Auto da noiva", de Rosário Fusco, "O filho pródigo", de Lúcio Cardoso, "Aruanda", de Joaquim Ribeiro, "O emparedado", de Tasso da Silveira, "Filhos-de-santo", de José de Morais Pinho, "Sortilégio", Abdias do Nascimento. "Anjo negro", de Nelson Rodrigues, e "Além do rio", de Agostinho Olavo. Esta antologia está agora disponível em versão inglesa, mas lamentavelmente parece haver pouco ou nenhum interesse na publicação deste marco inicial.

Posição atual do teatro negro no brasil

O TEN empreendeu uma guerra inflexível contra qualquer forma, aberta ou velada, que sob o rótulo de folclore, paternalismo ou mesmo ciência antropológica e etnológica visasse à redução dos valores negros ao nível primitivo, ingênuo ou mágico. O processo do teatro negro no Brasil está apenas no início de um caminho fértil dentro das criações artísticas do país.

O negro no cinema brasileiro

E qual seria a posição dos negros no cinema brasileiro? Esta pode ser a área onde se encontram menos visíveis, mesmo com a existência de um ator fabuloso como Grande Otelo, que trabalhou em filmes por mais de 30 anos. O típico e engraçado caráter negro tem sido parte de muitas comédias e musicais sem nenhuma importância ou relevância. Há entre eles, todavia, alguns filmes de valor, como *Amei um bicheiro* (1951), de Jorge Ileli; *Moleque Tião* (1941), de José Carlos Burle; *Também somos irmãos* (1947), onde Otelo trabalha ao lado de Aguinaldo Camargo, também sob a direção de José Carlos Burle; *Rio 40 graus* e *Rio Zona Norte*, de Nelson Pereira dos Santos; *Sinhá Moça* (1953), de Tom Paine.

Marcel Camus e Roberto Farias

Marcel Camus, francês, dirigiu um de seus famosos filmes com um elenco negro, rodado em grande parte numa favela do Rio de Janeiro, *Orfeu negro* (1958). Foi distinguido com o Grande Prêmio de Cannes. Na realidade, entretanto, o filme nada mais é do que uma exploração comercial da miséria dos morros do Rio, transformados através do carnaval num local de alegria, canções e amor. *O assalto ao trem pagador* (1962), de Roberto Farias, é um filme que mostra que o favelado rouba porque vive em extrema pobreza.

Barravento, Ganga Zumba e Macunaíma

Do ponto de vista cultural e artístico, a tentativa mais válida de filmar os negros é devida a Glauber Rocha, em *Barravento* (1961). Cheio de belas e fortes imagens da vida negra e sem recorrer a lugares-comuns, este filme aborda o tema da luta de classes e das tradicionais culturas negras na Bahia. *Ganga Zumba* (1963), de Carlos Diegues, coloca-se dentro de uma perspectiva da história do negro, enquanto, em qualquer outro filme, o negro é visto de fora, de acordo com o ponto de vista do branco. Trata da vida de Zumbi como um escravo adolescente antes de assumir sua posição como chefe em Palmares. *Macunaíma* (1969), de Joaquim Pedro de Andrade, significa, segundo João Carlos Rodrigues, "a grande alegria sobre o destino dos negros na sociedade brasileira, onde em determinado momento o herói, negro e feio (Grande Otelo), através de um mágico artifício, se torna branco e bonito (Paulo José)".

In: *Artefato*, Jornal de Cultura, Ano II, nº 10. Rio de Janeiro: Conselho Estadual de Cultura, s/d. Tradução de Marta Edith de Araújo Pessanha e seleção de Miécio Tati, do texto "African Culture" (*Journal of Black Studies*, June, 1978).